2013年度浙江省高校重大人文社科项目

攻关计划青年重点项目（项目编号：2013QN044）

中国高校校园文化冲突研究

于滨 著

中国社会科学出版社

图书在版编目(CIP)数据

中国高校校园文化冲突研究/于滨著.—北京:中国社会科学出版社,
2016.2

ISBN 978 - 7 - 5161 - 7592 - 7

Ⅰ.①中…　Ⅱ.①于…　Ⅲ.①高等学校—校园文化—研究—中国
Ⅳ.①G647

中国版本图书馆 CIP 数据核字(2016)第 025327 号

出 版 人	赵剑英	
责任编辑	田　文	
特约编辑	陈　琳	
责任校对	张爱华	
责任印制	王　超	

出　　版	中国社会科学出版社	
社　　址	北京鼓楼西大街甲 158 号	
邮　　编	100720	
网　　址	http://www.csspw.cn	
发 行 部	010 - 84083685	
门 市 部	010 - 84029450	
经　　销	新华书店及其他书店	

印刷装订	三河市君旺印务有限公司
版　　次	2016 年 2 月第 1 版
印　　次	2016 年 2 月第 1 次印刷

开　　本	710×1000　1/16
印　　张	13.25
插　　页	2
字　　数	224 千字
定　　价	49.00 元

前　　言

　　高校校园文化是高校生存和发展的精神动力和源泉，体现着学校的凝聚力和向心力。随着高等院校与社会之间的关系日益复杂化，作为一种特殊社会文化现象的校园文化在融合为主流的前提下也存在着文化冲突。以文化人类学、教育社会学、管理学等学科中关于文化冲突的理论为基础，探讨我国高校校园文化与外界文化之间、高校校园文化内部不同群体之间文化冲突的表现、原因和解决的对策，有助于促进我国高校校园文化的研究与建设。

　　随着改革开放的不断推进，西方文化对我国高校校园文化形成了剧烈的冲击：西方消费主义文化深刻影响着当代青年学生的生活方式和传统道德标准。西方的意识形态冲击着大学生的价值观，大学生民族认同感淡化、民族文化传承脆弱。面对西方文化的冲击，高校应注重传承与创新民族文化，吐纳与整合多元文化。

　　校园文化与社会文化中其他亚文化之间也发生着碰撞与冲突。商业文化与高校校园文化在市场经济浪潮中的相互冲突主要表现在商业文化对校园文化的冲击。高校曾经作为社会公认的一方净土，也慢慢浸染了商业气息。高校应平衡好商业文化与校园文化间的关系，积极吸收商业文化中的优秀养分。政治文化对校园文化的制约作用使得近代以来不同历史时期的校园文化表现出差异性，新时期的高校校园文化建设应注重加强先进文化的引导作用。大众文化也不断对高校校园文化进行着冲击和渗透。高校应注重以精英文化来提升大众文化；继承和发扬中国传统文化，重视科学精神的培养；利用文化重组的契机，使高校成为 21 世纪新文化的创建者；不断提高大学生对大众文化的审美能力。

　　由不同群体组成的高校是一个充满文化冲突的领域，教师与行政管理人员间不同的价值判断、不同的职业目标追求以及利益分配、高校管理体制和机制的不完善导致双方的冲突日渐明显，对此我们要强化整体目标、搭建双方有效沟通的平台、完善管理制度。师生文化冲突也构成了校园文化中的不和谐音符。教师首先应尊重、理解并包容大学生文化的存在，树立平等的教育观念，了解学生的家庭文化，创建宽松、顺畅的沟通对话机制。学生文化冲突主要表现为不同类型的学生文化相互碰撞产生的文化冲突和学生的反学校文化，对此我们应尊重和引导学生文化。

作为最具文化特色的社会组织机构，高校应形成相异文化和谐共生的校园文化。

目　　录

第一章　绪论

一　选题缘由与意义

（一）选题缘由

1. 高校校园文化是影响高校和社会发展的重要因素

文化是人类与生俱来的特有的现象，是不断满足人们精神和物质需求的社会活动。大学的本质和血脉是文化，不同的文化特色将大学区分开来。① 高校校园文化是影响高校全面、协调、可持续发展的内在动力。高校校园文化是长期积淀的文化底蕴和文化环境，也是在办学过程中高等院校长期进行的有意识的社会活动，它具有教育引导、团结凝聚和激励约束的功能，而且对高校周边社区乃至整个社会的辐射功能也越来越受关注。

2. 实践中的高校校园文化建设存在不足

高等教育的大众化使得高等学校对整个社会的影响和辐射作用不断增强，同时，高校的发展也面临着诸如：大学理念的偏失、大学精神的衰微；规模、质量、结构、效益之间的矛盾等。处于社会转型期的我国纷繁复杂的文化现象和各种思潮也不断地对高校校园文化形成巨大的冲击。高校的发展问题和校园文化建设中存在的不足已经受到国家和社会的高度重视和广泛关注，也是各个高校不得不面对和及时解决的重要问题。

3. 处于社会转型期的高校，其校园文化冲突现象越来越多，问题也不断地显现出来

我国社会正处于关键的历史转型期，产业结构和生产力结构正进行着基础性转型；计划经济机制向市场经济机制转化；经济增长方式等也都处

_____

① 袁贵仁：《加强大学文化研究推进大学文化建设》，《中国大学教学》2002 年第 10 期，第 4 页。

于转型期。正在进行的一系列转型广泛涉及我们社会生活的方方面面，深刻地影响着人们的生活、工作和学习，以及人们的人生观、价值观和世界观。人们的生存观念和方式等文化领域的转变是最深层次的，比如人们越来越重视未来，而不只是关注过去；越来越重视发展，而不只是注重稳定；生存价值也正向自主性、多元性和自我创造转变。① 社会转型加剧了文化间的碰撞与冲突，相应的，文化冲突也会反作用于社会转型的深度与广度。②

　　当前高校与社会各个组成要素间的关系日趋复杂化，同时社会转型期的各种文化冲突不断出现并逐步发展，这也势必会冲击高等学校。校园文化与外界文化及其内部亚文化（教师文化、学生文化等）之间存在的文化冲突日益凸显出来，逐渐引起研究者的关注。

　　4. 高校校园文化冲突是校园文化研究中一个相对薄弱的研究课题

　　高校校园文化的研究属于交叉学科、多领域研究，其兴起时间较短，还有待进一步深入。同时，在人们的传统观念中，大学长期以来被视为神圣的真理殿堂，大学的学者们总是习惯性地审视、理性研究和批判高校之外的领域，而往往忽视了如何客观地看待高校自身存在的弊端与不足，比如，很少有学者研究高校的文化冲突的问题。人们经常会指责和批评大学研究一切问题，但是却不关注大学自身，甚至打算改革一切，却不对自身进行改革。③

（二）选题意义

1. 理论意义

　　（1）从校园文化视角来研究高等教育，从方法论意义上讲，丰富了高等教育研究的方法论成果，相对传统方法论来研究学校教育具有一定的进步意义。传统学校教育研究相对忽视学校教育的教育性、过程性和情境性。从这个意义上讲，校园文化研究作为方法论可以对高校研究中不宜用科学方法进行研究的情境性领域进行分析和探究。20 世纪 80 年代，英国学者托尼·比彻（Tone Becher）认为，当借鉴人类学文化分析的传统对高等教育进行研究时，可以把高等教育整体或高等教育某些部分看作一个

---

① 叶澜：《试论当代中国学校文化建设》，《教育发展研究》2006 年第 8 期，第 3 页。
② 李庆霞：《社会转型中的文化冲突》，黑龙江人民出版社 2004 年版，第 55 页。
③ ［南斯拉夫］纳伊曼：《世界高等教育的探讨》，令华、严南德译，教育科学出版社 1982 年版，第 13 页。

文化系统进行分析。比彻认为，关于高等教育文化与文化现象的研究的确比较匮乏，且相当分散。为此，他将较少的高等教育文化研究相关文献做了系统分类。自此，对高等教育进行文化研究已成为一个令人关注的话题，尤其是在我国学术界。

（2）校园文化冲突研究是深入开展高校校园文化建设的一个非常重要的突破口，有助于促进我国高校校园文化的研究与建设。

文化是一个既比较宽泛抽象又难以把握的概念。相对比较而言，"文化冲突"是学校教育活动中一种较为基本的互动形态，表现形式现实而具体，更易于为人们所体悟和把握。各个学校因发展水平和办学风格等方面的迥异使得校园文化发展的现有状态上也存在着差异，它们各自所面临的急需解决的突出矛盾和现实问题也是各不相同的，深入研究这些矛盾和问题，也就找到了校园文化研究和具体实施建设的现实、逻辑起点以及校园特色文化构建与发展的路径和方向。同时，文化建设是一种有着某种目标定向和价值追求的活动。实现这些目标和追求，需要长期不懈的探索和努力。从文化冲突研究的视角我们可以看到，文化发展经历着发现冲突、调解和整合冲突，再发现冲突、调解和整合冲突等周期性不断变化的过程，在这一过程中不断推动校园文化建设持续不断地向前发展，其中，文化冲突起着动力机制的作用。以"文化冲突"作为开展高校校园文化研究与探索的切入点，从实践研究中获取丰富的资料可以为校园文化研究提供经验支持。

2. 实践意义

以文化冲突的视角来研究高校校园文化，有助于在特定历史时期准确把握高校的本质和使命；以文化的视角来审视高校校园文化发展，能够为高校的改革与发展提供新的理论支持和动力。研究高校校园文化冲突并分析其产生的原因有助于人们深刻审视高校校园文化现象、认识高等教育发展的困惑，理性地分析这些现象和冲突背后的原因，从而积极探索解决的有效对策，保证高等教育健康而稳步的发展，增强人们对高等教育的信心。杨东平教授就曾尖锐而直率地指出，如果一所大学没有确立学术自由，并且教授没有学术权力，那么就不可能是现代意义上的大学，更不可能是"世界一流"的大学[①]。高校校园文化的核心内容是"学术自由"、

---

① 杨东平：《北大人事改革：重建现代大学制度和大学精神》（http://news. sina. com. cn/c/2003 - 07 - 22/17401392909. shtml）。

"大学精神"等，高校发展的内在真谛：校园文化重建。

二　概念界定

（一）校园文化

由于研究视角不同，学者们对"校园文化"内涵的理解不同，总结起来，具有代表性的定义主要有：

高等学校校园文化是指高等学校的全体成员或部分成员所共有、享受和传递的文化综合体。[①]

从广义上来说，校园文化是指学校所有存在方式的总和，分为硬件和软件。硬件主要是指整个校园的建设，如校园的选址，校园整体设施布局，图书馆的藏书，以及教学和科研设施的配备等；软件指办学的指导思想，学生的培养方向，学科与教师队伍的建设，教学管理和学生管理的各项措施和手段，科学研究的主要方向，和在此基础上所形成的教风、学风以及科学研究传统等。从狭义上来说，校园文化主要是指在课堂学习之外学生们所进行的各项活动及在此过程中取得的成果。[②]

在有些学者看来，高校校园文化从广义上来讲是指教师和大学生群体在学校生活方式的总和，主要包括：物质文化、智能文化、规范文化和精神文化四个方面；从狭义上来说，主要指高校在发展过程中逐步积淀而形成的文化氛围，是维系高校稳步发展的精神力量，主要反映了校园人的价值取向和思维方式。[③]

借鉴以上学者的观点，笔者将高校校园文化的概念概括为：

所谓校园文化，是为实现教育教学目标，校园人在学校内部在教育教学和生活中形成的价值观念、文化氛围和行为方式等物质财富和精神财富的全部，一般说来，它主要包括物质文化、精神文化和组织文化，反映了学校的精神面貌和文化底蕴。

（二）文化冲突

按照一般的理解，"文化冲突"是指"两个不同民族文化之间所发生

---

① 张德祥、周润智：《高等教育社会学》，高等教育出版社 2002 年版，第 171 页。
② 颜吾佴：《大学校园文化》，北方交通大学出版社 2002 年版，第 9—10 页。
③ 潘懋元：《新编高等教育学》，北京师范大学出版社 2002 年版，第 560 页。

的差异、冲击、矛盾、斗争"①。笔者认为，这一界定有失偏颇。一般说来，不仅在不同的民族文化之间存在文化之间的矛盾、斗争、差异，而且代际文化之间以及文化思想领域中不同的文化流派之间也存在着。当然，对于后起的现代化国家而言，不同民族文化之间的冲突（主要体现为本土文化和西方文化之间的冲突）是"文化冲突"的主要内容。因此，概括地说，文化冲突（culture conflict）是指不同形态的文化或者文化要素之间相互对立、相互排斥的过程。

文化的内涵和种类极其丰富，因此文化间的冲突也纷繁复杂。按照历史的视角来划分，有传统与现代文化间的冲突；按照地理环境的视角来划分，有东方和西方之间文化的冲突；按照国别的视角来划分，有本土文化与外来文化间的文化冲突；按照社会的发展视角来划分，有工业文化与农业文化之间的冲突；等等。总的说来，根据时间和空间来划分，可将文化冲突分为纵向和横向两类。不同历史时期交替时或者新旧文化相互较量过程中旧文化渐趋解体而新文化产生时新旧文化之间的碰撞与对抗被称作纵向文化冲突。② 横向文化冲突表现为两种不同地区、不同民族、不同社会阶级或不同社会集团的群体之间的文化冲突。依照文化冲突的原因来考虑，可以把文化冲突划分为内源性文化冲突和外源性文化冲突。

（三）高校

本书中所提及的高校是高等学校的简称，主要包括综合性大学、专门学院和高等专科院校等高等教育组织。

三　文献综述

（一）关于校园文化的文献综述

1. 国内研究综述

在我国，20 世纪 80 年代中期才明确提出"校园文化"概念，并开始有意识地进行校园文化研究与建设。"文革"结束后，国家恢复了高考制度，冲出困惑和迷茫重新进入高校的青年，对精神生活的极度渴望使他们

---

① 张山：《文化学辞典》，中央民族学院出版社 1988 年版，第 87 页。
② 李庆霞：《社会转型中的文化冲突》，黑龙江人民出版社 2004 年版，第 50 页。

在努力钻研书本知识的同时，大量探索如何丰富课余生活。当时正值文化研究的热潮，他们开始用"校园文化"一词来指代当时出现在高校校园中的形形色色的课外活动现象，随后，这一概念也逐渐被教育界所认可。首次提出校园文化这个概念是在 1986 年 4 月召开的上海交通大学的第十二届学生代表大会上。1989 年的"政治风波"之后，专家们逐渐热衷于研究校园文化，可以说在教育和文化相关部门掀起了探讨有关校园文化的浪潮。在 1990 年秋天北京召开的全国校园文化理论研讨会之后，有关校园文化的研究成果不断出现。主要针对其含义、主要内容、特点、作用以及如何构建等方面展开了较为深入的探索和研究。目前国内关于高校校园文化研究的文献资料中，以期刊文章居多，著作和论文相对较少。

（1）期刊文章类

关于高校校园文化研究的期刊文章主要有以下几类：

第一类，关于高校校园文化的理论研究。

主要对包括校园文化的含义、性质、功能以及结构等范畴进行的研究。其中比较有代表性的文章有：李振远的《析校园文化的本质特征》[①]认为，校园文化，从其本质上讲，是社会文化的一种独具特色的亚文化形态，是校园内每一个成员所共有的价值观及其在物质、精神两个层面上体现出来的文化表征。与其他亚文化相比，它具有明显的教育性、知识性、时代性、实践性和高品位性。因此，搞好校园文化建设，乃是提高学校教育质量和办学效益的极重要一环。王建军的《校园文化功能新论》[②]认为，校园文化对学生具有陶冶、自我教育和审美功能；对学校发展具有凝聚向心力、推进教育教学改革、改进师生关系的功能；对于社会具有引导、辐射功能。寿韬的《高校校园文化的层次结构及特征初探》[③]分析了高校校园文化的多形态多层次的结构，根据不同形态将校园文化进行了分类。从文化主体角度将其分为学生文化、教师文化和干部文化这三种文化；从文化质态层面上将校园文化划分为物质文化、观念文化、制度文化

---

①　李振远：《析校园文化的本质特征》，《北京青年政治学院学报》1999 年第 3 期，第 25—31 页。

②　王建军：《校园文化功能新论》，《石油大学学报》（社会科学版）2002 年第 4 期，第 37—40 页。

③　寿韬：《高校校园文化的层次结构及特征初探》，《华东师范大学学报》（哲学社会科学版）2003 年第 5 期，第 58—62 页。

和行为文化这四种文化形态；从时间形态层面上将校园文化划分为传统和现代两种化形态；从文化职能角度将其划分为学术文化、行政文化和生活娱乐文化。于立军等的《论大学校园文化在社区文化建设中的重要作用》①，认为文化在 21 世纪将发挥越来越重要的作用；高校文化在社会各个领域也将发挥其引领和导向作用；关注高校和社区间文化的互动与融合，推动高校和社会发展、社区建设以及社会文化的和谐共进。王林的《浅谈校园文化建设的作用与内涵》② 一文，主要阐述了校园文化的发展、内涵及其重要作用，将校园文化分为物质文化、精神文化，并且按照校园中的主体，分为教师文化和学生文化，对校园文化的几个方面进行了探讨，同时提出了良好校园文化的条件和标准。其他类似的文章还有贺宏志的《大学校园文化的结构和功能》③，史华楠的《论大学校园文化的教育功能》④，凌宏彬和沈昕的《论高校校园文化的功能》⑤，王凌彬的《论高校校园文化的审美特征与功能》⑥，刘振怡的《浅论高校校园文化的定在性和开放性》⑦ 等。

第二类，关于高校校园文化建设的研究。

如冯双的《文化素质教育与大学校园文化建设》⑧，讨论了如何根据文化素质教育的内涵并结合中华民族传统文化来进行大学校园文化构建和建设，使其在文化素质教育中发挥应有的作用。董小麟的《论全方位建设高校校园文化》⑨，认为校园文化是高校建设的一项系统工程，涉及高

---

① 于立军等：《论大学校园文化在社区文化建设中的重要作用》，《辽宁教育行政学院学报》2008 年第 12 期，第 22—23 页。
② 王林：《浅谈校园文化建设的作用与内涵》，《中国电力教育》2009 年第 2 期，第 182—183 页。
③ 贺宏志：《大学校园文化的结构和功能》，《高等教育研究》1993 年第 3 期，第 44—49 页。
④ 史华楠：《论大学校园文化的教育功能》，《江苏高教》1998 年第 2 期，第 75—77 页。
⑤ 凌宏彬、沈昕：《论高校校园文化的功能》，《高校理论战线》2003 年第 5 期，第 64—65 页。
⑥ 王凌彬：《论高校校园文化的审美特征与功能》，《高等农业教育》2002 年第 6 期，第 30—32 页。
⑦ 刘振怡：《浅论高校校园文化的定在性和开放性》，《黑龙江高教研究》2007 年第 2 期，第 11—12 页。
⑧ 冯双：《文化素质教育与大学校园文化建设》，《高教探索》1997 年第 4 期，第 47—49 页。
⑨ 董小麟：《论全方位建设高校校园文化》，《高教探索》2003 年第 3 期，第 73—74 页。

校建设的各个环节，需要广大师生员工的共同参与。在建设高校校园文化
的过程中，要处理好人文精神和科学精神的关系，校园文化和企业文化的
关系，校园文化建设的主体和客体的关系。符庆明、刘立忱的《关于一
流大学校园文化建设的思考》①，从高校文化主体的角度指出了校园文化
建设重在最大可能地尽力挖掘、保护、充分调动人的主观能动性，发挥积
极创造性来挖掘和发挥校园文化的多种功能。王学文的《论多校园大学
的校园文化建设》② 主要探讨了在多个校区的高校中如何建设校园文化，
既赞同在此类校园中保持校园文化的多样性的说法，也赞同融合多校区的
文化形成一种新的校园文化，不过应该重新审视新校区校园文化，并以学
校发展目标为指导对多校区的校园文化建设进行重新定位，处理各校区和
原有大学间校园文化的关系。楼仁功和陈庆在其文章《校园文化的传承
与创新——对新校区校园文化建设的思考》③ 中深刻剖析了新校区的校园
文化建设方面存在的误区，指出：新校区文化建设首要的是要认同校园文
化，关键是教师的积极参与，校风建设是重点，校风建设方面应重视内容
和形式的相统一，并与大学精神保持一致，要在传承老校区文化的基础上
创造出优秀的新文化。潘道兰的《建设校园文化 增强高校文化软实
力》④，认为高校的使命是增强我国的文化软实力，具有传承、创新和引
领文化的重要作用。地方院校作为各地培养人才的摇篮，对于加快各地经
济和社会发展起到了重要作用。为增强国家的文化软实力，高校应抓住机
遇，因地制宜，充分挖掘和利用地区优势，加强校园文化的建设工作。此
外，类似的文章还有董芍素和张国强的《现代化与大学校园文化建设》⑤，
姜春馥、柳晓光、李文春和柳英娜的《浅论校园文化建设》⑥，蔡昌淼的

---

① 符庆明、刘立忱：《关于一流大学校园文化建设的思考》，《辽宁教育研究》2003 年第 8
期，第 42—43 页。
② 王学文：《论多校园大学的校园文化建设》，《清华大学教育研究》2004 年第 3 期，第
48—52 页。
③ 楼仁功、陈庆：《校园文化的传承与创新——对新校区校园文化建设的思考》，《教育发
展研究》2005 年第 1 期，第 93—95 页。
④ 潘道兰：《建设校园文化 增强高校文化软实力》，《中国高等教育》2009 年第 5 期，第
59—60 页。
⑤ 董芍素、张国强：《现代化与大学校园文化建设》，《浙江大学学报》1995 年第 6 期，第
16—25 页。
⑥ 姜春馥、柳晓光、李文春、柳英娜：《浅论校园文化建设》，《辽宁教育研究》1997 年第
1 期，第 121 页。

《和谐社会背景下高校校园文化建设的思考》①，杨学斌的《文化冲突与校园文化建设》②，何锐连的《校园文化建设与高职人文教育》③，周挥辉的《增强提升校园文化建设的自觉意识》④，陈小军的《多元文化背景下大学校园文化建设途径的思考》⑤ 等。

第三类，关于高校校园文化现象的实践研究。

万增奎的《大学生"课桌文化"与道德失范的调控》⑥，通过大学生"课桌文化"泛滥的成因分析，对当前大学生道德失范现象进行透视、分析及教育思考，提出在当前应重视大学生道德自律，摆正校园主流文化与非主流文化的关系。认为大学生"课桌文化"是目前大学校园普遍存在的一种亚文化现象，本书提出通过积极开展心理健康教育、加强校园文化建设、培养大学生公德意识和抓好学校的日常教学管理与规章制度建设等对策对大学生"课桌文化"进行综合治理。伍德勤和高宝力的《高职院校学生社团活动现状及优化策略》⑦ 讨论了高校同乡会的存在有其合理性，它对高校整体工作的影响是双向的，对高校学生工作的影响就更为直接。在问卷调查基础上对高职院校的学生社团类型、分部、管理、动机、成效进行了分析，并提出了优化类型结构，有针对性地提出教育引导的原则和措施。还有许多学者对有关大学生的宿舍文化进行了探讨，认为宿舍是大学生生活和活动的最基本场所，大学生的宿舍文化对他们的成长等方面影响深刻，起到了潜移默化的熏陶作用。主要从宿舍文化的内涵、特点、影响及建设方面对其进行了初步探讨，认为宿舍文化是指在大学生宿舍内进行的一切文化活动的总和，它具有明显的时代特色和青年学生特征，淋漓尽致地反映了时代特色与青年学生的精神风貌和内心世界。宿舍

　　① 蔡昌淼：《和谐社会背景下高校校园文化建设的思考》，《思想政治教育研究》2006年第6期。

　　② 杨学斌：《文化冲突与校园文化建设》，《教育探索》2006年第5期，第40—41页。

　　③ 何锐连：《校园文化建设与高职人文教育》，《高等教育研究》2006年第6期。

　　④ 周挥辉：《增强提升校园文化建设的自觉意识》，《中国高等教育》2006年第19期，第21—22页。

　　⑤ 陈小军：《多元文化背景下大学校园文化建设途径的思考》，《河北广播电视大学学报》2009年第1期，第93—95页。

　　⑥ 万增奎：《大学生"课桌文化"与道德失范的调控》，《黑龙江高教研究》2004年第1期，第65—67页。

　　⑦ 伍德勤、高宝力：《高职院校学生社团活动现状及优化策略》，《高等教育研究》2007年第1期，第82—86页。

是大学生生活中很重要的组成部分，在那里同学们可相互了解、倾诉心声，也能够最直接地反映出他们的生活方式和性格特点。对宿舍文化进行研究，有利于了解学生的心理，把握他们的思想动态。此外，类似的文章还有张建刚的《卧谈：校园"寝室文化"深处的景观》①，段鑫星等人的《大学里的"课桌文化"的词语类分析》②，张步先和倪士光的《高校老乡会特点分析及政策引导》③，许知远的《北大的厕所文化》④ 等。

第四类，关于国外高校校园文化建设的比较借鉴研究。

如韩志强、杨淑娣和马洪亮的《国内外大学校园文化品位建设的比较研究》⑤ 认为名校与普通高校的本质区别在于其优秀校园文化的育人功能。在创建一流大学的进程中，校园文化建设的作用功不可没。通过对国内外五所大学校园文化建设的调研与分析，作者试图总结出创建优秀校园文化的原则与经验。陶应勇在《中外高校校园建筑文化的传承与发展》⑥一文中认为建筑具有文化属性，高校校园建筑文化是校园文化的重要组成部分，分析了中外大学校园的建筑文化在不同历史时期的特点、中外高校间校园建筑文化的不同之处，以及校园建筑文化建设的具体措施和发展的趋势。李越红的《中西方校园文化差异浅析》⑦ 认为由于历史背景、地域因素、思维方式等方面的差异，我国和西方文化具有各自的特点和特色。中华文化是一元的，而西方文化是多元的；中华文化崇尚推己及人的恕道，而西方文化强调个人主义。中西方校园文化也存在本质的差异：各自体现的时代精神不同、价值特征不同、理论基础不同。面对这种冲突，我们应该坚持扬弃、发展与创新、立足实际等原则，批判地吸收借鉴西方校园文化，建设民主、开放的校园文化。汪昌平、江立成的《中西校园文

---

① 张建刚：《卧谈：校园"寝室文化"深处的景观》，《中国青年研究》1994 年第 4 期。

② 段鑫星、付豪、宋冰：《大学里的"课桌文化"的词语类分析》，《青年研究》2003 年第 8 期，第 15—18 页。

③ 张步先、倪士光：《高校老乡会特点分析及政策引导》，《合肥工业大学学报》（社会科学版）2006 年第 2 期，第 15—18 页。

④ 许知远：《北大的厕所文化》，《意林》2007 年第 19 期。

⑤ 韩志强、杨淑娣、马洪亮：《国内外大学校园文化品位建设的比较研究》，《法制与社会》2009 年第 3 期，第 301—302 页。

⑥ 陶应勇：《中外高校校园建筑文化的传承与发展》，《南京理工大学学报》（社会科学版）2004 年第 6 期，第 40—43 页。

⑦ 李越红：《中西方校园文化差异浅析》，《山西农业大学学报》（社会科学版）2004 年第 3 期。

化比较研究》① 主张：在当前经济全球化、一体化的进程中，中西方的校园文化在相互碰撞的过程中不断地相互吸引和融合，两者间的共性也越来越趋明显。另外，中西方高校校园文化因双方不同的文化背景，也呈现出差异性。他在文中明确指出应对西方的校园文化持"扬弃"的态度，批判地吸收其积极的有利因素来为我国的校园文化建设提供有利的参考和借鉴。柳扬和王伟的《中西文化冲撞中的校园文化选择》② 认为校园文化依据一定的地域性，在不同的国度里形成了不同的风格。中西方的文化传统、文化背景等不同使得双方高校校园文化在运作和走向上也呈现出差异性，形成了不同形式、不同风格的校园文化。但是作者相信：中西方校园文化会随着全球文化间不断的融合而得以相互包容和整合。类似的文章还有宋晟的《中外大学校园建筑文化比较》③。

（2）著作

第一类，关于高校校园文化总论研究。

从主体、内容、构建、比较等角度对校园文化和校园文化建设进行理论研究，同时也阐述了校园文化建设的具体实践措施。如陶国富、吴梦宇等的著作《大学校园文化》④ 阐述了大学的校园文化概念、特点等基本理论，改革开放以来大学的校园文化的历史发展、不同时期的特征、热点问题和误区，还分析了校园文化建设的具体实践、调控和评价方式，同时也对校园文化与其他文化的关系进行了研究，如青年文化、社会文化等等。杨怀中和龚贻洲的《象牙塔之谜：校园文化学概论》⑤ 主要分析了校园文化的特点、内容、作用、产生和发展的内在规律以及它与社会主流文化、学校各项活动间的关系等。郭广银和杨明等撰写的《新时期高校校园文化建设的理论与实践》⑥ 一书主要梳理了高校校园文化发展的历史、建设的成就，深刻剖析了高校校园文化建设中存在的现实问题和具体成因，同时也对高校校园文化建设的动因、主要原则、具体措施以及校园物质文

---

① 汪昌平、江立成：《中西校园文化比较研究》，《山东理工大学学报》（社会科学版）2005 年第 5 期，第 86—89 页。

② 柳扬、王伟：《中西文化冲撞中的校园文化选择》，《沈阳师范学院学报》（社会科学版）2001 年第 1 期，第 88—90 页。

③ 宋晟：《中外大学校园建筑文化比较》，《华中建筑》2008 年第 4 期，第 3—7 页。

④ 陶国富、吴梦宇、蒋宏：《大学校园文化》，学林出版社 1997 年版。

⑤ 杨怀中、龚贻洲：《象牙塔之谜：校园文化学概论》，人民交通出版社 1993 年版。

⑥ 郭广银、杨明：《新时期高校校园文化建设的理论与实践》，南京大学出版社 2007 年版。

化、制度文化和精神文化建设等诸方面进行了具体阐述。段建国和孟根龙撰写的《构建大学和谐校园：理论与实践》① 一书从理论和实践的角度来探讨校园文化和校园文化建设问题。书中指出校园文化建设应注重在校园人中形成高尚、良好的价值和道德观念、先进的教育理念，用共同的理想和追求来凝聚和团结校园人。陶国富、吴梦宇等主编的《大学校园文化》② 主要内容包括：大学校园文化的基本范畴，20 世纪 80 年代至今大学校园文化的发展特征，校园文化的实践机制、特点、内容、形态，校园文化的热点现象。周运来的《高校校园文化传承与发展》③ 主要阐述了当今世界的竞争是科技的竞争、人才的竞争。而优秀的人才不仅要有专业知识的武装，还要有深厚的人文底蕴、完善的人格、坚定的人文理想以及由此产生的积极的创新精神和无私的献身精神。所以当今世界的竞争说到底是文化的竞争，是人文素质的竞争。葛金国的《校园文化——理论意蕴与实务运作》④ 主要介绍了校园文化的历史形态与研究思路、校园文化的基本形态等内容。类似的著作还有颜吾佴的《大学校园文化》⑤，白同平的《高校校园文化论》⑥，寿韬的《大学校园文化的设计与实践》⑦ 等。

第二类，对高校校园文化的实践研究。

这方面的著述主要有教育部思想政治工作司主编的《高校校园文化建设的理论与实践》⑧，除了在理论上探讨了校园文化的基本理论，重点研究了各地各高校的校园文娱活动、学风校风建设以及培育良好校园文化的举措和新的思路，总结各方面的典型做法和宝贵经验。计国勇主编的《开创校园文化的新纪元》⑨ 是浙江省教科院 2006 年规划课题研究专著，书中关于高校的校园文化的实践研究主要针对浙大求是学风、走近浙大传承求是精神等方面。关成华主编的《北京大学校园文化》⑩ 以北京大学为

---

① 段建国、孟根龙：《构建大学和谐校园：理论与实践》，社会科学文献出版社 2006 年版。

② 陶国富、吴梦宇、蒋宏：《大学校园文化》，学林出版社 1997 年版。

③ 周运来：《高校校园文化传承与发展》，岳麓书社 2009 年版。

④ 葛金国：《校园文化——理论意蕴与实务运作》，安徽大学出版社 2006 年版。

⑤ 颜吾佴：《大学校园文化》，北方交通大学出版社 2002 年版。

⑥ 白同平：《高校校园文化论》，中国林业出版社 2000 年版。

⑦ 寿韬：《大学校园文化的设计与实践》，中国林业出版社 2004 年版。

⑧ 教育部思想政治工作司：《高校校园文化建设的理论与实践》，中国人民大学出版社 2009 年版。

⑨ 计国勇：《开创校园文化的新纪元》，浙江大学出版社 2007 年版。

⑩ 关成华：《北京大学校园文化》，北京大学出版社 2004 年版。

对象，从校园文化构成角度翔实地描述了新时期北大校园中的主旋律文化，如政治、学术和创新文化等；北大校园中的特色文化——文体文化、网络文化、社团文化和院系文化；以及北大校园中的组织文化——北大学生会、研究生会以及北大团校。最后对北京大学校园文化建设的经验进行了分析总结。另外，近年来国内一些著名学府开始注重自己的校史研究，其中一部分内容涉及到了过去时代的校园文化。其中比较著名、影响比较广泛的有黄延复先生的《二三十年代清华校园文化》①，作者从清华文化的三大源头、校长、名师、校园生活面面观、清华文学院、清华文坛、二三十年代的清华旧体诗文等多个方面对二三十年代的清华大学的全貌作了较为详细的描述。

（3）学位论文

第一类，国内高校校园文化研究。

国内关于高校校园文化研究的博士论文主要有两篇，一篇是邱宜亮的博士论文《论大学校园文化及其对大学生素质的影响》②，作者在分析我国近几年来对学生素质教育研究的基础上，从素质的相关理解、教育以及高等教育与素质间的关系入手，深刻阐述了在大学生素质发展过程中教育所发挥的功能和作用以及培养大学生综合素质的重要性。为了便于更深入的研究，作者借鉴几何学中的俯视、正视和侧视来探寻人的素质发展的内在机制，论述了影响大学生素质形成的诸因素及其多元性。在分析校园文化的含义、特点和作用的理论基础上总结出有关大学校园文化的相关理论以及校园文化与大学生综合素质的提高之间的关系。在阐述校园文化的结构和分级及其功能之后，又深入分析其对大学生素质的影响作用。同时就如何建设新世纪大学校园文化进行了理论和实践研究。

另外，华中科技大学刘德宇的博士论文《高校校园文化发展论》（已出版成书③）在理论上首先以教育与文化间的关系为切入点分析了高校校园文化在学校教育中发挥的重要作用，阐述了其分类和基本特征，分析了西方发达国家校园文化发展的现状和理论观点以及值得借鉴之处。分析和

---

① 黄延复：《二三十年代清华校园文化》，广西师范大学出版社 2000 年版。
② 邱宜亮：《论大学校园文化及其对大学生素质的影响》，博士论文，厦门大学，1998 年。
③ 刘德宇：《高校校园文化发展论》，中国海洋大学出版社 2004 年版。

总结出了我国高校的校园文化发展的外部环境和动力，其发展的最终目的是实现校园人的全面综合发展。高校校园文化发展的具体目的——学生的创新能力、道德素质、身体素质和体育精神、审美素质、心理素质、实践能力和交往能力。讨论了高校校园文化发展的动力——社会政治直接影响校园文化发展的趋势、校园文化发展的决定力量是社会经济、主要动力是科技、发展的外部重要环境是社会文化、内在动因是学校教育。高校校园文化发展的原则——批判性原则、主体性原则、支持与引导相结合的原则、国际化与民族化相统一的原则、全面推进与重点建设相结合的原则。从多个层面分析了促进校园文化形成和发展的重要因素，如社会经济、政治、文化和高校内部诸方面，进一步论述了校园精神、制度和物质文化的具体发展策略。这几篇论文都是兼顾高校校园文化的理论思考与建设校园文化的策略研究。

第二类，国外高校校园文化研究。

张爱芳的博士论文《美国大学校园文化研究》（浙江大学，2007）认为大学校园文化是随大学的产生和发展而演进的，同时又受到时代和社会文化的制约与影响。作者尝试立足于社会发展和高等教育变革的大背景，对美国大学校园文化的历史演变进行比较系统和全面的考察。从而总结出美国大学校园文化具有如下几个主要特点：学生的主体地位，学校的引导作用，文化的多元共生。美国大学校园文化的发展趋势主要体现在：校园的边界不断扩展，校园文化的教育影响作用越来越受关注，校园文化与课堂生活的融合趋势逐渐增强。

综上所述，从客观上看，国内关于大学校园文化的研究成果已十分丰富，无论在理论研究还是策略研究方面，都取得了很大的进展，他们的研究成果为本研究提供了重要的背景资料和可资借鉴的文献素材。但是，国内的有关研究还有待进一步完善：高校校园文化的理论研究还很薄弱，比较研究仍有待深入，主要侧重国内和校内校园文化的研究，而校园文化与其他社会文化的相互作用、高校与社会如何共同和谐发展，仍需要进一步深入研究。

2. 国外研究综述

第一类，关于高校校园文化的理论研究。

在国外，尤其是西方，大学虽起源较早，但是很长一段时间，这些大学基本上没有自己的校园和学生宿舍，其他的配套建筑也相当有限，大学的功能主要是传授知识，所以，当时的大学教育理念就是所谓的大学校园文化理论，还没有现代意义上的大学校园文化。20 世纪 80 年代，一些发达国家开始了对高校校园文化的理论研究，典型的研究成果主要有：由亨利·罗索夫斯基（Henry Rosovsky）写的《美国校园文化——学生·教授·管理》①，他针对美国大学校园中的各类文化要素发表了自己的独到见解：学生、教授被聘用和录用的标准，他们在大学学习与工作的情况，作为特殊的社会机体的大学的运转状况。哈罗德·E. 奇特汉姆（Harold E. Cheatham）在其所写的《校园里的多元文化》（Cultural Pluralism on Campus）中，主要研究了校园里的各类文化，以此来探讨美国高校的校园文化。A. D. 卡勒在《威严的智者——对纽曼主教教育理念的一项研究》② 中研究了约翰·亨利·纽曼的大学教育思想。纽曼的观点集中体现在他所著的《大学的理念》③ 一书中，特别强调"大学是一个传授普遍知识的场所"。他认为大学是进行古典道德教育的中心，反对功利主义的教育思想。卡勒高度评价了纽曼的大学教育思想，并且指出纽曼强调大学中的宗教教育意在防止传统大学可能出现的功利性教育行为，是对社会道德秩序败坏的反思。曾任加州大学校长、著名高等教育家克拉克·科尔（Clark Kerr）在其《大学的功用》④ 一书中阐述了大学不仅要为社会服务，更要为真理而献身，坚持学术独立和自由。布鲁贝克的《高等教育的哲学》、哈多塞的《大学的职能的演变》、博克的《超越象牙塔：现代大学的社会责任》等对大学精神、大学理念、大学职能和社会责任等有关大学文化的诸多问题做了比较深入的探索和研究。默多克大学教授 Brian Hill 的《学校价值观教育的问题与挑战》（Values Education in School：Issues and Challenges），主要对现代价值观教育的实施现状进行了深入思考。堪培拉大学教育学者 Nielsen Thomas 博士的《通过思考、感受和行动进行价值观教育》（Values Education Though Thinking，

---

① ［美］亨利·罗索夫斯基（Henry Rosovsky）：《美国校园文化——学生·教授·管理》，谢宗仙、周灵芝、马宝兰译，山东人民出版社 1996 年版。

② Culler, D. , The Perial Intellect. A Study of Cardinal Newman's Education Ideal ［M］. New Haven：Yale University Press，1955.

③ 此书已经被翻译成中文。国内有两个不同的版本：一个是［英］约翰·亨利·纽曼：《大学的理念》，高师宁等译，贵州教育出版社 2003 年版；一个是［英］约翰·亨利·纽曼：《大学的理想》，徐辉等译，浙江教育出版社 2001 年版。

④ ［美］克拉克·科尔：《大学的功用》，陈学飞等译，江西教育出版社 1993 年版。

Feeling and Doing）① 重在研究关于价值观教育产生的时代背景以及价值观教育的实施进行深入的研究等等。

第二类，关于高校校园文化现象的实践研究。

阿尔文·施瓦兹（Alvin Schwartz）的《大学：一所大学的学生、老师以及校园生活》（*University: the Students, Faculty, and Campus Life at One University*）（1969）② 以密歇根大学为个案，分别描述了 20 世纪 60 年代大学校园中的学生、教师、管理人员等不同群体的生活状态。S. 罗思布拉特对 19 世纪早期牛津大学和剑桥大学在校学生生活进行了研究，研究成果体现在他的《19 世纪早期牛津学生的亚文化以及考试体系》一文中。一般来说，学者都认为研究在校学生的生活最重要的是研究课堂和图书馆，但他却将研究重点放在在校学生的课外生活以及由学生组织的各类俱乐部和协会上。他认为在 19 世纪早期，在校学生的成长是通过参与各种协会、俱乐部以及沙龙实现的，在某些时期，课程对学生的知识积累所起的作用非常有限。比乌拉·克拉克·凡·瓦格纳（Beulah Clark Van Wagenen）的《美国路德教学院中的课外生活》（*Extra - curricular Activity in the Colleges of the United Lutheran Church in America*）（1929）③ 对路德教派大学中学生俱乐部的招收、管理、设施状况进行了研究，并且详细分析了不同类型的学生团体，如辩论社、学生会、文学社团、希腊字母组织、宗教组织等。谢尔登·罗思布拉特在《教师的革命——维多利亚后期剑桥与社会》④ 中觉察到了剑桥大学教师们接受圣职的人数的变化，并暗示了大学教师对于圣职的态度发生了变化，但是并没有就此展开研究。詹姆斯·L. 舒尔曼（James L. Shulman）和威廉·G. 鲍温（William G. Bowen）的《运动生活——大学体育运动及其教育价值》（*The Game of Life: College Sports and Educational Values*）（2001）对美国大学校园男子体育运

---

① Thomas, N., Values Education Through Thinking, Feeling and Doing [J] *Social Educator*, 2005, 23 (2).

② Schwartz, A. University: The Students, Faculty, and Campus Life at One University [M]. New York: Viking Press, 1969.

③ Wagenen, B. C. V. Extra - curricular Activities in the Colleges of the United Lutheran Church in America: a Survey and Program [M]. New York city: Teachers college, Columbia university, 1929.

④ Rothblatt, S. The Revolution of the Dons: Cambridge and Society in Victorian England [M]. Cambridge: Cambridge University Press, 1981.

动和女子体育运动的历史和现状进行了考察，并跟踪调查和分析了毕业后的男女学生在学术深造、家庭生活、工作和薪水方面的状况。海伦·里弗克维兹·霍洛维兹（Helen Lefkowitz Horowitz）的《大学生文化：18 世纪末至今》（*Undergraduate Cultures：from the End of the Eighteenth Century to the Present*）（1987）通过对美国大学校园中不同时期的学生动乱分子的分析，描述了在美国大学形成和发展的进程中大学生的重要作用、他们所创造的文化氛围和校园人之间的文化冲突。卡尔文·B. T. 李（Calvin B. T. Lee）的《大学校园场景：1900—1970》（*The Campus Scene* 1900 – 1970）（1970）主要分析了从 20 世纪初到 70 年代之间的美国大学生的生存状况和思想变化：1900—1920 年的好日子，疯狂的 20 年代，艰难的 30 年代，军人进入大学后 40 年代的校园，沉默的一代、60 年代的学生反叛等。

第三类，关于著名院校研究。

班纳德·拜林（Bernard Bailyn）和多纳德·弗莱明（Donald Fleming）的《哈佛一览》（*Glimpse of the Harvard Past*）（1986）分八个专题对哈佛的发展史进行了简要的梳理，其中"使男孩成为男人"、"哈佛的黄金时代"对学生生活有诸多描述。萨缪尔·艾略特·莫里森（Samuel Eliot Morison）的《哈佛三百年 1636—1936》（*Three Centuries of Harvard* 1636 – 1936）（1937）把哈佛大学分为 1636—1707、1708—1806、1806—1845、1846—1869、1869—1933 五个时间段进行了历史考察，每一时期的研究中都涉及到了当时的学生的校园生活。布鲁克斯·马瑟·凯利（Brooks Mather Kelley）的《耶鲁：历史》（*Yale：A History*）（1974）分别对伍尔西和戴校长时期的学生生活以及课外活动的兴起进行了专题论述。乔治·维尔森·皮尔森（George Wilson Pierson）的《耶鲁学院：教育史 1871—1921》（*Yale College：An Educational History*）（1955）和《耶鲁：大学 1921—1937》（*Yale：The University College* 1921 – 1937）（1955）对南北战争后到"二战"前的耶鲁大学发展状况进行了详细的梳理，其中也有部分内容涉及到了当时的校园生活。托马斯·杰斐逊·维腾巴克（Thomas Jefferson Wertenbaker）的《普林斯顿：1746—1896》（*Princeton：1746 – 1896*）（1946）有专章"拿骚大楼的生活"对 1790—1830 年的普林斯顿学生生活进行了描述。阿斯特尔（James Axtell）的《普林斯顿大学：从伍德罗·威尔逊到现在》（*The Making of Princeton：From Woodrow*

Wilson to the Present）中有两章内容：课堂之外、魅力动荡，专门对一战前后的校园生活进行了描述。哥伦比亚大学为纪念成立 150 周年编著了校史《哥伦比亚大学 1754—1904》（*Columbia University 1754 - 1904*）(1904)，该书以校长、非专业学院、专业学院、附属学院分别为专题进行了全景式的描写，其中对诸多校长任期内的校园生活都进行了介绍。罗伯特·A. 麦克考西（Robert A. Mccaughey）的《站起来，哥伦比亚》（*Stand，Columbia*）(2003) 对哥伦比亚建立后到 21 世纪初的发展进行了通史式的考察，其中有专节对校园橄榄球运动、棒球运动、20 世纪 60 年代的校园反叛进行描述。里德姆－格林（Leedham - Green，E. S.）所著的《剑桥大学简史》 （*A Concise History of the University of Cambridge*）(2007)，叙述了从 13 世纪创始直到今天的剑桥大学的简史，来自君主或者教会、中央政府、社会上的普遍渴求和期许对剑桥大学变革的推动作用。在大学八百余年的历史过程中，对学生和他们的教师以及行政人员的生活经历的观感。A. G. L. 黑格在《维多利亚后期英国的教会、大学及知识》① 中总结了教会与传统大学的关系发展史。他研究了 1841—1881 年间剑桥大学教师们接受圣职的人数比例，指出在此期间这个比例一直呈下降趋势。据此，他得出结论：在历史上，教会在牛津大学和剑桥大学的发展史中曾经占据着极其重要的位置，而进入 19 世纪 60 年代之后，教会对于大学的影响力则不断下降。

综上所述，国外学者对高校校园文化进行系统研究的著作还比较少，相关的专题研究、院校文化研究则比较丰富；在研究方法上，国外学者的研究视角比较多元，他们从文化学、社会学和政治学等诸多角度对高校校园文化进行了分析和阐述，这对本书在研究方法和研究思路方面有很大的启发作用。

（二）关于校园文化冲突的文献综述

1. 国内研究综述

相对于校园文化和校园文化建设的理论研究，校园文化冲突的理论研究则较少。某种程度上来说，在研究校园文化冲突时应该借助不同文化间

---

① Haig, A. G. L. The Church The Universities and Learning in Later Victorian England［J］. The Historical Journal, 1986, 29（1）: 187 –201.

的比较。虽然国内高等学校的校园文化理论研究已经开展了很多年，也取得了一定的成果，但较为深入的探索不多。该领域的比较研究主要集中体现在全球化背景下的东西方文化冲突、社会转型期的文化冲突以及高校合并后出现的文化冲突，对不同地区：中国与美、日等国家的比较研究上。对国外该领域的研究远不及对中小学校园文化的研究透彻。值得一提的是，大多数研究工作事实上还主要局限在单纯地探讨国外高校的校园文化现象和理论上，并没有重点关注中外高校校园文化的差异性。

国内众多的专家学者把主要精力集中在理论研究，有关校园文化冲突的著作、博士学位论文主要有：

郑金洲老师主编的《教育文化学》① 从文化的视角，及其与教育的基本关系为研究基础，阐述了教育文化学的学科看法，介绍了文化学的发展与教育文化学的构建。其中第四章和第五章的文化冲突与教育、文化整合与教育为笔者重要参考的部分。可以说郑老师的这部著作为本书的研究提供了立论和理论依据，具有重要的参考价值。

阎光才的博士论文《识读大学——组织文化的视角》（华东师范大学，2001，后出版成书②），主要借助组织文化的相关理论，尝试逐步了解和领会作为文化组织机构的大学的本质属性及其在社会上的地位。作者研究的目的不仅仅局限在澄清某些具体问题，而在于启发人们关注大学并对其进行深入研究和思索。虽然文化冲突不是论文的主题，但是第四章和第五章阐述了大学组织文化的内外冲突与融合。其中第四章主要阐述了大学组织内部文化冲突的表现和整合，冲突主要表现为：大学组织内部的价值取向冲突、不同学科和专业间的冲突以及大学中的代沟现象。第五章主要阐述了大学组织与环境间的冲突与融合，冲突主要表现为：大学角色的价值无敌倾向、批判反省倾向和利他主义倾向。由于论文主题和篇幅所限，在分析和阐述冲突与融合的广度和深度不够。

周玲的博士论文《大学组织冲突研究——角色、权力与文化的视角》（已出版成书）③，从社会学角度和社会学概念框架入手来考察大学组织内部冲突与组织运行的立足点与理论依据，针对大学组织内部的角色冲突、

---

① 郑金洲：《教育文化学》，人民教育出版社 2000 年版。

② 阎光才：《识读大学——组织文化的视角》，教育科学出版社 2002 年版。

③ 周玲：《大学组织冲突研究——角色、权力与文化的视角》，中国社会科学出版社 2007 年版。

权力争夺和文化冲突等问题运用社会学的相关理论进行研究，为大学组织研究开拓了一个新视角，同时也为社会学的抽象、系统的概念框架的构造和发展提供某种检验其正确性的工具。关于大学组织文化的冲突只是文中的一小部分，只有第五章阐述了大学组织的文化、学术资本主义与学术人文主义间的冲突、外来文化与本土文化的冲突以及学科文化间的冲突。本论文为本研究提供了大量有价值的理论素材，而且提供了考察大学组织文化冲突的多个视角。

吴中平、徐建华、徐跃飞等主编的《冲突与融合：学校文化建设新视角》① 中主要阐述了学校文化是以学校价值观为核心的各种观念、制度、行为等要素的集合体。随着跨文化交流日益扩大，中国教育正经历着中国教育史上最大的发展和最深刻的变革，种种思想观念的交锋，体制机制的冲撞，使学校文化呈现出多样性，多样性既包括学校文化活动的对象与内容，也包括学校文化活动的形式与方式，还包括学校文化活动的环境等。本书主要介绍新文化引进与学校组织变革、价值观建设以及学校文化诊断与评估体系等内容。作者对高校组织价值观的重视，正体现了其对学校文化建设之本质特征的良好把握。关于学校文化冲突的研究只是本书中的一章，其中侧重介绍了高校不同群体、不同组织间的文化差异。在最后一章中主要介绍了学校文化研究报告，即：浙江海洋学院文化建设研究报告、江苏省泰兴市洋思中学组织文化研究报告、李镇西班级文化建设研究报告。为笔者考查高校学校文化建设实践发展提供了可资参考的实践研究成果。

肖谦的《多视野下的大学文化》② 循着从普遍到特殊的规律，沿着概论、分论、个案的思想，从多个视角对大学文化的有关问题进行了理性思索，文中始终贯穿着唤醒大学文化理性的思想。其中第八章从高校合并的视角研究学校文化冲突和整合问题，主要侧重文化的整合研究，阐述了文化整合的障碍、内容、原则和策略，而关于文化冲突较之文化整合的研究深度不够，但是为本书的研究提供了研究高校文化冲突的新视角。

我国关于高校校园文化冲突的文献概括起来主要分为以下几类：

---

① 吴中平、徐建华、徐跃飞等主编：《冲突与融合：学校文化建设新视角》，上海三联书店2006年版。
② 肖谦：《多视野下的大学文化》，西南交通大学出版社2009年版。

（1）关于高校合并后校园文化冲突

张洁、白彦刚、朱磊的《高校合并后的文化冲突与整合研究》认为高校合并中解决文化冲突问题是决定高校合并成功与否的关键，在论述了大学文化内涵的基础上，分析了高校合并中文化冲突产生的原因，重点提出了三种合并模式下的文化整合，并提出了高校合并中大学文化整合的原则，以利于更好地解决合并后高校的文化冲突问题。[①] 刘德群的《合并类高校的文化冲突与文化构建》认为，合并重组高等学校，是我国高等教育发展过程中的一个特殊现象。由于合并重组，合并前各学校的文化以一个主体形式出现在同一个文化环境之中。这些文化主体由于其文化形式之间的诸多因素的综合作用，形成了文化差异。由各个院校合并重新组合的高校在协调和理顺各个不同文化结构时，由于管理机制的调整和原有高校多年来积淀的文化碰撞在一起，势必会产生文化冲突。因此，在建构新文化时，应该注重在目标和具体对策上来平衡各个文化体系，搭建能够协同和创新发展的文化平台和和谐的文化环境，促进合并后的高校的软实力提升及其校园文化的创新发展。[②] 还有彭轩雁、肖中云的《高校合并后的文化冲突及其重建》[③] 认为多校区大学合并的过程本质上是不同文化相互冲突和融合的过程。本书在分析了合并高校历史文化、学科文化、技术文化、制度文化和精神文化等不同层面冲突的基础上，提出了在观念、领导、战略、体制和机制方面的创新，以顺利实现多校区大学的文化融合。刘建华、斯琴格日乐的《高校合并中的文化冲突、整合与创新》[④] 等。

（2）高校教育价值观冲突

如胡弼成、陈桂芳的《高等教育价值取向：矛盾冲突及现实抉择》阐述了高等教育价值取向经常处于一种矛盾冲突之中，呈现为一种"非冲突"的形式，在高等教育功能、人才培养模式和高等教育层次结构上均有体现。论文从功利主义思想和现实教育制度两个层面，分析了矛盾冲

[①] 张洁、白彦刚、朱磊：《高校合并后的文化冲突与整合研究》，《国家教育行政学院学报》2010 年第 3 期，第 29—31 页。

[②] 刘德群：《合并类高校的文化冲突与文化构建》，《黑龙江高教研究》2010 年第 4 期，第84—86 页。

[③] 彭轩雁、肖中云：《高校合并后的文化冲突及其重建》，《湖南社会科学》2008 年第 3 期，第 175—177 页。

[④] 刘建华、斯琴格日乐：《高校合并中的文化冲突、整合与创新》，《北京邮电大学学报》（社会科学版）2005 年第 1 期，第 44—47 页。

突的原因：高等教育政治论哲学占据市场、经济学的人力资本理论引领潮头，以及对政治学公民权利理论的背离和对社会学社会冲突理论逻辑的悖反。在此基础上提出"三位一体，双管齐下"的现实抉择思路。① 柯茜茜的《两种教育价值取向的冲突和融合》认为，教育的价值取向由来已久是人们不断追寻与探讨的问题。将教育作为人们生存的手段与目的无可厚非，然而过度功利化倾向则与教育的本质背道而驰。当代社会充斥着浮躁与功利的气息，这在很大程度上导致了教育的过度功利化倾向。现代教育面临着功利价值取向与生命价值取向的尴尬境地。两种不同价值取向的矛盾冲突和融合与教育的发展休戚相关，关乎教育的改革与走向。②

刘宗南、吴静在《知识教育价值选择的冲突与大学教育的创新》中认为，"知识教育价值"是教育哲学研究中传统的、也是永恒的问题。对其选择的冲突也许是不可调和的，但高等教育在价值取向方面应坚持认知与发展相协调和统一，进行创造性的教学，实现大学教育的创新。③ 刘媚的《教育价值观的冲突及原因分析》中提到，纵观教育发展的历史，人们在教育价值的选择上，最具代表性的主要有"个人本位"和"社会本位"两种。两种教育价值观各执一说，相互矛盾和冲突。本书从两种教育价值观的冲突入手，进而分析两种教育价值观冲突的原因。④

（3）关于学生文化冲突

在我国，有关学生文化的研究成果主要集中在关于教育文化、教育学理论等的专著中，主要侧重理论性研究，探讨了学生文化的含义、特征、类型和作用等。同时，有的研究者还将学生文化进行了分类。吴康宁编著的《教育社会学》⑤ 中主要根据不同学生群体的特征将学生文化分成受争议型、受欢迎型、受遗忘型、受忽视型和受孤独型。也有一些研究者从某些层面揭示了时代变迁和社会发展给学生思想观念和行为方式带来的影

① 胡弼成、陈桂芳：《高等教育价值取向：矛盾冲突及现实抉择》，《清华大学教育研究》2005 年第 5 期，第 31—35 页。

② 柯茜茜：《两种教育价值取向的冲突和融合》，《当代教育论坛》（综合版）2010 年第 3 期，第 37—39 页。

③ 刘宗南、吴静：《知识教育价值选择的冲突与大学教育的创新》，《高等教育研究学报》2004 年第 3 期，第 24—25 页。

④ 刘媚：《教育价值观的冲突及原因分析》，《昆明师范高等专科学校学报》2004 年第 2 期，第 77—80 页。

⑤ 吴康宁：《教育社会学》，人民教育出版社 1998 版，第 233—235 页。

响，就学生的偶像崇拜、网络游戏、流行音乐和电影等受西方文化和大众
文化影响的状况进行了研究，将当代青少年学生的生活方式加以呈现。
如：龚长宇的《酷文化·青年价值观·社会转型》①；宋兴川、金华盛的
《多元选择——青少年偶像崇拜研究》②；俞加生和沈汝发的论文《是谁构
建了新世纪的童话——从"流星花园"的流行谈起》③ 等等。还有学者对
学校日常生活进行了研究，如刘云杉的《学校生活社会学》④ 一书主要探
讨了应试教育背景下学生的精神面貌和状态，分析了家长、老师所认为的
"差生"的内心世界，客观审视了学生所追求的个性文化，甚至反文化现
象，从而认识学生角色。还有的学者主要从学生文化与校园文化的冲突来
研究学生文化，如：傅显捷的《解读校园文化发展的关键——大学生文
化与校园文化的互动》主要研究了校园文化与大学生文化是隶属关系或
者准确地说是主文化和亚文化的关系。在两者的互动中，校园文化处于主
导地位，引导和培育大学生文化是校园文化的任务；主动学习、接受校园
文化，融入、传承校园文化，丰富、创新校园文化，是大学生文化的固有
特征。⑤

　　近年来，有几篇博（硕）士研究生学位论文以学生文化作为研究的
主题，例如西南大学宁冬梅的《内蒙古 A 大学学生文化个案研究》⑥，采
用了量化为主的研究方法，对内蒙古 A 大学学生所体现出的学生文化面
貌进行研究，侧重探讨了该校大学生的人际交往、学风、行为方式、生活
的态度、价值追求和对待校规的态度。河南大学秦秋霞的《学生生活发
展视域下的学生文化研究》⑦ 论文以学生生命发展的视角来探讨学生文化

---

　　① 龚长宇：《酷文化·青年价值观·社会转型》，《青年研究》2002 年第 2 期，第 30—35
页。

　　② 宋兴川、金华盛：《多元选择——青少年偶像崇拜研究》，《青年研究》2002 年第 2 期，
第 1—7 页。

　　③ 俞加生、沈汝发：《是谁构建了新世纪的童话——从"流星花园"的流行谈起》，《青年
研究》2002 年第 6 期，第 20—23 页。

　　④ 刘云杉：《学校生活社会学》，南京师大出版社 1999 年版，第 221—226 页。

　　⑤ 傅显捷：《解读校园文化发展的关键——大学生文化与校园文化的互动》，《河南社会科
学》2005 年第 5 期，第 86—88 页。

　　⑥ 宁冬梅：《内蒙古 A 大学学生文化个案研究》，硕士论文，西南大学，2006 年，第 1—52
页。

　　⑦ 秦秋霞：《学生生活发展视域下的学生文化研究》，硕士论文，河南大学，2006 年，第
1—67 页。

问题，重点选取了学生们日常生活和学习中的行为方式、交往方式和娱乐活动等学生文化现象，并深刻剖析了学生文化中客观存在的具体问题。

（4）关于教师文化冲突

自 20 世纪末开始，我国学者纷纷将有关国外教师文化和教师发展的研究成果介绍到国内，并在此基础上探索了有关中国本土教师文化的研究。郑金洲的《教育文化学》一书中专门阐述了教师文化，从教师文化的特点、类型及其对学生各方面的影响和教师文化的多元性等四个层面进行了深层次的探索。郑教授认为，教师的教龄、不同年龄层次的学生、不同的学科等诸多因素都直接影响着教师文化使其表现出不同的特点，呈现出不同的价值观和行为模式，从而使得教师群体中表现出文化的多样性。他依据其表现形式不同，将教师文化分为学术为本、学科为本和学生为本的三种文化类型。[①] 吴永军在《课堂教学中文化结构的社会学分析》一文中从社会学的角度对各文化层次，尤其是教师文化进行了描述[②]。古翠凤的《文化四维度理论视角下的教师文化研究》一文根据霍夫斯坦特（Hofstede）的个人和集体主义、权力角度、性别度、不确定性规避等四方面文化维度，对教师文化进行了界定，即高度个人主义的、低权力的、女性度的和高不确定回避的文化。[③] 有的研究者就不同地域的教师文化的差异进行了比较研究，如吴浩明的《香港与大陆教师文化差异研究》[④]，张宁娟的《中西教师文化的历史演变》[⑤]。张晓瑜的《课程改革与教师文化重建》对传统教师文化进行了批判，分析了传统的教师文化具有教师角色神圣化、价值取向方面也较为保守、活动范围较为狭窄封闭和师生间产生文化冲突时的教师中心主义色彩浓厚等特点，并提出了应如何革新教师文化的具体措施。[⑥]

（5）关于师生间的文化冲突

师生文化冲突在教育领域较为普遍，但我国关于师生冲突的研究却很

---

① 郑金洲：《教育文化学》，人民教育出版社 2000 年版。
② 吴永军：《课堂教学中文化结构的社会学分析》，《上海教育科研》1998 年第 4 期，第 21—24 页。
③ 古翠凤：《文化四维度理论视角下的教师文化研究》，《教育探索》2005 年第 8 期，第 112—113 页。
④ 吴浩明：《香港与大陆教师文化差异研究》，《华东师范大学学报（教育科学版）》2002 年第 1 期，第 71—82 页。
⑤ 张宁娟：《中西教师文化的历史演变》，《教师教育研究》2006 年第 2 期，第 38—57 页。
⑥ 张晓瑜：《课程改革与教师文化重建》，《教育理论与实践》2005 第 1 期，第 6—8 页。

少。之前的成果主要从教育学、心理学和社会学的角度来加以研究，分别认为：师生文化冲突主要源于教师教育手段的失效、师生双方心理需求的差异和师生双方地位的不平等。

目前关于师生文化冲突相关的研究主要体现在几个方面：

第一，从文化的视角来研究高校的师生关系。刁培萼所著的《教育文化学》① 一书，主要分析了教师与学生间的人际交往情况，指出教师的行为方式在构建师生关系中发挥着重要的、决定性的作用，同时也阐述了教师对学生的美好期望对学生的发展起到了良性的暗示和影响作用。山东师范大学张卫红的论文《文化视野下高校师生关系冲突和整合研究》② 从文化层面探讨了高校师生关系在物质文化、制度文化和精神文化这三个方面的差异，以及整合的相关问题。傅定涛的《文化维度的大学师生关系论》分析了大学师生关系在本质上是一种特殊的文化关系，从文化维度来考察大学师生关系不仅可以对大学师生关系的本质和规律有更清晰的认识，同时为建构和谐的现代大学师生关系提供了新的认识论和方法论基础。大学师生关系的和谐，有赖于大学师生文化价值体系的重建、教师文化霸权的自觉消解和学生正确"文化生态位"的确立。③《文化生态视野中大学师生关系新构》主要阐述了随着高等教育的大众化，现代大学师生关系逐步呈现出疏离、僵化和功利的特征，建构一种新型的大学师生关系已十分必要。文化生态理念倡导对个体性、自主性、独特性、多样性的尊重和彰显，注重人的可持续发展，对大学师生关系的新构具有重要的指导意义。生态型师生关系是现代大学师生关系的理想选择，可以通过大学师生的共同努力来建构。④ 还有张雁华的《论文化反哺视野中的新型师生关系》⑤，郑敏的《高校师生关系的文化社会学思考》⑥ 等。

---

① 刁培萼：《教育文化学》，江苏教育出版社2000年版。

② 张卫红：《文化视野下高校师生关系冲突和整合研究》，硕士论文，山东师范大学，2007年。

③ 傅定涛：《文化维度的大学师生关系论》，《现代大学教育》2009年第1期，第14—18页。

④ 傅定涛：《文化生态视野中大学师生关系新构》，《湖南科技大学学报》（社会科学版）2008年第1期，第124—128页。

⑤ 张雁华：《论文化反哺视野中的新型师生关系》，《高等师范教育研究》2002年第14期，第44—49页。

⑥ 郑敏：《高校师生关系的文化社会学思考》，《交通高教研究》2004年第6期，第80—82页。

第二，有差异的师生文化在接触过程中才能产生冲突，师生间价值观念等文化差异不会自动地产生冲突。如林存华和金科的《价值差异、教师权威与师生冲突——兼与沈莹同志商榷》①，其博士论文《师生文化冲突研究》② 一文中系统地阐述了文化冲突的表现，师生冲突的影响、产生的原因以及化解师生冲突的措施。

第三，教师文化和大学生文化的文化角色冲突、文化价值冲突和文化内涵冲突，实质上是两种不同质的文化差异导致的冲突。例如，扬州大学钱小霞的《浅议师生间的文化冲突》③ 提出了师生文化冲突主要表现为代际文化冲突和目标文化冲突。欧阳洁的《在文化对抗中实现提升——解析高校师生文化冲突》阐述了：高校教师与学生间的文化冲突一般说来是指高校师生间具有的不同文化特征，他们在行为方式和思想观念方面存在着差异性，这必然会形成文化的碰撞和对立。高校师生间的文化冲突具有冲突的多样性、冲突的隐藏性和冲突的复杂性等特点。高校师生文化冲突反映出社会文化转型期的文化冲撞。学生们日趋成熟的追求独立和自由的意识和个性不断地向教师文化的权威性进行示威与挑战，如果教师仍持有保守的文化观念这必然会引发师生间的冲突，教师文化与学术文化各自存在着的不合理因素影响着双方文化的对话，师生交往方式的时空变换导致文化沟通不畅。分析高校师生间的文化冲突不是终极目标，分析的目的是为了更好地剖析师生间文化沟通的不利因素，整合和协调高校教师与学生之间的文化，在崇尚校园文化多元化、不同文化间顺畅对话的同时，促进学生文化、教师文化和校园文化的逐步提升，增强高校中各个文化群体的凝聚力。④

2. 国外研究综述

（1）关于学生文化冲突

在国外，美国的沃勒（Waller，1932）是最早进行学生文化研究的。在他看来，学校文化形成过程中很重要的两个文化因素是学生的文化和教

---

① 林存华、金科：《价值差异、教师权威与师生冲突——兼与沈莹同志商榷》，《上海教育科研》2006 年第 12 期，第 11—12 页。

② 林存华：《师生文化冲突研究》，博士论文，华东师范大学，2006 年。

③ 钱小霞：《浅议师生间的文化冲突》，《扬州大学学报》（高教研究版）2007 年第 2 期，第 59—62 页。

④ 欧阳洁：《在文化对抗中实现提升——解析高校师生文化冲突》，《湘潭师范学院学报》（社会科学版）》2009 年第 4 期，第 115 页。

师、家长为代表的成人文化，两种文化中存在着对立与对抗。美国学者占士·柯尔曼（James Coleman）关于学生文化的探讨尤为著名，他在其经典著作《青少年社会》（*The Adolescent Society*）中指出，社会的急剧变迁使教师、家长的思想和价值观念很难跟上学生青年一代的发展步伐，学生们形成了自己独特的思想、规范和行为模式，即学生文化，还有根据不同阶层表现出的特质而形成的各个阶层的文化，以及影响各种亚文化形成的社会结构和他们间的彼此影响机制。学生文化具有教育和感染功能，对于反对教育中的纯知识性和片面性起到了极大的抨击作用。① 学者祖鲁思·亨利（Jules Henry）在其所写的《文化与人的对抗》中提到了东方和西方的青少年他们生活和学习的文化环境和社会背景不同，对青少年发展影响最大的是他们所处的同伴群体，这也进一步证实了占士·柯尔曼（James Coleman）所认为的学生群体具有的凝聚和导向功能。② 高登（Gordon，1957）也非常关注同辈群体在学生文化中的重要影响。

在美国，很多学者对分析和探讨 20 世纪 60 年代的青年文化很感兴趣，并做了大量的实证研究工作。美国研究者西奥多·西扎克（Theodone Roszak）在其《反主流文化的形成》（*The Making of a Counter Culture*）（1969）一书中率先提出了"反主流文化"这一概念，主要是指青少年对主流文化的对立和反抗，表现为：嬉皮士运动、"朋克"、摇滚乐、性解放、吸毒等等，这一定意义上是一场大众文化浪潮或运动。一般说来，学者们都认为这种反主流文化主要是青少年按照自己认可或推崇的方式反抗主流文化并试图想改变其中的某些观念。社会各方面因素是造成这种反主流文化的主要原因，尤其是美国"二战"后的结婚潮带来的"婴儿潮"（Baby boom），这些孩子长大后成为当时 60 年代的主要群体。他们受到的是放纵式教育，家长非常重视孩子的个性发展和尊重他的个人追求。他们有任意支配手中零花钱的消费权，消费方式相对自由。他们有的经历了"二战"、"冷战"再到对越南的"热战"，战争给他们带来了巨大的心理

---

① 林清江：《教育社会学新论——我国社会与教育关系之研究》，五南图书出版社 1998 年版；陈奎熹：《教育社会学研究》，师大书苑 1991 年版；［英］班克斯：《教育社会学》，林清江译，伟文图书出版社 1984 年版；转引自白芸《国外学生文化研究的述评》，《外国中小学教育》2006 年第 2 期，第 34—37 页。

② 卢乃桂：《少年的发展——兼论校外教育的培育角色与功能》，《青年研究》2002 年第 7 期，第 29 页。

压力，他们恐惧战争。他们大都接受的是给他们带来自由的高等教育，他们从中体验到了自由、放纵的乐趣。再加上与父辈间的代沟加重了他们间的代际冲突，这必然导致了青少年反叛、对抗的思想和行为方式。① 可见，20世纪60年代的青少年文化的研究很大程度上在于其与主流文化的冲突。

一些研究者还尝试用民俗志方法来研究学校教育，从而探讨有关校园中的文化现象。通过面对面访谈、亲身到校园中进行长期考查和调研等方法来观察和研究校园内的教室、宿舍、操场等动态的文化现象，分析学生对所处的学校环境的感受和行为方式的构建，了解学生对师生关系、同学关系和对于教材、教师授课等学习内容的理解和认识。在艾弗哈特（Everhart，1953）、弗里（Valli，1955）、韦斯（Weds，1955）和威里斯（Willis，1977）等人的研究中，侧重文化中的社会意识形态、文化的传播与推广的现状和模式，在此基础上来阐述学生文化自发形成的过程及其内涵和外延。艾普尔（Apple，1983）通过大量实证研究总结出：文化具有相对自主性和自发性，是在一定的环境中逐步产生的，而不是被给予的。具体地说是人在特定的工作、生活、学习等条件下自发形成的。②

（2）关于教师文化冲突

日本著名的教育学专家佐藤学（Sato Manabu）教授认为，教育学领域有关教师的研究总是围绕着"教师应该如何做"和"如何培养教师"这类话题展开论述。在他看来，这两个问题是相辅相成的两个方面，而弄清楚这两个问题的关键在于首先明确"教师是什么样的一种角色？"这一问题。③ 美国著名的社会学家沃勒（Waller. W.）1932年的著作《教学社会学》可以说开辟了有关学校文化和教师文化的研究领域。沃勒主要从社会学的视角阐述了深受教育领域具有官僚性的行政权力影响和控制的教师文化的具体特点。不过，他主要从人性的视角来批判教师文化中非人性的特征，揭露了关于有些教师的思想狭隘、势利和虚伪等人格特点，剖析了造成这些教师人格偏差的社会和自身原因等。虽然他对教师文化的研究较为深刻和具体，但是他只局限于侧重研究教师文化的负面，显然批判

① 白芸：《国外学生文化研究的述评》，《外国中小学教育》2006年第2期，第34—35页。
② 李芳芳：《提升学生文化的育德效能初探——从文化变迁的视角》，硕士学位论文，华南师范大学，2007年。
③ ［日］佐藤学：《课程与教师》，钟启泉译，教育科学出版社2003年版，第333页。

得较为过分，夸大其词，而没有试图探寻教师文化的积极的一面。又由于其研究具有历史的局限，沃勒极力否定和批判专家型教师文化，而比较推崇和赞同具有崇高理想的教师文化，注重追求教师文化的人性化。在他看来，由学校官僚化了的教师专业化发展只是强制性的对教师加以束缚和控制，必然会导致教师的观念和行为背离教师本应发展的方向，因为在这种官僚体制控制下的教师发展并没有深层次地促进教师自身人格的发展，反而加速了教师品质的势利性和伪善性。但这并不是说，针对教师的管理制度或者教育制度毫无作用，因为教师专业或职业发展是离不开规范的制度规约的，否则离开了完善的管理制度教师发展势必会非常盲目和低效。在沃勒研究教师文化之后，将近40多年时间很少有人深入涉足该领域，直到20世纪70年代，芝加哥大学的社会学家洛蒂（D. C. Lortie）的研究。[1] 他所撰写的《学校教师——社会学研究》（1975）阐述了教育领域的行政化和官僚化，批判了学校中的集权化制度，激发了人们开始关注和研究关于教师的专业化发展和责任问题。他还呼吁要充分理解教师中没有达到专业化水平教师的独特个性，以及深入了解他们的思想、观念和情感。教师文化的具体内涵是"教师被囚禁在'蛋壳结构'（egg cartestucture）般的课堂里"，受制于世俗和学校的权力，盲目追求显性价值并依赖测验，不相信并且不乐于接受教育理论，追求个性发展、彼此孤立和对立，而不善于团队合作与协调。洛蒂根据教师的工作方式将教师分为保守主义、个人主义、现时主义三种类型。保守主义类型是指教师在教学方面不愿意根据时代发展和学情变化做出根本性的变革，即使想有所变化也只是在原有工作基础上进行稍微变化，而不勤于思考和讨论教育教学的背景、教学理论等实质性问题；个人主义类型是指教师羞于或者不乐于与同事进行合作与交流，特立独行，没有养成合作共事的良好品质；现时主义类型则指教师不重视教育或者学校的长远发展，而是只做短期计划，将个人的主要精力投入到自己所教班级的发展。[2] 怀特（White. R. K）和利比特（Lippit. R）的研究告诉我们，教师在教学中的引导方式对于调动课堂气氛起到关键性的作用，也是形成师生关系模式的主要原因。教师的引导方式和行为方式形成于教师文化，同时又反映和影响着教师文化。在

---

① 车丽娜：《教师文化的嬗变与重建》，博士论文，山东师范大学，2007年，第7页。
② 陈桂生：《"教育学视界"辨析》，华东师范大学出版社1997年版。

以教师引导和行为方式为主导教师文化的影响下，师生间的关系类型主要有：仁慈专断型、强硬专断型、民主型和放任型。仁慈专断型的教师貌似对学生很友善，大多数学生较为喜欢这类教师，但是能够识别教师用意的学生很可能会比较讨厌该类型的教师；强硬专断型的教师一般采取较为武断和强制的措施使学生们屈服，听从他的指挥，但学生们一般都很讨厌这种类型教师的领导；民主型的教师喜欢和学生打成一片，友好相处，学生们首先会喜欢该类型的教师从而会喜欢他们所教的课程，这样，学生们很乐于与此交往，甚至喜欢同其一起学习和工作；而放任型的教师有时对学生不负责任，任由其发展，这样势必会使学生行为方式散漫，师生间的合作也较为少见，缺乏频繁的师生联系，使师生关系也较为疏远。① 20 世纪80 年代中叶以来，随着教师专业化发展和教师教育改革进程的推荐，学者们也拓宽了教师文化的研究领域，而不仅仅局限教师文化研究本身，确立了专业性发展为目标的发展方向。他们更注重教师同同事间的关系、师生间的关系以及教师职业发展中剖析教师的精神世界和情感状况，以此来更深入的研究教师的专业性发展。在此领域的研究，主要有古德逊（I. Goodson）所写的《教师生活研究》、古德逊（I. Goodson）和鲍尔（S. Ball）所写的《教师的生活和职业》。鲍尔和古德逊等人认为教师是积极地创造自身发展的历史，然而研究者们很少能够深入理解和领会这一论断的复杂性，研究者们已经认识到教师群体并不简简单单的是无数个体的聚合体，也不是历史的盲目追随者和执行人，而是在一定时间和空间范围内不因时空的改变而改变的人。这势必要寻求一种更新型的研究手段和方法来了解和掌握教师个人的亲身经历。他们的研究比较注重通过捕捉教师工作与生活中的点点滴滴来深入剖析教师的精神、思想、行为习惯和专业发展过程。日本的佐藤学教授所写的《课程与教师》也具有一定代表性。他将教师分为以下几种类型：劳动者型教师、技术熟练型教师、公仆型教师以及实践型的教师，同时具体描绘了每种类型教师形象和教师文化特征，对教师公共使命的削弱进行了深刻批判，试图倡导教师文化向"同事性"和"自律性"方向发展。稻垣忠彦在长野县师范学校进行的有关教师工作和生活调研基础上所写的文献。加拿大哈格里夫斯（Andy Hargreaves）教授的《变化的时代，变化的教师：后现代时期的教师工作与

---

① 郑金洲：《教育文化学》，人民教育出版社 2000 年版，第 274 页。

文化》与《教学文化：变革的焦点》也很具有代表性。哈格里夫斯主要
在内容和形式上深入分析了教师文化。在他看来，教师文化所包含的内容
很广，既包括教师组织又包括整个教师群体的观念、价值观、行为习惯等
等。教师文化的形式是教师文化内容的外在表现形式，主要表现在教师之
间的交往方式。他认为教师文化主要有四种形式：派别主义文化、个人主
义文化、合作的文化和人为的合作文化。① 一般说来，在高校中教师文化
主要体现在"个人主义文化"和"派别主义文化"，这两种类型在高校也
最为常见。高校教师在教学中一般遵循专业个人主义。②

（3）关于教师与学生间的文化冲突

美国社会学家威拉德·W. 华勒是国外最早在教育社会学领域中研究
教师与学生间冲突的学者，最早以冲突的视角和观点来研究和分析学校内
部各种主体间关系的经典论著要数他所写的《教学社会学》（1932）。他
认为师生关系首先是受制度影响的控制与服从、支配与从属的关系，他们
之间始终有着潜在的、隐性的对立或对抗情绪。教师总是希望将学生培养
成优秀人才，而他们又代表着主流文化和成人世界，这势必与学生的自发
性文化相对立。同时，要确保课堂教学的有序进行，教师必须要对学生的
言行进行纠正与掌控，从而使得教学过程中师生间充满了对抗与矛盾。华
勒认为即使有时这种冲突在学校是非常隐性而不被人们所觉察，但是在学
校该现象是比较普遍的，师生间的冲突与矛盾才是他们间最本真、最真实
的关系。他夸大了教师在师生关系中的支配作用，认为在教师与学生间的
对抗中，教师占有重要而优势的地位。从一定程度上，华勒忽视了教师与
学生间平等交流与沟通的现实存在，也无视它在良好师生关系发展中的重
要作用。美国的心理学家托马斯·戈登认为人与人之间发生冲突是不可避
免的，这是人际交往中的很普遍、也很正常的现象，教师与学生在交往中
也会遇到冲突，而且比较频繁。这对于一些教师而言是非常令人不快的事
情，因为在他们看来"好老师"是不应该和"好学生"之间发生矛盾的。
戈登认为冲突没有好坏之分，关键是要探究解决冲突的有效措施和手段。
能够合理、有效解决师生间的冲突在国外已经作为提高教师整体素质的重

---

① Hargreaves, A. *Changing Teachers, Changing Times: Teachers' Work and Culture in the Post Modern Age* [M]. London: Cassel Educational Limited, 1994: 166.

② 车丽娜：《教师文化的嬗变与重建》，博士论文，山东师范大学，2007 年，第8—9 页。

要内容之一。①

综上所述，国内外学者对于校园文化冲突的探讨和研究，主要停留在内涵界定、类型分析、意义、传承与发展等方面。在以下方面仍需要进一步深入研究：一是对校园文化冲突产生的原因还需进一步挖掘，很少从缓和文化冲突、加强文化融合这个视角来研究校园文化；二是没有把校园文化放在与其密切相关的国内外社会大环境下进行考察和研究；三是许多研究者的论述比较简单、片面，没有系统地研究校园文化建设的策略及途径。

四 研究思路与方法

（一）研究思路

本书以文化冲突为理论基础，力图借助文化研究的相关理论，在界定"高校"、"文化冲突"和"校园文化"概念的基础上，探讨作为社会子系统——高校的校园文化与外界文化之间以及高校校园文化内部不同群体文化之间冲突的表现、产生冲突的背景原因和解决冲突的对策，从而为高校校园文化研究和建设提供参考。

（二）研究方法

1. 文献法

依靠文献法，通过搜集、整理和分析国内外的相关成果，不仅可以确定主要研究问题形成基本观点，还能掌握大量的资料作为论据，为充分的论证过程提供前提条件。本书利用专著、报告和文章等研究文献，在对前人关于高校校园文化的研究进行梳理的基础上展开探索和研究。

2. 历史法

该研究方法坚持以过去为基础，深入查找和分析已有的历史资料、事实，通过这些信息来探寻、解释过去，以此为前提和基础来研究当前的热点和人们所关注的现实问题，甚至可以此为基点来预测未来。历史研究区别于其他研究方法的独特之处在于，它探索资料而非产生资料。本研究希

---

① 陈晓萍：《高校师生文化冲突与和谐师生关系构建研究》，硕士论文，长安大学，2010年，第2页。

望在比较丰富的史料和各种研究资料基础上，理清我国高校校园文化的发展演变过程。

3. 比较法

比较法是社会科学研究普遍采用的一种方法，也是比较教育研究的基本方法。本书虽主要着力于本国高校校园文化的研究，但国外尤其是发达国家的高校校园文化理论和实践为我们的研究提供了可贵的借鉴和启示。文化间存在的差异是产生文化冲突的重要原因之一，针对中西文化、校园文化与其他社会文化以及校园内部各文化的差异进行比较分析是本书很重要的组成部分。

五 研究的创新与不足

（一）研究的创新

首先，以往关于高校校园文化研究，基本上局限于校园内部。本研究将校园文化放在与其密切相关的国内外社会大环境下进行考察和研究，力图使其积极走向社会、与社会共同和谐发展。

其次，以往关于高校校园文化的研究过于零散、不够系统，本研究以缓和文化冲突、加强文化融合为视角，以国外、国内和校内为维度来系统研究校园文化冲突问题，使研究更加具有系统性和缜密性。

最后，比较系统地勾勒了近代以来我国大学发展过程中不同历史时期政治文化对校园文化的影响，从全局演变和历史发展的角度去探讨不同历史时期的校园文化的冲突问题，而不仅仅局限于某一特定时期。

（二）研究的不足

首先，从文化冲突的视角来研究高校校园文化尚属于比较新颖的研究视角，这就使得本研究具有较大的挑战性，本研究在理论分析和观点呈现方面难免会存在不足和值得商榷之处，与此相关的问题需要在后续研究中不断地深化和完善。

其次，本书主要以定性研究为主，注重理论研究，在定量和实证研究方面还略显不足，这也为研究者在此领域的后续探索指明了方向。

第二章　高校校园文化与西方文化的冲突

　　20世纪以来，随着经济全球化进程的不断推进，人们逐渐认识到全球化不仅仅集中在经济领域。全球化与其他社会历史进程相同，不仅是客观的，而且也是由价值主体推动的，是以某种价值为其向度的。换句话说，全球化的实践或理论都必定是负载着某种价值、某种文化。[①] 自从美国的政治学家塞缪尔·菲利普斯·亨廷顿（Samuel Phillips Huntington）发表了《文明的冲突》，全球学术界不断热议东方与西方文化的关系和世界未来文化的发展趋势。当今全球化进程不断加剧致使人类文明和文化趋向多元性还是同质化和一体化？各种文化冲突是不断加剧还是不断走向共存与缓和？这为民族文化认同带来机遇还是挑战？当今国际上存在着各种文化冲突，对待文化的观点也不同。文化霸权主义者认为其文化自身具有着无比的优越性和普适性，他们试图凭借其经济实力、政治与科技优势将其文化，尤其是意识形态推广到全球，以此来统治全世界。文化割据主义者的文化绝对优势观念根深蒂固，更为极端的是他们绝对禁止任何言论来揭露其弊端和缺点，甚至无视其他文化的存在。为了固守其既得利益，避免受其他文化的影响，他们采取与之隔绝的对策，竭尽全力地不与其他文化接触，这样势必会在盲目乐观中忽视甚至扼杀了自身文化不断进步和发展的积极因素。

　　作为文化传承、传播和创新的重要组织机构的高校是人类文明与文化冲突的重要领地。以知识为载体的各种文化在此碰撞、交融与对话。在此，人们对各种文化的评判很大程度上受各种文化主体间话语权的大小所影响，正所谓"经济基础决定上层建筑"。西方文化因其所具有的经济优势凭借其强势知识成为了主角，而经济发展较为缓慢的区域，其文化处于相对弱

---

　　① 鲁洁：《应对全球化：提升文化自觉》，《北京大学教育评论》2003年第1期，第27页。

势的地位，将在各种文化此消彼长的进程中逐渐被边缘化，甚至被赶下世界文明的大舞台。在这个舞台上的各类文明与文化演绎着优胜劣汰的进程、文明强势与文明弱势的纷争与分野。经济实力处于较为弱势的发展中国家的文明要想在此舞台上占有一席之地，就要与处于舞台正中央的国家建立沟通与对话机制，首先就是赞同并不断体现西方的意识形态、思维习惯和伦理观。处于文化弱势地位的发展中国家的高校在与这种文化的较量过程中很容易成为发达国家进行文化强制输入的工具。面对文化的显性甚至隐性入侵，发展中国家的高校应做出积极而理性的回应，增强本民族高校文化的自觉性，从而激发弱势民族和国家在教育文化领域有所作为的激情，拒绝强势国家一统天下的文化单一性。① 高校校园文化面对汹涌而至的外来文化和绵延几千年的民族传统文化，要适时地做出时代的选择。

一 中西方文化冲突

关于中西文化冲突，许多学者已经进行了研究，并提出了许多有价值的观点。如瑞典社会学家古纳尔·迈塔尔（Mydal）说，相对于西方人来说，亚洲人往往比较专注精神层面的享受，而不太注重物质需求，更加在乎个人的精神领域的追求，藐视追求财富和物质、安贫乐道、好善乐施，一般很少考虑个人的物质享受，喜爱思考、非常尊重知识和有学问的人，并且认为这是一种美德。他们的主要标准是一个人和一项政策的道义价值，他们往往指责政治中的算计和机会主义。由于精神上的关心和个人拯救至高无上，外部世界表现为一种虚幻的和短暂的形式，对外界的态度往往是永恒的和缺乏定型的，因此是无忧无虑，甚至是宿命的。理想被说成是超然或隐居，即使不是放弃和禁欲。据说，这种精神的偏好，使亚洲人与世无争，能够容忍极端的自身遭罪。他们在其社会关系和国际政治中被描写为容忍、没有侵略性和穷兵黩武。据说他们不喜欢明确的合法原则，解决冲突宁愿靠着相互谅解，而不愿意靠着正式的程序；他们把地位视作比契约更重要；他们愿意与邻居和世界和睦相处，以求心灵得到平静。②

① 王卓君：《文化自觉与高水平大学建设》，《中国高等教育》2010（1）：8。
② Myrdal, G. & Drama, A. *An Inquiry into the Poverty of Nations* [M]. NewYork：Pantheon, 1968：95.

日本著名东方学家中村元在其《东方民族的思维方法》中总结出东西方人的文化差异：西方人注重物质、性格外向、善于分析、强调客观；东方人注重精神、性格内向、善于综合、强调主观。这种总结是比较到位的。陈独秀总结出东西方文化的三大差异：东方民族追求安息，西方民族更加善战；东方民族注重情感，西方民族坚持法治、尊崇实力；东方民族坚持以家族为纽带的集体主义，西方民族尊重个人主义。①

事实上，中西方文化的差异和差别的程度是随着时代的变化而不断变化发展着的。在原始时代就存在着东西方文化之间的差别，只不过与近现代相比，差别要小一些而已，例如，虽然古希腊时期的神话和中国古代的神话大概是相同特定历史时期的文化产物，但两者间存在着一定的差别。西方在古希腊时期的逻辑学已经取得了较快发展，逻辑学的各种运用也已经相当普及和趋于成熟；而当时处于春秋战国时期的中国，逻辑学发展水平远远无法与古希腊时期的西方逻辑学相匹敌，从当时诸子百家的著作中就能够体现出来。这只能说在那个特定的历史时期，中西方的逻辑学发展水平不同，而并不能片面地认为当时的中国没有逻辑学。关于神的描述，中西方的神话也有所不同。在古希腊的神话中，神和人除了有会飞、能随时变身的超常能力的区别之外，他们同人有很多相同之处，比如，他们也有七情六欲、偷吃禁果、乱伦等等；而中国的神话则不同，总是用某种神秘的力量来描述新生儿的诞生，几乎完全回避有关性的话题。不过，在这一历史时期的哲学史上，中西方有很多相似的哲学派别，如道家、法家、诡辩主义和相对主义学派等。还有很多相似的命题，比如，公孙龙所提出的命题和斯底尔波的有很多相似之处。

（一）群体本位与个人本位

中西方文化第一个基本差别在于对人的不同理解和观点。中西两种文化都非常重视人的重要性，但在阐释和理解上存在着较大的差异，有的甚至是完全相反的。西方文化崇尚个体人格观念，要求人对自己的命运负责。而中国文化重视人的社会价值，更看重人的社会属性，每个人都是处于社会关系网中的节点，人的价值只有在群体才能够体现出来，个体的价

---

① 陈独秀：《东西民族根本思想之差异》，苏丁：《中西文化文学比较研究论集》，重庆出版社 1988 年版，第 1—4 页。

值只有依托所处的群体才是被人们认可和尊敬的。概括说来，中国传统文化是群体本位文化，而西方文化是个体本位文化。

中国的伦理观主要是为调整人际关系的行为规范，更加具有群体主义的色彩，而西方伦理观更加重视各种人际关系之外的个人素质问题。中国的群体本位文化与中国的家族制度有着内在的联系。起源于原始的氏族家庭的以血缘为纽带维系的宗法制度，在中国具有悠久的历史，奠定了后来中国文化的伦理型方向。每个家庭是整个社会组织中的一个细胞。个人要对家庭和宗族集团承担责任，个人对所属的家族、宗族、乡党等有强烈的依赖感。个人从来就不是独立的，每个人在与人交往和活动中常常受群体组织的影响，如果个人独立就等于没有了身份认同和相应的地位，便会与世隔绝。个人在群体中享有某种在群体之外无法得到的安全感和连续、持久的身份认同，以此满足个人的社会性需要，也履行相应的义务，并按照内外不同的准则来分析和处理所属群体内外的不同问题。家族、宗族内部利益一致，团结协作，"为亲方服务，与亲族协作"是每个人行为的准则。① 而一个人一旦犯了重罪，则会株连九族。同时，整个群体一致对外，对家族、宗族以外的人，则疏远、排斥。强调个体和群体是一体的整体意识，个体对家族和国家是依附性的。群体凌驾于个体之上，个体是集体中的一员，不能脱离群体，并受群体规范和制约，集体利益高于个体利益，集体是个体的保障和最终归宿。因此，中国人尤为重视人与人之间关系纽带的建立，基于此，中国传统文化核心价值目标为"仁"。中国人坚守血缘关系至上的原则，非常重视君臣、父子、夫妇、师徒、兄弟、朋友等私人之间的关系。凡处于社会关系网络之中较亲密的人，一般都以"自家人"相称，反之，则为外人。如朋友之间的亲密达到一定程度便可以兄弟、姐妹相称。师傅和徒弟之间、甚至同学之间也可以使用师父、师祖、师兄等家族关系中的亲密称谓。往往忽略个人的存在与价值，个人往往受到的是群体或集体的约束。个人只有在集体中才能体现和感受到个人的价值和地位。个人的价值不是天生具有的，而是群体赋予的；个人的诸如生命和自由权是集体的而不属于个人，是可以完全被剥夺的。换言之，个人的价值是外在条件赋予的，也只有在为了集体的荣誉和利益做出

---

① 刘金才：《家庭本位与群体本位》，北京大学日本文化研究所：《中日比较文化论集》，吉林教育出版社 1990 年版，第 98 页。

贡献时才具有价值，否则一无是处。在这种观念的引导下，个人的最高的人生追求和理想信念乃是尽人伦，为了集体而立功德。因而，个人追求的往往是外在约束所赋予的价值目标，而不仅仅考虑个人的追求和感受。

同属于东方文化的中国和日本在集体主义上有着很大的区别，中国人在集体中非常看重血缘关系，而日本人在这方面则非常淡漠，甚至远远超过了西方人。日本人对其所归属的集体非常忠实，在工作中更看重团队合作与协调意识，而不是看重家族亲属关系，很少会因此而假公济私、损公肥私和任人唯亲。有时甚至为了单位的集体利益造成夫妻、父子反目成仇。[①]

中国传统的群体认同观念中非常重要的一个方面是每个人的言谈举止都必须符合其在家庭或社会中的角色和身份，这主要由中国传统文化中形成的"礼"作规范性的约束。不受任何人伦和集体关系定义的"孤零零"的个体便成了很难设想之事物。

诚然，在中华民族漫长的历史长河中，也曾出现过"先天下之忧而忧，后天下之乐而乐"的真正以民为本的群己思想，也曾出现过众多为民请命，为国献身的志士仁人。[②] 中国人的群体认同文化有利于协调人与人之间的友好关系，增强家庭和民族的向心力和凝聚力。但是这种以群体为本位的文化在一定程度上不利于体现个人价值，削弱了人们追求个人理想和奋斗的激情，使个人的影响力和创造力不能充分发挥。[③]

西方人的个人与集体的关系不像中国人那样具有紧密的关系，而是呈现出比较松散的态势。多少年来中国的农业社会与西方的截然不同，长期处于自给自足的自然经济，而古希腊时期的西方就形成了多种层次的经济结构，有手工业、农业和商业等。以平等交换为基础的商品经济使希腊人个体意识不断觉醒和成熟。西方的个体本位文化主要从个人出发，认为人是像原子这样的不可再分割的基本粒子，具有独立的重要性和个人价值。而中国是从集体出发的，认为个人是集体这一人与人关系链条上的一个环节，不是一个独立的个体，要绝对地从属于集体。古希腊哲学和基督教的个体人格观念认为，人是由肉体与灵魂所组成的统一体。从柏拉图（Pla-

---

① ［美］鲁思·本尼迪克特：《菊与刀》，吕万和等译，商务印书馆 1990 年版，第 37 页。
② 徐行言：《中西文化比较》，北京大学出版社 2004 年版，第 81 页。
③ 同上。

to)、亚里士多德（Aristotle）到基督教，都认为人的肉体是由物质所做成，灵魂是体现肉体机能的"欲望"。并不强调肉体同父母祖先之间的血缘联系。在古希腊哲学家普罗泰戈拉（Protagoras，约公元前490或480年—前420或410年）看来，人是衡量人间万物之所以存在和之所以不存在的标准和尺度。这里所提及的人并不是指人类，而是具体的人。在他看来，赫尔美斯赋予了每个个人以尊严、价值、美德和正义，每个人就理应遵照个人的意愿来选择想要认可和服从的关系或东西，从而满足自己的期望。亚里士多德（Aristotle，公元前384—前322年）非常赞同人的自我实现，这样才能够展现出人的最本真的状态。伊壁鸠鲁学派中的有些人就曾认为追求幸福和享受快乐等精神追求是人最为基本的权利之一。人类的善是人们要想获得安全的最重要的和唯一的手段。总之，早在古希腊时期，人们就非常尊重个人的权利、尊严、价值和自身的创造力，主张自由主义，认为才智和勇气是最高的人格力量。在这种信念的引导下，远古时期家族对个人的束缚逐渐削弱。到了雅典时期，传统的子永从于父的思想几乎不存在了。斯巴达在伯罗奔尼撒战役（Peloponnesian War）后就出台了遗嘱法，这使得财产的归属权和支配权归于个人，而不是亲属家人。随着基督教文化在社会中地位的不断上升，逐步处于统治地位，家族的权威也渐渐地被宗教所替代。正如耶稣所认为的，只有恨自己的父母、儿女、兄妹甚至自己的生命的人才可以成为他的门徒。他来并不是叫地上太平，乃是叫地上动刀兵，因为他让人们与父母间、婆媳间逐渐生疏，自己的家人是最大的敌人……这使得人们渐渐地推脱对家庭和亲人的关心与责任，摆脱家族文化的影响和束缚，而慢慢地效忠宗教，屈服于宗教权威，从而形成"上帝面前人人平等"的观念。文艺复兴时期，个人的尊严和价值摆脱了教权的重压和束缚。意大利诗人但丁（Dante Alighieri，1265—1321）率先明确地主张个人主义，在他看来，人之所以活着是为了个人的而不是他人的目的，意志方面的自由是最重要的自由之一。[①] 个人的优秀与高贵不是家族使然，而是个人的高贵促进了家族的优秀和高贵。[②] 此后，以个性解放和重构人的主体性为核心的人文主义思潮重新成为西方文

---

① 周辅成：《从文艺复兴到十九世纪资产阶级哲学家政治思想家有关人道主义、人性论言论选辑》，商务印书馆1966年版，第19页。

② 同上书，第3—4页。

化的主流。在 18 世纪，以孟德斯鸠、卢梭和伏尔泰为代表的启蒙运动的思想家们抨击封建专制制度，宣传资产阶级的自由、平等的思想，高举"天赋人权"的思想旗帜。到了 20 世纪，存在主义哲学作为现代西方人本主义思潮的代表在西方各种思潮中占有重要的地位，它强调个人主义，认为每个人都应该对自己负责任，并且应该不受约束地选择自我的本质，这些观点将西方文化中的个人主义观念推向了极致。① 孙隆基在《中国文化的"深层结构"》一书中指出，在西方哲学流派之一的存在主义看来，个人只有从社会关系中剥离出来，跳出社会角色的束缚，以"自我"为基点，并且自觉地审视这些外在的社会角色时，个人的"存在"才刚刚开始体现出来。②

（二）趋内敛与求开拓

传统中国在地理上处于半封闭状态、男耕女织的小农经济和强烈的家族血统观念等多方面因素促成了大多数国人求稳定、求独立、重统一、重血脉延续和传承的内敛型文化心态。

中国传统的经济形式和地理环境使得中国传统文化从产生之日起就走上了反省内求的道路。中国居于温带，气候适宜，山脉与河谷、平原给人们的生活提供了食物与用品，人们与自然环境和谐相处。我国优秀的民族传统和历史文化得以生存和发展的肥沃土壤是"以农立国"的小农经济。这种小农经济主要是小农业和家庭手工业相结合的、一家一户、分散经营、男耕女织自然分工的农耕经济。这种自给自足的自然经济具有浓厚的封闭性和内向性，缺乏戡天役物的精神。人们喜欢并容易地与大自然融合在一起，追求的是顺应自然，产生了与"大自然同体"的意识，从而升华为"天人合一"的文化境界。这种文化扎根于自给自足的自然经济土壤，深深地影响着中华民族的民族性格、思维方式等等。

中国的夏、商、周时代，人们主要活动于一个自然的、封闭的内陆环境。北部是中原地区和西北地区，北部与西部有辽阔的大沙漠和戈壁滩，西南部是青藏高原，耸立着世界屋脊喜马拉雅山，南部是秦岭作为天然屏障，东部远离海岸。正因为这样的生存环境，人们很少与外部往来和沟

---

① 徐行言：《中西文化比较》，北京大学出版社 2004 年版，第 81 页。
② 孙隆基：《中国文化的深层结构》（上册），华岳文艺出版社 1988 年版，第 13—14 页。

通，长期处于自我封闭、自我保护的相对稳定状态。

　　秦汉大统一之后，中国虽与西亚、中亚开展过经济文化交流，特别是在唐代时期，与东南亚、西亚、欧洲等地开展过比较广泛的交流，出现了大唐雄风，当时的唐都长安被视为经济、政治、文化中心，是世界文化交流的枢纽，长安文化被赞誉为开放型的世界文化，当然更是中华民族的骄傲。然而，中国自宋代以后日趋衰败，北方少数民族频频入侵，整个社会又重新走向封闭。纵观中国历史可见，中华文化早已形成了自我封闭、保守的体系。中国早在春秋时代，便有了"天下"、"六合"的概念。《论语》中孔子说："管仲相桓公，霸诸侯，一匡天下。"《庄子·天下》篇为我们保存的当时辩者经常辩论的命题就有："我知天下之中央，燕之北、越之南是也。"还有"郢有天下"（郢为楚国首都，在今湖北省江陵县北的纪南城）等逻辑命题。这里的"天下"为泛指，相当于现在说的"世界"的意思。从上引几条资料中可以看出中国古代所形成的"天下"即世界的观念，大体上都自认为中国是天下的中心。这反映了一种封闭、保守的自我意识，其中比较有代表性的是两千年封建王朝一直认为自己是"天朝"，甚至帝国主义的洋枪洋炮打进来了，自己处于挨打的地位，还自称为"天朝"，不可动摇，不可侵犯。中国的地理环境对在经济领域形成保守的文化意识的作用也是很明显的。[①] 18 世纪英国著名的经济学家亚当·斯密（Adam Smith，1723—1790）在其代表作《国富论》中曾提到，"中国气候变化多样、幅员辽阔、人口众多，各地都有各种特产，交通和通讯也较为便利，因此，单就国内市场来看，这种条件就可以支撑较大的制造业，还可以容纳较为多样的分工。就面积而言，中国的国内市场，或许不小于全欧洲各国的市场"[②]。

　　中国早期文化的高度发展，使其形成了较高的文化势能，即使遭受到武力入侵和征服时也能保持其文化的传承和延续，在与周边文化的碰撞与涵化中，充分显示出中国文化强大的涵摄力和消融性，同化或改造异质文化，把某些外来文化诸如宗教、艺术等转化为本民族文化的一部分。从崇古守常、我族中心到大一统的文化价值观，必然使中国文化从开放涵纳逐步趋向于保守自足。这就难怪明清的统治者面对一时难以涵摄的西方先进

① 赵吉惠：《中国传统文化导论》，江苏教育出版社 2007 年版，第 29 页。
② 柳卸林：《世界名人论中国文化》，湖北人民出版社 1991 年版，第 376 页。

文化的冲击要采用禁海、禁教、闭关自守的锁国政策了。① 中国的士大夫们很难想象在世界上还有更为先进的域外文化，对来自其他民族的优秀文化则采取以尊临卑的轻蔑态度。这种天朝心态，虽保持了中国文化的民族性与主体性，但不能通过平等开放的文化交流积极吸取他族文化的优秀成果。

西方文化形成于一个与中国文化大不相同的地理环境。海洋环绕的地理环境是以欧美为代表的西方文化得以产生与发展的非常重要的物质条件。欧洲北临波罗的海、北冰洋，东部以乌拉尔山脉与亚洲相接，东南是黑海、里海，南濒地中海，西临大西洋。有着漫长的海岸线和天然港湾，利于发展海洋运输和海上贸易。但是，欧洲的农业生产因平原小、丘陵和山地比较多而条件不佳。古希腊、罗马都是典型的海洋国家，海洋民族长期生活在被大海包围的群岛或半岛上，辽阔的海洋，交通方便，四通八达，商业运输与贸易活动频繁，他们发展出了当时世界最发达的商品经济。商品经济的特点是流通交换、互通有无，人们世世代代容易形成开放的心态，这种开放和外向的经济形态决定了欧洲文化具有强烈的重竞争、重汲取、求变化、向外扩张和进取的精神。这为西方海洋文化的形成与发展奠定了良好的基础。后来的欧洲文化都是在这个基础上逐渐发展起来的西方文化。这种西方海洋文化的独特精神，引导着西方社会不断向前奋进、发展。

美国是近代兴起的移民国家，美洲本来是印第安人居住的家园，17世纪后逐渐沦为英国的殖民地，直到美国独立战争胜利为止。在英国殖民统治时期，将大批移民由欧洲迁来美洲，其中最多的是英格兰人，此外还有爱尔兰人、荷兰人、法国人、德意志人、瑞典人、瑞士人，也有犹太人。因此，把欧洲的文化带进了美洲，加之美国后来居上，人们习称西方文化为欧美文化，亦称为海洋文化。这种文化的基本特征是开放、进取，提倡个性解放与个人自由，鼓励自由竞争意识。这种文化精神可能是激励欧美社会向前发展的内在动力。②

（三）直觉思维与逻辑思维

中国传统的思维方式是一种直觉性的思维，主要表现为思维的经验性

---

① 徐行言：《中西文化比较》，北京大学出版社 2004 年版，第 103 页。
② 赵吉惠：《中国传统文化导论》，江苏教育出版社 2007 年版，第 29 页。

和整体性。

中国古代的思维方式则是经验性的，就是侧重于对感性经验做抽象的整体把握，倾向于对无限丰富、无限多样的感性经验现象的重视。这种思维方式虽然同经验保持着直接联系，但是又缺乏必要的中间环节而直接超越了感性经验。思维对象是个别的、具体的，绝不离开具体事物和现象来构建知识体系。在传统的中国人眼中，世界是多样性的感性存在。正如有的学者所认为的，中国人一般具有形象性的直觉思维，不太注重理性分析和实证探究，比较注重直觉观察和直觉领悟，通过体察和感悟比较直接而迅速地把握整体，这对于我国文学、医学和美术等产生了非常深远的影响。① 日本学者中村元在谈到中国古代的思维方式时认为，事物和现象的特征是多种多样，并且变化多端的。中国人对感觉的信赖使得他们对事物的复杂多样特别敏感，而较少去思考和把握多样性背后的普遍法则。② 中国人非常注重观察自然现象，重视搜集和积累各种经验材料，而不太重视把握事物的属性及特质。例如，在中国古代文化中占据着重要地位的古代医药学对人类做出了重要贡献。中医非常讲究对经验的积累，传说中的"神农尝百草"就表明，中国古人善于通过观察、采集、品尝植物来探究其不同药用功效。从春秋时期的《神农本草经》，到明代李时珍的《本草纲目》，这些中国先人留下来的重要的药物学著作中记载了数以万计的药物、药方等，均是中国古人在漫长岁月中日积月累得出的经验总结。同样，中医的诊断，主要靠医师本人对病人的望、闻、问、切，然后作出诊断。这种诊断的准确程度要依赖于医师本人的治病经验，而不是靠逻辑的推理。中国是世界上天文学起步最早、发展最快的国家之一，但是中国古代丰富的天文学并不注重探讨天文本质和规律，而更加注重对天文现象的精细观察和详细记录，例如，他们观察和记录了彗星、太阳黑子、日食、月食、流星等各种天文现象，这些观察和记录为世界天文学发展做出了重要贡献。除了中医学、天文学，其他各个学科门类，均突出地表现出经验性思维的特征。

古代中国人也希望在无限丰富、无限多样的感性现象中，寻求客观事

---

① 孙晓凌、汪北华：《从思维方式差异看中西文化差异》，《河海大学学报》（哲学社会科学版）2003 年第 6 期，第 68 页。

② ［日］中村元：《东方民族的思维方法》，林太、马小鹤译，浙江人民出版社 1999 年版，第 141 页。

物的本质，但是，他们不是沿着事物的种属关系探寻其抽象本质，而是在经验现象中直观其本质。譬如，在中国传统文化中，出现过抽象程度非常高的范畴，包括有"道""元""太极""元气""天理"等等。尽管这种"道""太极"非常高深、玄妙，《周易·系辞传上》说："一阴一阳之谓道，继之者善也，成之者性也。仁者见之谓之仁，知者见之谓之知。"《道德经》亦说："道生一，一生二，二生三，三生万物"，《庄子·大宗师》说："夫道，有情有信，无为无形，可传而不可受，可得而不可见。"但是，"道"又是存在于一切感性存在、日常经验之中，只是我们没有领悟而已。要怎样才能认识"道"呢？就靠在日常生活、感性经验中的体悟。这种直觉思维包括了两个方面。一方面，体悟总是与感性现象、日用经验不可分割地联系在一起的，古人在谈到"道"的存在时，总是强调"道"的无处不在，当东郭子问庄子"道在哪里"时，庄子告诉他"道"就在蝼蚁、在稀稗、在瓦甓、在尿溺之中。中国化的佛学禅宗还提出"担水劈柴，无非妙道"。儒家更是主张"道"与生活日用的不可分离，认为"道不远人，人之为道而远人，不可以为道"。因此，任何人要体悟道，就要保持对现象的关注、对经验的重视。另一方面，这种直觉、体悟又总是对现象、经验的超越，从而达到对"道"的全体大用的全面把握，此即如《周髀经注》所说："问一类而以万事达者，谓之知道。"能够通过对某一具体事物的现象、经验的观察与体悟达到对其普遍本性的把握，这就是直觉思维的特点，这种思维方式也就是所谓"智的直觉"①。在传统哲学中，道家倾向于把人自然化，儒家倾向于把自然人化。总之，儒道两家都主张物我一体、整体融合、人和自然是一气相通的"天人合一"思想。

中国传统思维的经验性特征，还表现在具体的思维方法上。如，重视经验类比或类推的推理形式等。这种推理表现出很强的经验性，主要是比较两类不同事物或现象的共性或相似性来加以推导。"中国古代的类推、类比的思维方式，坚持以现象、经验为基础，从一类事物的某些特征和属性，推导出另一类事物的基本特征和属性，即荀子所说的'以类度类'。当然，这种类比、类推所说的'类'，不是演绎法、归纳法所重视的种属关系的'类'，而是在现象上类似的'类'。这种类比，主要是建立在联

---

① 朱汉民：《中国传统文化导论》，湖南大学出版社 2003 年版，第 330—331 页。

想的基础上，故而充分发挥出了思维的自由想象力。这种思维方式对科学技术方面的创造性思维的发展是有利的，能够克服思维的种属界限，在无限广大、无限丰富的现象中寻找事物的联系。同时，类比、类推的思维方式对需要丰富想象力、联想力的文学艺术的发展也是十分有益的，它能够激发起丰富的想象、联想，创造出更加丰富多彩的文艺作品。但是，这种思维方式毕竟是建立在现象、经验的基础上，运用不当，则可能将一些不具可比性的事物作类比或类推，从而引申出错误的结论。由上可见，中国传统思维方式表现出了鲜明的经验性特点。这种经验性思维不注重归纳、演绎、综合、抽象等纵向思维方法，限制了科学思想的发展。虽然中国古代的技术水平很高，但相应的科学理论发展不够，就与这种经验性的思维方式有关。但是，这种经验性的思维方式将思考方向作横向推移，对直观思维、联想思维以及思维的创造力、想象力的发展十分有益。中华民族所创造出的许多优秀文化成果，包括科学技艺、文学艺术、哲学思想，都深受这种思维方式的影响。同时，这种经验性思维注意事物现象彼此间的普遍联系，具有系统性、辨证性的相关特征。"①

而西方人在其理性思维的发端之时，就表现出逻辑思维的特征，借助概念、判断、推理等形式逻辑的程序，抽象出事物的本质属性。通过规定概念的内涵和界定概念的外延来认识对不同事物的多样性规定。并且强调物我二分，主客有别，不可能互相兼容。正如梁寅子在其文中所述，西方人一般较为注重逻辑论证和理性思维。自从亚里士多德提出"范畴"这个概念，西方人就更加侧重运用理论知识和分析方法进行本体论的探寻，剔除那些毫无依据和价值的感性经验，而保留他们所认为的有据可查和有价值的东西。

古希腊哲学家巴门尼德（Parmenides of Elea，约公元前515—前5世纪中叶以后）将知识分为两种类型，即"真理之道"与"意见之道"，用理性来判断真理，而感觉认知是欺骗人们的，是不可靠的。在很多古希腊的哲学家看来，通过感觉、经验获得哲学知识不可靠。近代的英国哲学家、逻辑学家培根又着重研究和发展了逻辑归纳法。到了现代，西方学者们又对理性的追求和向往达到了极致，例如，德国古典哲学创始人伊曼努尔·康德（Immanuel Kant，1724—1804）的先验唯心哲学体系，黑格尔

---

① 朱汉民：《中国传统文化导论》，湖南大学出版社2003年版，第332—333页。

（Georg Wilhelm Friedrich Hegel）的客观唯心体系，费尔巴哈（Ludwig Andreas Feuerbach）的人本主义体系等等无一不表明这一点。演绎推理的三段论——大前提、小前提、结论，作为西方人的思维基石使他们的思维方式呈现出惊人的逻辑性和缜密性。

关于整体和局部两者之间关系的把握上，西方人更倾向于从个体中寻求和把握一般的规律。将局部和整体分开，进而分别进行分析研究，然后再加以逻辑推理、综合归纳。我们以绘画等艺术和医药领域方面的文化对比，就可体会到中国人和西方人之间思维方式的不同。在艺术上，中国绘画、京剧等都注重艺术效果的浑然一体、统一完美，中国人的审美情趣重综合思维的特点。中西方思维方式的差异也体现在绘画方面。以水墨为主的中国画，一般采用线条法，从整体再到部分，注重只可意会的意境和神韵。绘画中常配以书法、篆刻等内容。中国画不太拘泥于物象的形似而是追求那种神似的气韵，画面直接看不见的精神意境要高于画面直接传达出来的客观信息。而西洋画以写实为主，甚至把绘画与解剖学相结合。他们力图从各个方面严谨科学的再现物象；在结构上，追求在二维画面上再现三维空间的真实效果，因此，用焦点透视的方法来营造一种画面的纵深感；在色彩上，他们用晕染和冷暖色差的方法，用颜色的堆积感来塑造体积感，其色彩学和光学也有科学的理论归纳。作为一门综合艺术，我国的京剧讲究唱念做打于一体。而很早西方就有比较独立的艺术表现形式，如，歌剧、舞剧、话剧等。可见，中国人思维上倾向于综合，强调整体优先；而西方人偏好分析，强调部分优先。在医学领域，西医非常重视通过器官实体及生理结构来解释病理。传统的中医认为人的心、肝、脾、肺、肾五脏与五行中的木、火、土、金、水相对应。中医深受五行说的影响说明了中医非常重视相互联系和整体。林语堂认为这种综合思维是"残存有原始民族之特性的直觉的思考……常接近质朴的幻想"①。西医认为药物单独服用会达到良好的治疗效果，而中医则不同，他们主张多种药材共同使用才能够发挥最好的疗效。中医侧重综合思维，而西医则比较习惯于分析思维。

西方人强调在事实判断的基础上再考虑价值判断，倡导超越功利而坚持真理至上的科学精神。逻辑思维较严密，推理环环相扣。因此，在纯学

---

① 林语堂：《吾国与吾民》，华龄出版社 1995 年版，第 87 页。

理研究方面，西方较之东方的有所领先，但是，西方人这种传统思维方式也有不足之处，相对比较刻板而不够灵活变通。中国人的传统思维比较重直觉而相对直接，以领悟力为贵，这对触发灵感和激发潜能具有积极作用。中国人的直觉思维使得其遇事首先做的不是事实判断，而是主观的价值判断。评价一个人首先考量的是他的道德品质。一个人如果道德上有问题，那就一无是处，不论他有多大才能。

（四）中庸和谐与崇力尚争

我国历代的思想家，认为相互对立的事物或者事物本身相互对立的两个方面是相辅相成、彼此依存的，更加强调矛盾双方的统一。这种朴素辩证法思维不注重矛盾对立面之间的差异与斗争，而崇尚矛盾的调和统一，讲求不偏不倚的中庸哲学——"重和谐，持中道"。中国人讲求克己奉公。中华民族具有着强烈而持久的传统的中庸之道，强调稳定、平和与和谐。中国文化注重把协调人际关系放在首位。《论语》中有"礼之用，和为贵"的主张。人们崇尚"中庸"、"中和"的人格标准和价值原则。为了追求"和"，每个人需要抑制其血气方刚，调整个人言谈举止达到社会的要求，这就是所谓的"修身"。中庸的核心便是思想行为的适度和守常。许多人仍把中庸看作追求恰如其分的道德行为。中国人崇尚和谐的文化性格。在一般民众的世俗生活中，对个人人格的要求是老成持重、压抑个人的需求和情感，追求圆融的人际关系和处世哲学，反对个性张扬和偏激。很多中国人的处世格言是"一争两丑，一让两有"、"知足常乐"、"明哲保身"、"安分守己"。汉民族追求和平、不善侵略的文化性格深深地影响着汉民族处理民族关系时的温和政策，比如，攻心为上、坚持防御为主、先礼后兵。

诚然，中国传统的中庸之道有利于维持人际关系和谐、民族和国家的稳定发展。不思变化的文化氛围使中国封建社会的超稳定结构得以维持。但这种无视矛盾斗争性的尚统不尚变、尚同不尚异的中庸之道有其片面性，违背了辩证法的科学性。整个封建社会笼罩着求稳怕变、不求进取、墨守成规的思想禁锢。这种求稳求同的中庸思维无疑束缚了中国人的思想，使人们缺乏创新精神，不利于新思想的产生。在变化中求不变，在对立中求统一，不重视通过对立面的冲突和交锋推动社会发展，消融了中国社会发展和进步的动力。

　　中国人崇尚中庸和谐，而西方人鼓励竞争、崇尚力量。中庸之道虽有弊端但也有其合理之处，同时西方的开拓精神也有其存在的理由。

　　在西方，自古以来思想界就比较注重矛盾和斗争。产生于激烈动荡的生存环境中的西方文化是以个体商业活动为经济基础的，它鼓励人们通过平等竞争使个人利益最大化。西方人没有稳固的家族血统观念作为精神支撑，因此，生存忧患意识非常强烈。他们深知要想在激烈的斗争和竞争中取胜，就必须敢于冒险和斗争，这种竞争意识久而久之就发展为骁勇善战的民族性格。要想获得良好的生活条件和较高的社会地位，个人必须经过不断的努力和奋斗。正如西方辩证法奠基人赫拉克利特所言"战争是万物之王。战争是普遍的，正义就是斗争，一切都是通过斗争而产生的"①。雅典城邦的首领伯利克里是这样教育他的公民的，他说："你们要下定决心，要自由，才能有幸福；要勇敢，才能有自由。在战争的危险面前不要松懈……一个聪明的人感觉到，因为自己懦弱引起的耻辱比为爱国主义精神所鼓舞而意外地死于战场，更为难过。"② 正如保尔·阿萨尔在《欧洲意识危机》所说："君主们稍稍做出一点打架的信号，他们就会找到很多自愿拿起武器的人，他们唯一的愿望是取得荣誉……"③ 资本主义的生产关系更加深了人们崇力尚争的观念。民族之间、城邦之间进行着斗争与厮杀，宗教和商业战争不断，本该和平的交易也存在着明目张胆的争斗。西方人的竞争意识正是在这样的生死拼搏中培养起来的，促成崇力尚争的民族文化性格和精神。另外，西方文化有推崇力量的传统。人们非常看重英勇善战这一美德。那些具有开拓精神、武功卓越的将帅和领袖深受百姓的尊崇和爱戴。④

　　针对这种斗争本位的西方文化，在《欧洲意识危机》中，保尔·阿萨尔就曾提到，欧洲相邻的国家的人们经常在你死我活中厮杀和斗争，和解只是暂时的间歇，和平也是一种幻想或怀念而已，民力耗尽了而战争还在继续……⑤陈独秀也曾说，欧罗巴的文明史全都是用鲜血所书写，英吉利和德意志人均以鲜血取得今日之霸权和繁荣，比利时、塞尔维亚等也是

① 北京大学哲学系：《欧洲哲学史资料简编》，北京大学出版社1972年版，第6—7页。
② 周辅成：《西方伦理学名著选辑》（上卷），商务印书馆1987年版，第44页。
③ 转引自阿萨尔《西方文化概论》，中国文化书院1987年版，第157页。
④ 张建平：《中西文化比较概论》，陕西科学技术出版社2009年版，第66页。
⑤ 转引自阿萨尔《西方文化概论》，中国文化书院1987年版，第153页。

以弱胜强，用鲜血来争取国家和人民的自由。① 随着资本主义经济的发展，西方各国将触角又伸延到世界各个角落，在大规模征服殖民地的新竞赛中充分体现其善战好斗的精神。两次世界大战的爆发、美国对所谓的"邪恶轴心国"的猛烈打击与制裁、武装"倒萨"等都与西方的这种文化观念具有着密切的联系。然而这种好斗尚争精神中所渗透的征服欲望，造成了欧洲各民族间的相互嫉恨与敌视。而这恰恰有别于推崇"协和万邦"的中国文化。西方文化中忽略了矛盾的同一性，更加关注包含在统一物内部的差异和矛盾，易于采取批判的态度来把握和发现事物发展的动力，从而实现个人和民族的创新与发展。

另外，值得一提的是，在一定历史时期，西方文化也存在着中庸文化思想。早在古希腊时期，亚里士多德（Aristotle）就指出了反对过犹不及的中庸观念，并将它运用于伦理和政治学说中，他曾说"德性应以中道为目的"，"适度是德行的特征"，他甚至主张由中产阶级领导和统治国家。此外，古希腊的犬儒学派和斯多亚学派也赞同和宣扬克制人的欲望和需求。多葛派还强调公民的社会义务，并提出了平均主义、和平主义、博爱主义的思想，这些思想显然与中国传统文化价值是十分接近的。不过，这些思想并不是西方文化的主导精神，随着时间的推移慢慢地就被西方人所摈弃。②

（五）重道义与重功利

建立在宗法和专制统治制度基础上的中国传统文化在一定程度上反映的是人治文化，人治首先注重的是德治。注重道德准则与实际生活的统一，日常生活之中必须遵守道德准则。为提高自身的文化修养和道德水平，四书五经几乎人人必读。人们推崇修身、齐家、治国、平天下的信条。儒家历来强调道德对人的思想和行动的引导作用。孔子认为后天的修身养性有利于提高个人的道德水平，只有个人修养达到了一定高度才会有羞耻感，自觉地遵守规范、维护社会秩序和公德。孟轲坚持"性善说"，试图从人自身来探寻道德的起源。他认为国家的政治和法律都是建立在道

---

① 陈独秀：《中西民族根本思想之差异》，《回眸（新青年）·哲学思潮卷》，河南文艺出版社1997年版，第299页。

② 张建平：《中西文化比较概论》，陕西科学技术出版社2009年版，第67页。

德基础之上的，道德是最根本的。儒家始终将"利"与"义"相对立。孔子主张遇到有利可图之事一定要首先考虑是否符合道义的"见利思义"的利义观。孟子则根本不讲求利益，而只谈道义、仁义。他们提倡"舍生取义"，主张为了"义"而不惜牺牲生命的献身精神。自古以来，我国就非常注重道德教育。儒家甚至认为人们优秀道德品质的养成关乎国家的命运。在《礼记·大学》中就曾提到"身修而后家齐，家齐而后国治，国治而后天下平"，"自天子以至于庶人，壹是皆以修身为本"。对于个人的修养品性则比较注重内省、不断完善自我以谋求内在的净化，从而形成完美的人格特性。在人文精神方面不追求平等，而只是在道德方面承认人人平等。由于道德修养的非常规检验性，人们一旦以为自己道德高尚就变得非常自信，所以从这方面说，中国人是世界上最自信的人，杜甫说："致君尧舜上，再使风俗淳。"苏轼认为："有笔头千字，胸中万卷，致君尧舜，此事何难？"口气都十分大。① 德国古典哲学家莱布尼茨曾认为，屹立在东方的中国促进了西方人的"觉醒"。在他看来，欧洲人在哲学实践方面远不如中国人，因为中国人在伦理道德方面更趋完美，具有较为进步的立身处世的原则和方法。莱布尼茨的论断促进了之后启蒙思想家凭借中国优秀传统和文明来批判和鞭笞欧洲的传统。英国作家格林曾对中国人大加赞美，他非常羡慕中国人之间的亲密关系、温文尔雅的行为举止、对友情的珍视和宽容以及对友人的忠诚，钦佩中国人的大无畏精神和为了维护正义和原则的坚定信念，欣赏中国人热情而不刻意张扬的情感和尊老爱幼的传统美德。

　　儒家的利义观特别强调用道德来调节和控制人的欲望和情感，从而达到平衡个人与集体、道义和利益之间的关系。毋庸置疑，轻利重义价值观对于弘扬人的理性精神，具有一定积极意义的，但它漠视道德与物质的统一性，把人的正常物欲视为悖伦，严重阻碍了人的全面发展。

　　西方文化是以个体商业活动为经济基础的，鼓励人们开展竞争，积极地追求现实功利，倾向于把是否"有用"作为判断是非善恶的前提。对于他们来说，自我的快乐、幸福和利益得到最大限度的满足才是人生的终极目标。比较有代表性的是古希腊的伊壁鸠鲁（Epicurus，公元前341—前270年）继承并发展了阿瑞斯提普斯（Aristippus）的享乐主义，还有

---

① 张建平：《中西文化比较概论》，陕西科学技术出版社2009年版，第77页。

以边沁为代表的功利主义哲学家的观点等等。边沁认为，社会是由作为其成员的个体组成的一个虚构的团体，每个人都追求属于其各自的利益，该利益是个人唯一的和最为现实的利益。① 亚里士多德（Aristotle）的思想也体现了功利主义的思想，他视人的生命、感觉、欲望和理性的生活为人的功能。后来的西方思想家与教育家，也继承和发展了功利主义思想，非常重视知识和能力，如爱尔维修、洛克、卢梭等。西方的基督教具有明显的禁欲主义特征，轻视当下的生活，让人们向往和憧憬来世美好的天堂。但是，这种"救赎论"是完全建立在人和神之间的进行交易的基础之上的，带有明显的功利主义倾向。将功利主义价值观进行宗教化使得西方社会逐渐形成了"人惟求新，器惟求利"的社会心理。

二　中西校园文化差异

校园文化以校园人的各种类型的文化活动为载体，以学校精神为核心和基础，并深受社会各种亚文化的影响和渗透。校园文化也因地理因素和国别不同各自独具风格和特点。由于中西方的社会制度、社会性质、民族文化传统不同，置身于其中的高校校园文化必然存在一定的差别。

2000 年 2 月，教育科学出版社出版的许美德女士（加拿大）的专著《中国大学 1895—1995——一个文化冲突的世纪》，从欧洲中世纪的学术价值观出发，对从 1895 年到 1995 年一个世纪以来中西大学文化之间的矛盾冲突进行了独到的分析。她指出②：

第一，中西大学传统文化具有不同的学术价值观。

"欧洲大学最根本的学术价值观，概括起来主要有两个方面：自治权和学术自由"。"与这些西方模式对峙的是中国高等教育传统的核心价值观和模式"。"在悠久的文明发展历程中，中国呈现出一种与欧洲国家截然不同的学术价值观"。"不管是书院，还是科举制度中的学校，两者都与欧洲大学所享有的那种自治权根本无缘"。

第二，近、现代中西大学文化矛盾冲突的初步融合。

---

① 周辅成：《西方伦理学名著选辑》（下卷），商务印书馆 1987 年版，第 211 页。
② ［加］许美德：《中国大学 1895—1995——一个文化冲突的世纪》，许洁英译，教育科学出版社 2000 年版，第 90—91、151—153、290、314 页。

　　1911 年之前的高等教育组织部门虽然"照搬"了西方高等教育的模式，但是并没有很好地吸收他们的大学自治、学术自由等大学文化氛围。直到蔡元培的努力和引导才逐步加以借鉴和吸收。这一时期的大学不断学习着，逐步成熟着，朝着现代的发展方向稳步前进。这一历史时期，中国教育界逐步吸收西方的大学自治和学术自由理念，并在其不断地与我国优秀传统文化相互作用下逐步形成了符合中国实际的知识自由和勇于承担社会责任的大学思想。从而使中国的大学教育思想发生了变化，体现了折中主义。在共和时期，中国的大学发展已经日趋成熟，努力尝试并成功地找到了将自身特色与国际其他大学制度对接的平衡点和具体渠道。在与西方大学相互沟通和相互学习的过程中，中国大学逐渐形成了介于知识自由和学术自由中间的独具特色的氛围。

　　第三，新中国成立以后中西大学文化冲突的新阶段。

　　"在中国共产党建立政权之后"，"中西方高等教育模式之间的文化冲突走向了一个新的阶段"。"到了 50 年代，在苏联的影响下，产生了这样一种高等教育体系，几所综合性大学和一批工业大学，外加许多专门高等学校"。"紧接着，整个中国都被铺天盖地的'文化大革命'所吞没"，"只有到了 70 年代，邓小平发起了现代化运动，中国大学才再次有机会获得了一定程度的自治以形成自己的特点"。

　　第四，分析和思考未来中国大学的文化模式。

　　"一个世纪以来，中国的社会、政治和经济发生了巨大的变化，而我力图分析和思考在这一世纪中使得现代大学产生和发展的文化模式。""我衷心希望中国的大学在未来不仅仅是为国内的经济、社会发展提供所需的新知识和新技术，而且要将中国文化中的精髓和由百年社会巨变得来的历史教训介绍给全世界。""在即将进入 20 世纪的 1895 年，随着第一所高等教育机构的成立，中国的现代高等教育诞生了。但中国第一所大学是处在欧洲文化与中国文化的夹缝之中，必然存在着深刻的文化冲突。历史的脚步已经走到了 1995 年，还有 5 年就将要跨入一个新的世纪，我们有望看到中国是怎样解决了这些文化冲突，把东方和西方更为紧密地连在一起。"

　　作为一位加拿大的学者，许美德女士从西方大学的学术价值观出发分析和思考一个世纪以来中西大学的文化冲突很有见地。尽管她的上述论点我们并不完全赞同，但是，她的这种从历史的轨迹和文化的视角出发思考问题的方法和她的某些观点对我们很有启发，值得我们认真借鉴。

诚然，近一个多世纪以来，在我国近、现代大学发展、变革的过程中出现了与西方大学文化之间的差异。西方校园文化主要侧重以下几个方面：

（一）更加注重科学精神的培养

哲学家罗素（Russell）认为，古希腊文化、犹太人的宗教和现代工业主义是西方国家精神生活得以产生的主要来源。[①] 西方文化传统中所蕴涵着的科学精神使得真正意义上的科学诞生在欧洲。受这种文化传统的影响，西方校园文化也倡导科学精神。培根（Francis Bacon，1561—1626）的"知识就是力量"充分展示了西方社会对科学精神的推崇。

随着古典自由教育理念的兴起与发展，近代人文主义教育渐趋边缘化。在这一时期，西方各国不断组建了各种科学研究机构，科研活动逐步活跃，比较典型的有：英国的皇家学会（1660年）、巴黎科学院（1666年）、彼得堡科学院（1725年）、十七世纪的罗马猞猁学院等等。[②] 17世纪到18世纪，科学体系的不断完善和科学教育的逐步发展大大地影响和冲击着人文教育。"各资本主义国家的教育都先后由古典主义学科的人文教育转向了以数学和自然科学为主的现代意义上的科学教育"[③]。

（二）更加注重通才教育

将国家的意识形态、社会规范和价值观念在校园文化中潜移默化地对大学生进行熏陶，逐步转化为学生个人的道德观念、思想并外化为自身行为模式，从而培养出国家和社会需要的人才。校园文化的这种教育影响功能是中西方高校校园文化的相同之处。斯宾塞在"教育论"中曾说，为我们完美的生活准备是教育应尽的职责。中西方高校在具体的教育方式和效果评价方面具有着很大的不同。西方高校校园文化的教育功能主要遵循通才教育的目标和宗旨，也就是"与专业性、职业性或技术性不同的以

---

① 陶国富：《大学校园文化》，学林出版社1997年版，第214—215页。
② 龚玉：《西方大学科学教育与人文教育关系的演变》，《理工高教研究》2009年第10期第93页。
③ 祝怀新：《科学教育导论》，中国环境科学出版社2005年版，第9页。

讲授全面知识和发展全面智能为目标的课程"①，从而尽可能为学生塑造完美的人格。著名的大学更加注重将理工科教育与人文教育相结合，注重培养大学生的人文素养和人文精神。比如，麻省理工学院虽然是一所理工科院校，但却非常重视自然科学和人文科学相结合，特别设立了鼓励学生进行文学艺术创作和欣赏的艺术委员会，培养学生的艺术特长和培养高尚的审美情趣和人文精神。② 国内高等院校基本上注重专门人才的培养以满足社会的需要，但是培养模式较为单一，片面注重专而精。随着市场经济向纵深方向发展，高校课程设置的日趋专业化也使得人文科学和自然科学相脱节，人文学科不断被忽视而日益边缘化。高校校园内掀起了英语、计算机、专业证书的"考级热"和"考证热"等高潮，校园中也不断弥漫着功利主义的气息，这直接导致了高校校园文化缺乏人文氛围而发展不平衡。虽然最近几年注重开展素质教育，但其实效性较差。

（三） 更加崇尚个性张扬的"个人主义"，培养学生的独立意识

　　西方高校系统而完整的管理和教学体系有利于培养学生的自主学习和自我管理能力。学校给了学生很大的学习和活动的自由空间，非常尊重学生个性的发展，也更加看重氛围和环境对校园人思想和行为的熏陶和影响。校园文化崇尚个人主义和实用主义的价值理念，反映在教学过程中就表现为教学方式灵活多样化，师生关系平等，上课气氛自由轻松，弹性学制和学分制使学生能自主安排学习生活、自由选择学习方式等等。而中国高校传统的教学和考试模式不利于充分激发学生的积极性、探索性和创造性。与中国高校课堂上以教师讲授为主形成强烈反差的是，在西方高校课堂上，教师鼓励学生发表个人见解和随机发言。在气氛十分活跃的课堂讨论中，大家可以各抒己见，反驳对方的观点来充分展示自我。另外，在西方，许多大学生都非常独立，崇尚个人奋斗，他们认为自己想要的东西必须通过自己的拼搏才能获得。基本上都是靠自己打工兼职挣取学费和日常开支。有的学生即使再辛苦也不会向父母伸手，利用业余时间兼有好几份工作。中国很多大学生认为花父母的钱是理所当然的，同时父母也认为供

---

① ［美］亨利·罗索夫斯基：《美国校园文化——学生·教授·管理》，谢宗仙等译，山东人民出版社 1996 年版，第 85 页。

② 甘自恒：《论名牌大学的特征》，《广西大学学报》（哲学社会科学版）1999 年第 10 期，第 305 页。

孩子读大学是应尽的义务，只有部分同学能够自食其力，绝大多数学生在校期间的各种费用大多都是由父母来承担的，这直接导致了大学生过分地依赖父母。

（四）鼓励学生的创新精神，更加重视实践能力培养

人类社会得以不断发展的重要原因之一是人类独具的创新意识。随着知识经济的到来，创新具有更加突出的地位，世界各国掀起了知识创新的高潮。具有创新精神，民族才有希望；具有创新品质的高校校园文化才能焕发勃勃生机。校园文化良性发展，发挥其应有的积极作用就需要在实践中不断创新。① 发达国家许多知名大学普遍赞同：发扬创新精神是学校精神和校园精神文化的集中体现，标志着高校充满活力和发展完善。是否具有创新精神和创新实践能力是衡量大学生是否具有科技服务素质和是否符合社会发展需要的重要标准之一。注重提高大学生创新实践能力已成为高校打造良好声誉、提高人才质量的重中之重。发达国家大多数高校非常重视培养学生的创新与实践能力，其大学文化也呈现出崇尚创新、注重实践的特点，因此，他们在学校的办学目标中往往渗透了这种创新精神，学校积极实施具有创新性的措施。这些措施隐含着崇尚创新的思想，激励和引导着学生的创新活动，在对待创新问题上，发达国家许多高校并没有仅仅满足于创新理论的研究、创新知识的传授以及传承和发扬创新精神，而是在科学观念和理论的指导下，将精力更多地投入到创新实践过程中。例如，维多利亚大学着眼于训练学生在小企业中的管理能力，加拿大的卡尔加里大学注重加强对企业家精神的培养，学生自发自愿地投入到社会服务中，培养了大学生的社会实践能力。美国的高等教育较为发达，许多大学在注重教学内容理论化、系统化的同时，更加注重对学生的实践性教学。大学生们自主创办学生社团和俱乐部等课外活动组织，活动频繁、形式多样，如卫生保健、心理辅导、生活服务等。积极鼓励和引导学生将理论知识应用于实际生活中，通过解决具体实际问题来锻炼和提高学生的动手能力和创新能力。

---

① 汪昌平、江立成：《中西校园文化比较研究》，《山东理工大学学报》（社会科学版）2005 年第 9 期，第 86 页。

（五） 当前西方大学更加推崇大学自治和学术自由

从历史与现实的角度看，虽然西方各国之间在处理大学自治这个问题上表现出的差异性较大，但是，西方大学自治理念总体上经历了一个由中世纪行会式的自治向现代的有条件的自治的过度、变迁过程。

中世纪生产力水平的落后、经济结构的单一和社会阶层结构的简单化客观上为大学的行会性自治奠定了基础。行会性使得中世纪大学自我管理、自我封闭并有反抗任何试图控制它们的势力的倾向，带有浓烈的对外反抗情绪和孤傲色彩。哈罗德·柏金指出，中世纪大学最重要的"特权"在于它敢于向企图凌驾于它之上的教会或者国王说"不"，以及带有反抗性质的迁移行为。① 教学内容深奥以及受当时各项特权保护的中世纪大学被认为是彻底孤立于社会主流的少数人的堡垒。作为一个学者的集体，中世纪的西方大学从根本上只愿意对自己负责。人们进入大学是"一种享受而不是源自社会的压力"②。

自 19 世纪中后期，西方国家在社会结构、经济结构与科技水平的剧烈变化、社会经济的发展和持续发生的工业技术革命引导下去重新定位大学的性质和作用。西方大学的封闭性由于周围环境的剧烈变化得到了进一步的消解。大学的科研活动由最初具有明显的重理特征演变为理论与工程技术并行的倾向。特别是在两次世界大战期间，大学对战时工业技术效率的提高起到了前所未有的重要作用，这是其他社会机构无法替代的。同时，西方各国经济水平的提高为普通民众享受更高层次的教育奠定了物质基础，高等教育的需求迅速膨胀，这些都构成了大学在新的历史时期面临的社会责任，这必然使得大学迅速地由社会边缘机构向社会的轴心机构转型。关于"社会轴心机构"身份对传统大学自治理念的冲击，哈罗德·柏金一方面承认"大学无一不显现出规模化，它对于知识社会的意义也从未如此重大"，一方面又警告人们，在日渐严重的官僚化背景下，"作为研究机构，大学正前所未有地面临着丢失其存在意义的危险，即它追求

① Perkin, H. The Historical Perspective [A]. Clark, B. R., ed. Perspective on Higher Education [C]. Berkeley: University of California Press, 1984: 53.

② Kerr, C. The Uses of the University [M]. Cambridge, : Harvard University Press, 1964: 73.

保存、发展和传播知识的自由正在消失"①。

　　大学身份的转变使得有关大学自治的争论变得更加激烈。美国的激进主义者对大学自治持怀疑的态度，认为大学应和其他社会组织一样处于政府控制之下，不过是改造社会的工具而已。"在所有的国家，国民政府，包括社会的大多数机构都有权改变它们，并要求它们的管理委员会代表公共的利益"②；保守主义者则坚持认为大学绝对不能成为政府或者其他社会组织的附属机构；折中主义者一方面认为自治是大学最悠久的传统之一，一方面强调高等教育不能完全由教授们决定。约翰·布鲁贝克指出，大学自治有益于促进社会文明和进步，有益于发展科学、造福人类，因为它能够为追求真理的学者们提供良好的环境，使之不受外界的干扰和诱惑。但他同时指出，传统的范式也已发生变化，大学要想保持原有的自治传统已经变得不现实和不合时宜。③ 作为联合国教科文组织的下属机构，一个颇有影响力的国际高等教育组织，大学国际联合会在大学自治问题上基本接纳了上述折中主义的观点。大学联合会进一步指出，当大学自治与大学的社会责任之间关联日益紧密的时候，大学自治的理念中就包含了越来越多的条件限制因素；无论是私立还是公立性质，大学自治的原则中应当包含大学对某些外部约定的程序、法规以及目标的遵循。大学自治显然与大学必须满足某些外界设置的标准有关。《学术权力——七国高等教育管理体制比较》一书在导论部分即指出："高等教育作为国家头等大事，其活动原则必须符合国家需要和广泛接受的社会标准。"④

　　不可否认的现实是，高等教育的权力中心正在从大学内部转到大学外部，从学术界转到公共领域，从大学历史上的单方面享受特权和豁免权的地位转到承担义务和责任的地位。这一方面是因为高等教育越卷入社会的事务中就越有必要用政治的观点来看待它；另一方面，大学的规模不断地复杂化和扩大化，而大学本身所具有的资源几乎远远不能跟上规模扩大的频率和速度，这就要求校方高度重视高校的资源供给，将其视作学校赖以

　　① Perkin, H. The Historical Perspective [A]. Clark, B. R., ed. Perspective on Higher Education [C]. Berkeley: University of California Press, 1984: 44.

　　② Wilson, L. Emerging Patterns in American Higher Education [M]. Washington, D. C.: American Council on Education, 1965: 19.

　　③ 施晓光：《美国大学思想论纲》，北京师范大学出版社 2001 年版，第 125 页。

　　④ ［加］约翰·范德格拉夫，伯顿·克拉克，多萝西娅·弗思等：《学术权力——七国高等教育管理体制比较》，郑继伟等译，浙江教育出版社 1989 年版，第 11 页。

生存与可持续发展的重要原则问题。从一定意义上来说，在众多财源中政府的财政拨款处于重要的核心地位和作用。① 有的专家认为，大学绝对自治的消失和不断增强的"国家化"正是当代西方高等学校的大势所趋。② 西方国家政府已经普遍不再满足于仅了解大学在公共经费使用上的诚信与否，政府进一步要求大学将经费用于某些更为恰当的教学与研究活动中以体现出效益。今天的西方政府普遍承认大学在学术方式上的自治，即在内部组织、建制上的完全自治，如院、系、科的设置或撤销等；以及大学行政管理的自治，如师资员工聘用标准等。但是对于大学在总体发展目标、方针、教学与研究计划上的自我控制（学术的内容），即罗伯特·伯达尔所提出的"实质性自治"③，国家在政治、经济、文化等方面的旨趣是能够通过公共财政资助的途径大量渗透进入大学这一自治领域，进而形成一定的规则、标准或者目标，从而使大学能够真正地成为社会政治经济发展的轴心机构，即所谓的一种渐强的"国家化"的倾向。这一点在原本国家控制力松散的英美两国体现得尤为突出。④ 欧洲大陆原本是中世纪大学自治的发源地，然而由于复杂的历史等原因，中央政府高度集权与大学教授基层集权相结合的国家控制模式冲击着原有的自治传统，尤以法、德、意三国为代表。中央政府惯于向大学提供相关经费和管理从而使大学成为其下属部门。

即使在国家力量不断增强而大学的自治权力不断被削弱的背景下，大学也竭尽全力地来维护自身应该拥有的学术领地。虽然司法权已不属于大学的权力之一，但是大学越来越关心和重视科学研究经费的分配权和对学术人员的管理权。欧洲一些大学早已就政府过于严密管理学校财政经费等方面提出了抗议和呼吁，这也在一定程度上得到了政府的回应，如，政府试图改革自身财政预算体制、向大学财政系统部分放权从而促进大学在财政上的相对独立。同时，随着大学外向服务的拓展、不断地吸收和拥有更广泛的社会资源，它们对于政府财政上的依赖程度也随之逐步降低。

---

① ［美］约翰·S. 布鲁贝克：《高等教育哲学》，王承绪等译，浙江教育出版社2001年版，第33页。

② 周川：《高校与政府关系的几点思考》，《高等教育研究》1995年第1期，第74页。

③ Robert, B. Academic Freedom, Autonomy and Accountability in British Universities ［J］. Studies in Higher Education, 1990, 15（2）: 169 – 180.

④ 陈立：《西方大学自治理念的变迁——从中世纪行会自治到"有条件的自治"》，《高等理科教育》2006年第3期，第29页。

　　随着社会经济和文化的发展，深受商业组织启迪的大学自治的目的也逐渐更多地表现为维护学术权力。这方面从关于大学自治的界定就能够看出。比如，美国卡内基高等教育委员会对大学自治的界定是：大学拥有对于资金的特殊使用的决定权；决定工作人员的岗位、工作职责、升迁和薪酬；负责招生和专任教师和行政管理人员的评聘工作；指定课程设置和学位授予等教学和学术政策；制定和修改有关研究和服务工作的行政政策；支出费用仅受审计上的监督等等。法国的《高等教育法》则这样概括大学自治：高等教育是不受经济、政治、意识形态和宗教的束缚与控制的，它要确保教学和科研创造性和批判性的发展，追求观点的多样性和知识的客观性。①

　　19 世纪后，"学术自由"首先在柏林大学出现，并将此作为其基本准则。在其建校时，时任教育部长的洪堡便大力倡导学术自由之道，肯定了高等院校的学术地位，认为其所有成员应树立服务于科学的精神，因而，在这样的氛围中感到孤独和自由是在所难免的。② 费希特是柏林大学的首任选举校长，在其《论学术自由唯一可能遇到的干扰》的就职演说中，他提到，柏林大学应不轻信没有足够证据的理由，树立起学术自由的思想，教学与科研均以对真理的崇尚与自由追求为宗旨。③ 在启蒙运动、理性主义的深深影响和洪堡、费希特等重要思想家的引导下，柏林大学办学的基本原则确定为"教学和学习自由"和"尊重自由的科学研究"，赋予大学师生以思考、教与学、研究课题和发表论文等有关学术的自由权利。此后，以德国柏林大学为发源地，西方学术自由理念迅速在西方国家传播与推广，并成为学术界所认同的准则和信条。约翰. S. 布鲁贝克曾经认为，世上没有比压制学术自由更能击中高等教育的要害了。学术自由理念在学术界具有着重要的地位，是绝不能超越和轻易放弃的。④ 政府通过将学术自由思想写入宪法、成立学术组织并制定相关制度等具体有效的政策在现实中竭力实施学术自由。

---

　　① 张爱芳：《大学自治与学术自由之关系阐释》，《湖南师范大学教育科学学报》2006 年第 4 期，第 67 页。

　　② ［德］洪堡：《论柏林高等学术机构的内部组织和外部组织》，《高等教育论坛》1987 年第 1 期，第 92—94 页。

　　③ 张宝昆：《人的因素对大学发展的影响》，《外国教育动态》1988 年第 1 期，第 38 页。

　　④ 约翰·S. 布鲁贝克：《高等教育哲学》，王承绪译，浙江教育出版社 1998 年版，第 98 页。

我国春秋战国时期也曾经出现过短暂的诸子百家学术争鸣的繁荣局面，但自汉代"罢黜百家，独尊儒术"以后，我国一直坚持的是以"读书做官，效忠皇帝"为主要特征的传统大学制度理念。这种状况直到孙中山提出"要做大事，不要做大官"和以蔡元培、梅贻琦为代表的新一代大师在我国积极传播以"学术自由，教授治校"为核心的欧美大学制度理念以后才有所改变。新中国建立以后，也曾经提出过"百花齐放，百家争鸣"的正确方针，但是，国家集中计划和政府直接管理的高等教育体制的建立，意味着政府拥有巨大的权力，对大学统得过多，管得很死，致使我国大学缺乏应有的主体意识和面向社会自主办学的活力。1985年5月我国作出了《关于教育体制改革的决定》，明确地提出了我国高等教育体制改革的目标是建立在政府宏观管理下大学面向社会自主办学的体制，情况有了一些改善，可是至今官僚化气息和官本位思想对我国高校的侵袭仍然十分严重，例如，高校与行政级别直接挂钩，许多高校内部实行的也是以行政为主导的管理模式。

实践使我们认识到，大学理念是植根于文化传统的基础之上的，文化背景不同，价值取向不同，道德伦理不同，大学理念必然不同。我们对于近一个多世纪以来传统文化与现代文化，特别是中西大学文化之间的矛盾冲突应当进行更加深入的、历史的和科学的分析。[1]

（六）中西方高校建筑文化差异

建筑是一门科学技术，更是一种文化符号和精神文化作品，是文化表象的外在载体，是历史文化和建筑艺术的传承。作为人才培养的重要场所和知识的殿堂，高校更应该建造具有自身特色的建筑，更应该体现出建筑的深厚的文化内涵和张力，力求营造出浓郁的文化氛围。

建筑文化是一门以技术水平、社会文化形态为背景，蕴含着人们的行为准则、思维方式、审美情趣和风俗习惯的综合艺术。建筑文化不应被简单的理解成"建筑加文化"，它的本质特征是一种"背景文化"、"环境文化"。它既有滞后性，又具有超前性，既记录了历史文化的积淀和延续，又具有超前的眼光，预示着今后几十年，甚至上百年的社会文化发展。同时，建筑文化又具有民族性、地域性。

---

① 王冀生：《大学之道》，高等教育出版社2005年版，第182—183页。

高校建筑文化，是指高校各种建筑所呈现出来的建筑风格和价值等文化要素的总和。它不仅表现为物质文化，更重要的体现出了独特的精神文化氛围。高校校园建筑文化是高校整体文化中不可分割的有机组成部分，其独具特色的物质形态陶冶着校园每个人的情操和净化人们的心灵，深深地影响着校园人的人格修养和文化气质。校园建筑文化的典型性会使人一踏进校园就能直接地感觉到它的独特文化气息，反映着独特气质和气氛、甚至高校的精神与价值。

高校建筑反映着各国的文化渊源和历史传统，因此中西方高校建筑文化呈现出一定的差异。

1. 西方校园建筑更具开放性

在我国，高校的大门周围一般都是由围墙将校园与外界相隔离，校园人基本上都在围墙内进行活动，学生的行为方式基本上围绕着教学楼、宿舍、食堂。围墙内学校自成一家小天地，这个俗称"象牙塔"的小世界与外界社会相对分离。有的高校围墙绵延数十里，威严壮观，大围墙内又有小围墙。一所学校形成了封闭的完整体系，类似一个大家族。高大厚实的封闭外墙，包裹起一个重门叠院，营造出以家族为中心的人文意象，并力图将群体、"家族"同社会有相当的阻隔或距离，体现出以求安全的文化精髓。另外，中国高校的大门因其气派、威严而独具特色，尤其是具有悠久历史的高校更是如此。哪怕宿舍楼、教学楼比较简陋也要讲求大门的气势。有些高校大门两侧各摆放一头庄严的石狮。在中国的传统历史上，石狮是名门望族和官府富有、权威的标志。这在某种程度上具有着官文化和集权文化的意味，向人们昭示着进入大学就预示着进入了上流社会。庄严而气派的大门并没有显示学校的个性，而是身份的象征。跨入了大学的校门就意味着可能会获得地位和富贵。而与此形成强烈反差的是教学楼和宿舍楼的大门相对较小，也较为普通。

美国、德国等不少西方国家的高校没有传统意义上的校园，他们更加注重校园的自由布局和对外开放，使得学校与社会交错融合在一起，也使校园生活社会化。学校基本上没有高高的围墙，学校整体上向社会敞开，学校仅仅是社会系统的子系统，消融在社会之中，没有很明显的特别区分，学校与社会的设施都相互使用，甚至学校被社会分割成不同区域。生活区中有书店、商店、酒吧和公司的写字楼。校园人可以在这种轻松休闲的环境中随意畅谈、沟通与讨论，这往往是思想碰撞最为活跃的地方。整个高校城是与所在的小镇嵌合在一起的，这种开放式的布局在美国各高校中是非常普遍的。

2. 西方校园建筑更具平等性

中国高校党政主要机构办公的行政大楼，一般都与教学楼、科研楼相隔离，地处地势相对较高处，是全校的中心地带或显眼地带，显示着权威与庄严。不论在建筑风格或室内装修上都是超出一般教学、科研楼的，具有超美学的意义。同时，行政办公楼周围总是学校卫生最好、绿化最好的地域之一。行政楼的突出而相对封闭的建筑风格内隐着学校行政管理机构与其他部门的不同之处。某种程度上具有中央统辖地方的集权意味。重外在形象、官本位、集权主义的文化意识已深深"铸在"校园的建筑风格上而不为众人所识。

而在西方，高校主要从美学和实用的角度来进行景观布局，很有特色，淡化了非美学的政治考虑。首次进入高校的人们在许多高校建筑群中，是很难分辨出行政办公楼的。学校管理层和教学科研在空间上不是隔离而是非常接近，甚至是融合在一起的。行政办公机构一般设在大教学楼内，这种传统突出了西方文化中的平等性、亲民性。

3. 西方校园建筑更具人性化

新中国成立后，我国高校不仅在教学模式上而且在校园规划和设计方面也效仿苏联。校园建筑比较注重轴线对称，建筑间主要以道路来作为区域划分，彼此间缺乏一定的联系，空间上较为零散而不成体系。建筑风格追求整齐划一、严肃而刻板，几乎很少考虑为校园人提供驻足休憩、休闲聊天、交流思想的人性化建筑和空间。这正是我国传统教育盲目注重理论知识学习而忽视实践锻炼并抑制了学生个性发展的典型反映。即使在教学区域建筑间有宽阔的草坪、凉亭，但是几乎看不到师生间、学生间进行交谈的场景。这是因为这些宽敞、开放的空间因缺乏安全感、毫无指向性、变化性和停留性不适合人们交流，只是校园中观赏的奢华配景，甚至有的在校园中成为影响人们通行的阻碍。这不得不说是我国高校校园建筑设计中的一个败笔。而西方高校校园建筑中注重空间的交流性和人性化方面非常值得我们借鉴和吸收。校园建筑中具有纪念意义的空间较少，而特意设计了供校园人彼此交流的舒适而宽敞的空间。如在楼顶平台、大台阶、两级楼梯间的小平台等建筑、室内外的角落处放置了沙发、座椅、自动售货机，这些尺度适中、具有空间指向性而又不缺乏变化、利于小憩和谈天处无疑会给校园人提供了更多的交流平台。这也会使教学不仅仅局限在教室、讲台、黑板和课桌，各种思想、观念、知识、信息在交流、传递甚至碰撞与冲突中达到智慧的升华。①

4. 西方校园建筑更强调以学生为本

在我国大多数教室几乎是长方形平面，讲台、课桌和椅子的位置把教室分成前后两部分。前面是教师的主要活动区域，几乎占整个教室实际使用面积的三分之一；而后面学生的领土范围却很小。教室的桌椅摆放也是固定的模式，前后学生之间互动交流的空间较小。座位面朝黑板和教师，这充分表明了师生之间的直线交流渠道。教室设计所反映的信息不是学生而是以教师为主的教学空间。在教学过程中忽视了学生的主体性和师生间、学生间的互动，而主要以教师为中心，片面注重传授理论知识。这种教学空间的设计理念主要源于我国古代的传统书院。一般说来，书院中使人产生庄重感的高数尺并且宽大方正的讲台，突出了老师的主体地位和核心意蕴。

西方高校早已意识到了大多以长方形为主体的传统教室空间设计不利于教学合理有效开展，便逐步设计出活动式、蜂窝式以及开放式等多类型的教室，弱化了教师中心主义。西方一些学校的教室采用圆形桌，便于师生交流、学生交流。这种开放式的多功能教室便打破了传统意义上教室分为前后两个区域，学生的注意中心不再完全集中于讲台和黑板上，课桌椅的安排更利于学生相互交流，教师可以随意走动，个别辅导，利于营造轻松活跃的课堂气氛，调动学生的学习积极性。有的教室还配有卫生间或者直接或间接地与实验室、资料室相连接。这充分体现了人性化管理，大大方便了校园人的学习与活动，也使学生能够方便地根据自身情况主动地学习，利于师生间形成良好的关系，提高了教学的效率。

三　西方文化对我国高校校园文化的冲击

西方发达国家在全球化趋势越来越明显的今天不断对其他国家进行文化的无形影响和渗透。随着改革开放的不断推进，国门逐步向世界开放。

① 宋晟、张庆余：《中西方大学校园建筑文化比较》，《南方建筑》2004年第6期，第41页。

高等教育领域的文化交流日益频繁。这为高校校园文化增添了新的文化元素和活力，增强了其多元性，激发了教育创新的活力。同时，西方的价值观念、思维和生活方式极大地影响和冲击着我国的意识形态文化和网络信息文化，反映在高校主要是对校园文化形成了阵阵的冲击波。因此，高校在不断吸收和借鉴外来文化的同时，应时刻警惕和不断抵制西方文化的殖民主义入侵，有力维护中国传统文化和高校本土文化。西方文化对我国高校校园文化的冲击主要表现在以下几个方面：

首先，部分学生缺乏民族文化认同感，疏于传承民族精神和传统文化。

伴随着经济全球化的发展，全球文化之间也不断地进行碰撞与交融，这在一定意义上也消解了我国传统文化的独特性。当代大学生基本上属于"90后"，他们成长于国泰民安和文化多元化激荡的和平时期，部分学生只关注自我成长和发展，而对于国家的历史和文化知之甚少，民族认同感也较差。有些具有"新新人类"特征的大学生个性张扬、行为举止乖张随意，喜欢独具一格，盲目追求自由，很少顾及他人的感受和国家、集体的利益，几乎没有集体荣誉感。他们有时虽然喜欢在网络上对社会现象予以评论，但一般都不会认真思考，只是从表面现象来武断地进行所谓的"愤青式"批判。在当前媒介纷繁多样并且非常便捷的今天，大学生接触外来文化的机会越来越多，有些学生仅凭借个人喜好或者盲目追随，甚至表现出对民族文化的不屑和淡漠的民族认同感。长此以往势必会影响民族的向心力。这种现象虽然不是普遍，但也应引起学校和社会的高度重视。

其次，西方商品消费文化符号的不断渗透和移植直接影响着我国大学生的思想和生活方式。

葛兰西的文化霸权理论指出，文化主导权主要是一个阶级使得其他阶级积极同意其文化尤其是其意识形态的主导地位，而不是采取强制措施而为之。①各国几乎都卷入了经济全球化的浪潮中，文化也逐步商业化，这为西方发达国家向外倾销文化产品提供了非常便利的条件，在文化往来的过程中客观上又对他国输出以本国意识形态为主导的各种文化因素，通过文化渗透来实施文化霸权。而有些国家的人们尤其是青年一代往往非常喜爱和向往经济实力强大的西方国家的文化而放弃本国的文化传统。随着西

---

① 陈昕：《救赎与消费》，江苏人民出版社 2003 年版，第 26 页。

方消费主义文化不断向发展中国家的扩张和我国改革开放的逐步深入，西方的文化也逐渐渗透到中国社会的各个层面。正如戴慧思所认为的，消费主义不断渗透并深深地影响着中国，换言之，中国迎来了所谓"第二次解放"的"消费革命"。① 大学生对时尚的追随和强烈的猎奇、求新的心理促使他们极易接受西方商品中蕴含的消费文化并产生认同，从而慢慢渗透到他们的消费观和价值观中。许多厂家有意扩大其产品在中国大学生中的影响力，他们通过设立以其产品冠名的、以奖品的形式赞助学生的奖学金或助学金以及大型活动，在校园里推销其产品，这客观上为西方消费主义文化移植到我国高校提供了条件，对我国高校校园文化安全构成挑战。

最后，西方发达国家利用网络、报刊等媒介手段大肆宣传其意识形态和价值观念，严重地影响着我国大学生的信仰、价值观和道德标准。

随着人类媒介传播手段的不断增多，网络以其广泛适用性和迅速便捷性深深地影响和改变着当代人的思想和行为方式。互联网的蓬勃发展使得英语成为其重要而通用的语言工具，西方国家顺势具有绝对的网络话语权。这为他们向其他国家渗透西方文化、资产阶级思想、价值观和伦理观提供了重要的便利平台。随着"中国崛起论"的广泛传播，西方国家也通过互联网、电视、电台、报刊等现代传播媒介加紧了对我国高校的意识形态和宗教文化的渗透活动，企图通过"和平演变"的方式来干涉我国境内宗教事务，妄图引起社会动荡和国家分裂。在宗教节日时通过外教、留学生等多种途径鼓励大学生加入到宗教活动中来，进行宗教灌输和宣传，甚至渗透邪教等狭隘的民族主义，恣意通过网络等渠道编造我国社会混乱的黑色讯息和庸俗的灰色资料以及毒害人们身心健康的黄色信息。在虚拟与现实中徘徊游荡的大学生极易受到这种不良文化的影响。在该种文化的冲击下，他们中有些人会对传统社会价值和道德标准产生困惑和迟疑，甚至发生错位。

四　中西文化冲突中的校园文化选择

独立生长的中国两千多年的自然经济孕育了中华优秀的传统文化。然而清王朝的没落与经济凋敝使中国遭受了接近文化窒息的厄运。而当时的

---

① 戴慧思：《中国都市消费革命》，社会科学文献出版社 2006 年版，第 356 页。

西方文化却以异常迅猛的速度发展起来，向传统的中国民族文化发起了猛烈的攻势与挑战。从新文化运动开始，中国被动地进行了文化反思和文化选择。从此以后，中国文化开始陷入在新旧和中西之间徘徊和价值选择的矛盾之中。一方面深刻体会到中国文化的弊端，另一方面又沉醉于中国悠久的传统文化；一方面被西方的科学文化所折服，另一方面又因西方国家的侵略而排外，常常徘徊于民族自大与民族自卑之间。这样势必会造成不能彻底地反省中国传统文化的不足之处，不能鼓足勇气大胆吸收西方国家的先进思想和文化价值理念。改革开放以来，开始以战略的眼光来观察和拥抱世界的中国发生了翻天覆地的变化，中国开始了由传统农业社会向现代工业社会转型的社会大变革，与此相随，中国也再一次面临着文化的反省、选择与重构。①

中西方文化之间的相互碰撞与交流、相互影响、吸收和融合，已是大势所趋。这直接体现在中西方校园文化间的互动。中西方高校校园文化间的许多差异，反映了校园文化形态的多样性和丰富性，这主要源于不同民族、不同区域在长期的历史发展过程中逐步积淀起来的文化差异。在中西方文化冲突背景下，我国高校校园文化应何去何从？

任何文化都是在不断碰撞、沟通与交流中逐步发展的。中西方文化冲突的过程也是双方文化相互学习、吸收和融合的过程。在此背景下，高校校园文化多元化和不同民族、地区寻求保持其传统文化特质的意识也在不断增强。我们不能因保持本国传统文化特质而拒绝吸收和融合，也不能因盲目崇拜西方文化而抛弃民族传统文化中的优秀成分。改革开放30年来，置身于社会文化和民族文化大背景下的校园文化，在与民族文化、特别是与外来文化的冲撞中应作出时代的选择。

（一）多元文化的吐纳与整合

全球化的今天，各种文化间的碰撞与相互作用日趋激烈。多层次的、全方位的文化交融与整合具有现实的必要性和可能性。积极吸收世界优秀文明成果更有利于促进本国民族文化的繁荣和发展。高校也应积极承担文化传承与传播的重任，拓宽自身视野，立足于我国文化发展的实际需求，

---

① 柳杨、王伟：《中西文化冲撞中的校园文化选择》，《沈阳师范学院学报》2000 年第 1期，第88 页。

自觉承担起民族文化与世界文化桥梁的责任，肩负起对外来文化的鉴别、选择、消化、创新的使命。

张岱年老师曾指出，东方和西方的文化中虽有对立的要素，但各自都有积极和消极的成分。文化要想得到积极地发展就应该在抉择双方文化优势的前提下勇于进行再创造，即扬弃和创新东西方文化而形成新文化。① 哈佛大学的荣誉校长陆登庭认为，当今世界各国竞争激烈，文化软实力的此消彼长是竞争的重要表现之一。我们要么主动了解他人，学习如何与之友好相处，要么相互争斗、彼此残害。现实告诉我们，我们不可能奢望通过我们所想象的具有融合力的教育就能使我们的世界在很短时间内变得友好与和平。然而，我们深信，这在一定程度上能够增加我们的理想逐步变为现实的可能性。② 在如何对待国外文化和思想方面，蔡元培也有其独到见解，他主要强调四个方面，即择善、吸收、保持个性、创新。他曾说，我们为集思广益应积极欢迎和了解其他国家的文化。尤其是对于与我们国体相同的国家，先进和共和国家尤为欢迎。除此之外，对于自由思想、优秀的文学艺术方面彼此应相互学习和渗透，尤其是法兰西我们更加欢迎。③ 时任北大教务委员会主任的汤用彤曾指出，人类文明发展史告诉我们，本土文化与外来文化间的接触与碰撞的结果不是单向和片面的文化移植，而是双向、互补的。④ 双方一定会融入发展的新机，而不会仍然保持原来的状态，这就意味着文化的发展与更新。

在这样的社会背景下，高校努力成为各个国家和民族之间文化交流与融合的媒介和纽带正是大势所趋。但凡是所谓的世界著名大学都具有一个共同的特点，那就是国际性。在那里，教师和学生大都来自于不同的国家和民族，具有着相异的文化背景。他们之间的交流与沟通就是实质性的文化交融。这对该大学的所在国和师生各自国家的文化发展都有益处。因此，这类文化不断交融的国际性大学数量的增多会为全球各类文化间的交流和融合提供更广阔的场域，也更有利于人类社会的和平发展，和谐世界的构建也将指日可待。

---

① 张岱年：《张岱年文集》（第1卷），新世界出版社2004年版，第257页。
② 教育部中外大学校长论坛领导小组：《中外大学校长论坛文集》，高等教育出版社2002年版，第28页。
③ 丁石孙、王世儒等：《蔡元培全集》（第三卷），浙江教育出版社1997年版，第349页。
④ 汤用彤：《汤用彤全集》（第五卷），河北人民出版社2000年版，第279页。

（二）抵御敌对势力的"西化"、"分化"图谋，维护高校校园文化安全

伴随着全球化向纵深方向发展，国家文化面临着其他文化的冲击与威胁，"文化安全"问题凸显出来。美国的约瑟夫·奈认为，一国将意识形态、文化传统和国家制度等无形的文化力量通过多渠道的文化传播来引导和影响他国人的价值观。这种文化的力量虽然没有导弹和货轮那样来势汹涌，但是却能够在全球范围内影响人们的心理和情感，最终能够左右和决定导弹与货轮归哪国所有。① 它的收获远远大于其付出的代价。文化安全是指面对国际间不同文化的碰撞与冲突，一个主权国家可以自主地选择社会制度、意识形态、价值观和行为方式，它的主流文化价值体系、文化尊严和主权免遭国内外各种文化的破坏、侵犯和颠覆。文化安全是有别于传统安全观的有关国家安全的重新阐释，是关乎民族文化立场、国家和人民生存和发展的国家重要战略要素之一，其实质是国家安全。

高等学校是一个国家安全体系中一个非常重要的要素之一。高校历来是知识荟萃、文化传承与思想争鸣的重要文化基地，承载着传播、发展和创新中国传统文化和先进文化的重要使命。作为社会文化子系统的高校文化，其安全对整个国家安全体系的影响是最深刻的。这一领域政治敏感性非常强，也是国际范围内思想意识形态斗争的关键场所，因而高校成为西方敌对势力进行文化渗透的重点，是西方国家企图西化、分化中国的重要阵地。保障高校文化安全有利于促进高校校园稳定和民族的安全。随着西方文化在我国高校的传播与渗透，我们应提高警惕、严阵以待，采取有效措施来预防和维护高校文化的安全。

首先，积极促进主流意识形态与民族文化的融合，推动马克思主义大众化在高校的进程。

马克思主义作为一种从国外引入的意识形态，并不属于中华民族的传统文化。要想提高意识形态的自觉性，而不仅仅依靠国家政权的强行灌输，就需要与民族传统文化不断融合。融合程度越高，其自觉性就越强。马克思主义如何与我国传统文化相融合、不断推进马克思主义中国化一直

---

① ［美］约瑟夫·奈：《美国定能独霸世界吗？》，何小东、盖玉云译，军事译文出版社1992年版，第160页。

以来是我们党和国家关注的重要历史性问题和几十年来的奋斗目标。毛泽东思想、邓小平理论、"三个代表"重要思想和科学发展观是马克思主义中国化的重要理论成果，对于推动中国革命胜利和社会主义现代化建设起到了重要的理论引导作用。但这只是在政治和上层建筑领域里的马克思主义中国化。马克思主义要想在中国广泛普及和深入中国人心就必须要促进其大众化。努力将马克思主义基本原理和理论成果通过通俗易懂的形式不断地被广大人民群众深入理解，逐步在群众中实现从深奥到易懂、抽象到具体的转化。也就是说，要把中国特色社会主义理论逐步渗入我们国人的思想观念和道德认知，逐步转化为我们为人处世的行为方式和交往习惯。很显然，在高校就是要被广大师生所理解和掌握，充分发挥高校、教育工作者和大学生推动马克思主义不断的民族化和大众化。

其次，积极主动地借鉴世界先进文化，不断增强高校文化的抵抗力和竞争力。

世界各国人们交往不断增强，各种文化的相互交融和碰撞也不断深化。具有中国特色的文化具有包容性和开放性的特点。我们应尽量避免盲目地排斥一切外来文化，不要因异质文化尤其是西方文化的负面因素而放弃与其交流或者拒之国门之外，而是在与其文化接触和沟通过程中不断吸收有利于我国社会建设和发展的精神成果。批判地吸收西方文化，汲取其文化精华和新鲜血液作为我们本土文化的有益补充，对于我们克服和改造固有文化的不利因素和封建残余具有重要的推动作用，也有利于促进我国民族文化的不断创新与升华。高校作为培养优秀人才的教育组织始终传承着、研究着、传播着和创造着文化。在高校校园文化建设过程中我国传统文化和西方文化无疑都起着至关重要作用。在借鉴和吸收外国文化、弘扬本国文化的具体方式上大学承载着不可推卸的神圣职责。[①] 在各种文化相互碰撞、交融和冲突中，作为社会思想文化中心的高校不断地引领着社会文化，审视、批判、借鉴和选择着各类文化要素。我们应竭尽全力捍卫我国文化主权，对校园文化安全问题予以高度重视，高度警惕狭隘的民族主义在文化领域里的复兴和对大学生的侵害。

最后，学校应加强大学生网络道德教育和监管的力度，提高他们的文

---

① 申作青：《西方文化对我国大学文化建设走向的影响》，《浙江工商大学学报》2008 年第 2 期，第 83 页。

化安全意识。

我们长期注重对大学生的社会主义意识形态和德育教育，而很少基于全球化的趋势来强调我国文化安全面临的诸多困境与挑战，往往忽视从校园文化安全的角度来对学生进行思想疏导和开展德育工作。面对外来文化中不利因素通过网络对大学生思想的冲击，我国高校应根据实际情况力争建设一批具有网络文化安全意识的高素质的优秀德育教师团队，熟悉德育工作性质和规律、重视教育内容的针对性，掌握较高教育理论水平、熟识网络技术与网络文化，不断增强网络道德教育的实效性。适时地对学生进行媒介素养教育，增强其网络安全意识，自觉主动地辨别网络信息真伪，杜绝不良信息在学生中的蔓延。同时，校园网络监管也尤为重要，在技术上严格审查局域网、私人主页链接，按照网络管理规定来监控网络运作，及时有效地清除低俗和西方敌对势力发布的反动的信息。应尽快通过技术、行政甚至是法律手段来健全学校网络服务和防卫体系，对网络中充斥的各种讯息严格把关，经过筛选、过滤和调整后再予以发布，使社会主义主流文化、优秀传统精神、科学精神、积极舆论导向占领校园网络的主要阵地。

（三）民族文化的传承与创新

在中国，大学已经历经了百年的发展。当前面临的现实的困惑是成功地效仿和照搬了西方的教育制度，而没有传承和发扬中国传统的"大学之道"。很多学者对中国大学文化发展感到忧患，认为我国大学要想在未来取得长足发展必须先"立心"，大学精神来源于中国传统的"道"。季羡林先生曾提出，北大精神就根植于中国传统的爱国主义精神。清朝末年聚集在京师大学堂的是具有士大夫精神和爱国主义传统的知识分子，他们勇于承担中国传统文化和推动社会不断进步发展的重任。[①] 大学是民族灵魂的反映。高等教育发展史上，凡是位居世界翘楚的大学都会为其民族的振兴立下赫赫战功，取得了非常卓越的成就，也受到了本民族人民的赞誉。

我国高校校园文化应该传承和发扬的是对国家、民族和社会的高度责

---

① 朱为鸿：《民族文化传统：中国大学文化创新的基点》，《现代教育论丛》2009 年第 7 期，第 86 页。

任意识、自省精神、团结奋进和积极向上的精神。但是，目前部分高校已经成了行政机关，正演绎着并复制着形式主义、教条主义和文牍主义。高校丧失了育人的功能，而直接演变成了培养学生职业技能和追求名利的场所。我们"拿来了"所谓的科技主义，却抛弃了我们世代构建的、诗意化了的和赖以栖息的传统的大学精神。我国古代"道"与"器"的关系问题，成为现代中国大学权衡不定的焦点。是否具备中国传统优秀文化的积淀是社会和民众判断大学优秀与否的重要条件之一。大学校园中的学术自由、传承文明的责任意识、自我反思和社会批判意识可以很大程度上使大学遭受实用主义和工具主义的侵蚀。我国大学要想真正发挥其应有的功能只吸收国外大学文化的合理因素是远远不够的，最为重要的是立足中国优秀传统，吸纳我国古代文化的精髓，实现自身持续性的和谐发展，努力摆脱当下的文化困境。①

高校引领民族文化创新也必须根植于中国文化传统。曾担任过哈佛大学校长的查尔斯·艾略特认为，真正意义上的大学首先要根植于本民族所积淀的深厚的文化土壤，才能在此基础上不断蓬勃发展。美国的大学不应从法国、英国等其他国家直接移植，而应扎根于美国的经济、政治与文化传统。② 在当今世界各种文化相互激荡碰撞、强势文化不断对弱势文化施压的背景下，各国高校应勇敢地站出来，保护和弘扬自身民族文化，为其不断发展竭尽所能。正像德国的著名学者赫尔穆特·施密特所认为的，大学应该首当其冲地为保持本民族文化的特性有所作为，尽力避免将本民族优秀文化和价值观念丢弃在被忽视的角落的行为。③

（四）坚持"以人为本"，将"知识为本"转化为"素质为本"

高等教育的对象是活生生、有生命的人，教育的真谛就是充分挖掘学生的潜能，使其个性得到解放和发展，成为尽可能完善的人，这也是教育活动的根本出发点。因此，要想实现高等教育培养人的根本任务，就要在

---

① 尤冬克：《以传统文化视角：现代大学文化的守望与重构》，《黑龙江高教研究》2008 年第 9 期，第 48 页。

② ［美］理查德·诺顿·史密斯：《哈佛世纪》，程方平等译，贵州教育出版社 2004 年版，第 27 页。

③ ［德］赫尔穆特·施密特：《全球化与道德重建》，柴方国译，中国社会科学文献出版社2001 年版，第 62 页。

其校园文化的涵育中坚持"以人为本"的观念。"以人为本"是现代高校校园文化的深层本质与合理内核。"以人为本",一方面是指要尊重学生的人格和尊严,突出学生的主体地位,珍视学生的个体差异,满足学生身心发展的各种需要,以学生的个性发展、全面发展、主动发展和终身发展为旨归来建构校园文化;另一方面也要重视教师的人格、尊严、地位和作用。坚持倡导"师道尊严",引领教师体悟教育的本真与价值,尊重教师的专业自主权,促进其专业成长和发展,充分发挥教师的主动性、积极性和创造性。

而当前教育中的以"知识为本"的教育理念与"以人为本"背道而驰。"知识为本"突出地表现在课程内容和评价考核方面,注重理论知识的教学几乎占据了所有教学时间,用评价、考核来衡量"知识点"掌握的程度。面对按照知识点领会程度而得出成绩的现实,师生对人文修养、团结协作、身体健康等素质的培养变得"充耳不闻"、"毫无兴趣"。实际上,大学毕业后具有潜力、真正做出成绩的各类人才,往往不是在学校成绩排名最前的学生,这足以证明"知识为本"的教育理念已经不合时宜,存在弊端。而且大学毕业后能够比较稳定地从事本专业的人比例不是很高,再加上产业(行业)本身在转型,迫使他们要不断学习和更新知识以适应社会的发展变化,能够在激烈的竞争中脱颖而出更多的是依靠他们的基础知识、学习能力、团结协作精神、勤奋与毅力等,尤为重要的是他们的社会责任感和使命感。而这些是难以转化为"知识点"进入现有考核评价体系的,这就是改革的重点与难点所在。这就要求各高校必须把"以人为本"作为校园文化建设的根本指导思想和基本价值取向。更新教育观念,改变多少年来以"知识为本"的教育,逐步向素质教育转变。

素质教育理念的提出在教育界和社会引起了很大反响。起初素质教育的提出是为了给学生"减负"。人才培养不是只为了培养某一专业技能、不是知识为本,而是培养学生的综合素质,强调的是以人为本。它符合教育的规律,适应社会发展的需要。随后在高教界也引起了广泛关注。大学阶段的素质教育主要培养学生以下几个方面:

首先,思想道德素质。也可以称作思想道德修养,其重点是如何做人,正所谓"做事先做人"。作为大学生就应该具备良好的道德品质和符合个人身份的行为模式。高校应将做事和做人相结合,在培养学生正确的世界观、人生观和价值观的同时向其传授科学知识。

其次，身心素质。健康的标准是心理和身体素质良好。没有良好的身心素质就不可能具备其他素质。大学生除了身体健康之外，还应该具备良好的心理素质。如何控制和处理自己的情绪、处理好人际关系，培养较高的情商对于心理尚待成熟的大学生来说尤为重要。

再次，科技素质。科学技术是人们认识自然和改造自然，并在此过程中不断改造自身的重要工具。大学生的首要任务仍然是学习。所谓大学生的科技素质主要是指学习和掌握专业知识的素质。在学习基础理论知识的基础上深入研究专业知识。科技素质的核心是创新思维。

复次，人文素质。大学生除了具备专业知识，很重要的一方面是要不断学习哲学、历史、文学等人文知识。其目的是在潜移默化中懂得人生的哲学和价值标准。尤其是现代社会更应该不断加强国学的内容。

最后，劳动技能素质。这主要是将理论知识通过实践转化成劳动成果的素质和能力，主要包括：动手能力、自学能力、科研和创新能力。其中最为重要的是创新能力，而不仅仅是机械地学习专业知识和技能。

（五）营造新时期的校园建筑文化。

作为人才培养和科学研究的重要机构和社会的要素之一，大学体现着校园内部活动和在城市中功能的历史变迁。校园类型也从封闭型校园到功能分区型、自由交往校园、再到多元化、多功能校园，无不体现着校园功能的发展轨迹。在当今全球化的形势下建筑设计领域的多元文化交流也日趋频繁，在这种形式下，什么才是高校建筑文化的发展趋势呢？

中西的建筑有着不同的文化背景和独特的风格与韵味。事实证明，民族文化要想保持其生命力就要广泛地吸收和借鉴外来文化。在与外来文化交融的过程中寻求符合自身文化传统特色发展途径。对中西方大学校园建筑文化作比较研究，我们可以看出，西方大学重视校园建筑整体风格的审美效果及其延续，强调以学生为本以及校园与社会的交叉与融合。我们应勇于积极借鉴和吸收西方校园建筑文化的积极元素，传承并巧妙地融入本民族优秀建筑文化精髓，将世界的、民族的和时代的优秀诸要素相结合，营造新时期具有中国特色的高校校园建筑文化。笔者非常赞同曾任北京大学副校长的王义遒对高品位校园建筑文化的总结，他用"文、雅、序、活"这几个字鲜明地概括了校园建筑文化发展的趋势和方向，充分地体现了新时期高校的文化品位与精神。"文"主要是指知识，也就是置身校园扑面而来的是一股文化气息，会随时随地获取和捕捉到新的知识和信息；"雅"是指高雅的风格，是指校园的建筑给人以美的享受，处处体现出优雅的格调。"序"是指秩序，主要是说校园生活井然有序，学校管理比较规范；"活"主要体现了校园充满了活力、朝气和敢于创新的氛围。①

本书将从以下几个方面初步探讨怎样去创造符合发展要求的、人性化的新校园空间。

第一，继承传统，延续历史文脉。

具有较长历史的建筑的那种沧桑古朴之感可以增进校园人的归属感。校园建筑设计和整体布局应注重历史文脉的传承，体现空间结构的延续性和系统性。注重校园历史文化的传承是对校园物质文化、大学精神的传承，也是校园物质文化的保存和对校园空间环境的保护。高校传统的文化氛围是历年来学校发展、学术进步等多方面的文化积淀，同时它也赋予了校园物质空间环境以更深刻的意义，又通过校园景观呈现出来。传统和历史在空间上的体现和积累营造出浓郁的文化气息，促进了文化与学校教育的互动与协调发展。深入挖掘学校历史，将人文历史注入高校空间，充分发挥其激励、约束和人文教育功能，促进高校内涵建设。② 具有重要文化价值的校园历史不仅见证了大学的发展历程，也体现了大学深厚的文化底蕴和独具个性魅力的文化载体，在民众的心理形成了鲜明的象征。大学独特的建筑艺术和空间环境历来体现着庄严的历史感和学术精神，向世人传达着严谨、脱俗的追求真理的治学精神和学术气氛。剑桥大学、牛津大学等具有悠久历史的世界著名大学的校园空间环境就是最好的典范。校园景观布局处处散发着人文精神和文化气息，无时无刻不熏陶着置身其中的师生，濡化着他们形成文化认同。校园建筑在风格上的历史延续一般要经过数百年的岁月洗礼。新旧建筑在空间划分、形式要素等方面彼此联系、协同共生、相互影响，在视觉上形成有机的整体，不同风格在整体上是统一的，而不是割裂开来的，据有关统计，牛津大学的建筑风格有二十多种，各种风格历经了历史的变迁，比较重要的古老风格也得到了不断的复兴，

---

① 王义遒：《大学的文化品位与大学生的文化素质》，《高等教育研究》2000 年第 1 期，第 48—49 页。

② 刘万里：《大学校园空间的文化性研究》，博士论文，哈尔滨工业大学，2009 年，第 119 页。

保持了校园整体格调的连贯性。①

第二，重视与周围环境的协调，融合时代和地域元素。

现代大学已经由纯粹的哲学思辨场所逐渐转变为知识生产、知识传播和知识储存机构，大学校园也已经由内向封闭的"中庭院落式"校园逐渐转变为外向开放的"大学城"。② 知识经济时代，高校作为一种智力资源被迅速认可。高校必须融入社会、融入当地城市，因为它已不再是封闭的象牙塔。它不是被动融入，而是主动融入周围的环境。更重要的是它必须以自由开放的姿态促进思想、科学技术的产生和传播，体现并引导当地人文。校园在空间整体布局方面应注重为校园人提供交流与沟通的空间，以增进学生彼此间的感情和提高他们语言沟通和交往能力。

大学中的教学楼、图书馆、食堂、餐厅等建筑除了保持文化传统之外，更应注意与时代特色相结合，还要注重校园人对其的功能需求。在具体细节方面，还要着力于建筑风格的协调与一致，与周围树木、草坪等景观的相互联系，实现建筑与周围环境相融合。③ 校园中每一种建筑和景观都不是孤立和完全封闭的，并不仅仅突出其个性风格，而是利用隔景、分景等手法来取得与环境的融合。

第三，秉持以学生为本，体现人文关怀。

我国千百年来一直秉持着"结果驱动型"读书学习观，认为学习是一个苦尽甘来的过程，读书之苦是获得良好生活和改变命运的重要代价。自古以来，人们都认为读书和学习非常辛苦，如"头悬梁，锥刺股"、"吃得苦中苦，方为人上人"、"凿壁偷光"。"学海无涯苦作舟"表明在人们的传统观念中，学生只有忍受住学习的痛苦、逾越读书之苦的重重障碍，才能够达到幸福与成功的彼岸。中国学校缺乏的就是让学生喜欢的校园氛围。诚然，只有经过努力才能获取更多的知识，但是学习本身也是一种快乐的体验。学生喜欢学校的氛围才能更有助于他们在此接受教育和熏陶。近年来，中国的校园建筑设计方面体现了人文关怀，也逐步考虑校园

---

① 刘万里：《大学校园空间的文化性研究》，博士论文，哈尔滨工业大学，2009 年，第 111 页。

② 李昊、冯伟等：《新理念、新大学、新空间——对新时代我国大学校园规划的思考》，《安徽建筑》2004 年第 2 期，第 13 页。

③ 陶应勇、姜慧敏、张海霞：《中外高校校园建筑文化的传承与发展》，《南京理工大学学报》（社会科学版）2004 年第 6 期，第 42 页。

人的情感体验和需求，让学生们越来越喜欢上自己的学校环境，从而热爱学习。

　　校园文化特色也会通过校园建筑体现出来，它是校园文化的物质载体。大学生是校园的主体，校园建筑设计和规划不能只注重建筑的外在气势与虚华，无视学生的情感和心理，而应充分尊重和满足学生的需要。校园人对校园的满意度是评判校园建筑设计优劣的关键指标之一。传统的校园空间模式多适用于集体教学活动，大多只采用班集体为单位的教室及集体层次的礼堂和操场。在课程改革的新形势下，校园建筑的设计理念和风格应坚持尽量减少平面设计，增加连廊、架空层及室内外过渡空间，为师生创造舒适宽敞的交流空间，同时也便于学生的课外互动。在空间设计上要满足个体、小组、班级和全校等不同规模的空间需要，形成从完全封闭到适度封闭、再到完全开放等多元结构。秉持以学生为本的设计理念，长条石椅配上长条石桌，兼具休闲和学习的双重功用，再加上拓宽的走廊、美妙的亭廊，为师生提供相应的空间，便于他们交流和共处，促进人与环境的良性互动。这些因细节所带来的实用功效背后，也充分显示了便捷、周到、以人为本的校园文化内涵。这是学习的过程必须是快乐的"过程驱动型"学习观的体现。

　　新形势下，营造具有历史传统和人文气息的校园建筑文化，延展校园空间，使高校与社会的互动性加强，高校建筑文化的发展不再封闭和独立，正不断地向开放多元的系统转变。注重高校空间的可持续发展已经成为新时期大学校园规划和设计的主题和主要趋势之一。

第三章　高校校园文化与其他
社会文化的冲突

　　20 世纪 80 年代英国的教育史学家哈德罗·珀金曾认为，高等教育机构不是被动地满足社会需要，也不是完全独立于社会和其他各部门的组织机构，并且能够不断影响社会发展和进步。[1] 英国人类学家泰勒（E. B. Tylor）认为，社会文化是道德、知识、法律以及社会成员所获得的任何能力、信仰和习俗的综合体[2]。高校是社会系统中一个非常重要的组织机构，它不是封闭的，而是具有开放性，并受整个社会的影响并不断地与社会其他要素之间相互作用，彼此依赖。这决定了校园文化具有这种兼容并蓄的文化特性。

　　校园文化与社会文化密切相关，并在互动中变化发展。社会文化是经济、政治和历史的产物，在整个社会发展中占有着极其重要的地位，并深受社会经济和政治制度的影响和制约。作为社区文化范畴内的校园文化是一种独具特色和与众不同的亚文化。校园是社会的重要要素之一，相应的校园文化也存在于社会文化之中，并对社会文化的发展起到了至关重要的作用。校园文化活动主要涉及教与学相关的各种因素、环节；而社会文化活动内容非常广泛，涉及社会风俗、宗教、百姓生活等。因此，一般说来，社会文化与校园文化是整体与部分、一般与个别的关系。[3] 从一定意义上说，社会文化和校园文化又是主导与从属的关系。社会文化的成果是对社会实践活动的经验总结，包括物质和精神两个层面，其中物质产品是

---

① 苏国红：《当代中国大学校园文化新变化——精英阶段与大众化阶段中国大学校园文化特点的比较研究》，《青年研究》2002 年第 1 期，第 11 页。

② 吴康宁：《课堂教学社会学》，南京师范大学出版社 1999 年版，第 116 页。

③ 笙长军、才忠喜、陈忠平：《大学校园文化建设理论研究》，哈尔滨地图出版社 2009 年版，第 68 页。

最基本也是最重要的；而校园文化成果主要表现在与教学、科研以及校园人的思想观念和道德修养等方面的精神产品。①

校园文化与社会文化彼此相互依存，相互联系。社会文化影响和制约着高校校园文化，同时，高校校园文化又辐射和促进社会文化。具体而言：

第一，社会文化影响和制约着高校校园文化。

校园文化是以社会文化为依托的，社会文化是校园文化发展的土壤和背景。根植于社会文化沃土中的高校校园文化是高校师生在与外部世界的能动交流中所形成的，社会文化的价值导向与规范必然会渗透到高校校园文化，传递给校园人。换言之，在一定程度上，高校校园文化与社会文化在内容上具有相似性，两者均包括物质文化、制度文化和精神文化。社会文化为高校校园文化建设输送了大量丰富的素材，从而在某种程度上影响和决定着高等院校人才培养目标、办学方针和发展规划，并且使得校园文化建设在不同历史时期体现出不同的变化特点和发展趋势。在不同历史时期，高校校园文化建设的变化特点和发展趋势主要表现在以下两个方面：首先，高校校园内流行的歌曲，在新中国成立初期、抗美援朝时期、"文化大革命"时期和改革开放的各个阶段，都有不同的表现形式。其次，在新中国成立初期、抗美援朝时期、"文化大革命"时期和改革开放的各个阶段，高校师生所关注热点也有所不同。例如，在新中国成立初期，高校师生崇尚爱国主义、集体英雄主义，为祖国建设和保家卫国而努力奋斗。试图保卫革命胜利果实。深受我国改革开放影响的高校师生于 20 世纪 80 年代掀起了读书的高潮，"校园文化热"扑面而来。到了 90 年代，高校更加注重在教学具体实施过程中加强学生的实践动手能力和技能的培养，校园文化活动的实用性都很强。随着新世纪的到来，校园文化建设呈现多元化发展的趋向，高校师生的关注面更广，关注的问题更加深入。可以说，高校校园文化建设已成为社会文化变化和发展的晴雨表。②

第二，高校校园文化辐射和促进社会文化。

首先，高校校园文化对社会文化的辐射作用。

---

① 李贵：《论社会文化和政治对高校校园文化发展的影响》，《理论导刊》2009 年第 8 期，第 89 页。

② 笙长军、才忠喜、陈忠平：《大学校园文化建设理论研究》，哈尔滨地图出版社 2009 年版，第 83 页。

　　一定的文化是社会一定的政治和经济在观念形态上的反映，又是推动社会经济和政治发展的精神动力。文化的力量深深熔铸在民族的生命力、创造力、凝聚力之中。进入 21 世纪后，江泽民同志又明确提出中国共产党要始终代表中国先进文化前进的方向，强调要大力加强先进文化的建设。校园人不断地创造着新的观念、新的科技，新的文化，又把人类优秀的文化代代传承。他们吸收、创新人类的传统文化，又参与创造社会文化，影响着社会主流文化。校园人超前的思想、观念和行为方式，直接或间接地引起社会青年的注意和模仿，校园文化具有的这种超前性，透过社会青年的行为影响整个社会文化。社会文化所吸收的校园文化中进步的、积极的、合理的成分逐步演化为社会的主流文化。同时高校中丰富多彩的校园文化活动也能部分满足社区群众的文化生活的需要。

　　其次，高校校园文化对社会文化的促进作用。

　　一是高校校园文化推进我国政治文明的进程。

　　高校不只从事教学活动，而且从事科学研究，高校师生常年致力于对社会政治文化的研究与探讨，提出政治思想理论和阐释，为社会政治文明奠定了坚实的基础。高校师生关心国家和民族的兴衰、荣辱，不仅仅停留于政治理论研究，还非常注重研究社会政治现象，并为社会培养高素质的政治人才。高校师生的政治观念对社会政治价值观念起着引导作用，对传统政治理念的更新也常常导致社会政治文化观念的变化。他们倡导、支持和实践着政治体制改革。师生的民主观念和素质，高校的民主氛围、他们对现行的政治体系的认同与否、参与社会政治生活的态度和行为对我国民主政治建设发挥了重要的影响作用。

　　二是高校校园文化促进社会经济的发展。

　　马克思主义认为，人类为了维持生存，必然进行社会生产活动。在这个过程中，人们结成了生产关系，而生产关系是不以人们的意志为转移的，并与生产力一定发展阶段相适应。上层建筑根源于经济基础的客观要求，而且它能促使或阻碍经济基础的发展。作为上层建筑范畴的校园文化必然影响社会经济发展。高校校园文化直接作用于社会经济，促进我国经济的发展。这主要表现在：一方面，当前我们所处的是社会主义初级阶段，我们的中心任务是搞经济建设，这需要大量的高素质人才。高校最基本的培养高素质人才的职能恰恰满足了经济建设的要求。健康、积极的高校校园文化为人才培养提供了良好的文化氛围，因而在社会经济建设和发展中起到了不可估量的重要作用。另一方面，高校科研活动服务于社会经济。作为校园文化的具体表现形式之一的高校科研活动，它所创造的科研成果直接转化为现实生产力。校企合作、产学研结合，这些创新的校园文化活动为社会创造了物质财富，也发挥了校园文化的社会辐射作用。

校园文化既受制于社会文化，又以其独特的魅力反作用于社会文化。历史和现实的文化在校园文化中体现出来，并影响着校园文化的发展方向，以隐性的方式不断熏陶和感染着每一个校园人。同时，校园文化也发挥着引导社会文化的作用。校园文化能够及时地反映、引领和创新社会文化成果，使其以新的面貌呈现在与校园文化相关联的社会亚文化之中。①

从一定意义上讲，社会文化是各种不同群体的亚文化的集合体，诸如，商业文化、政治文化与大众文化，等等。一般而言，作为亚文化的校园文化有其独特的个性，以其特有的丰富形态补充着社会文化，这种个性使校园文化与社会文化中其他的亚文化间的联系和相互作用并不是单一的，除了相容之外，也存在矛盾与冲突。

在本章中笔者阐述了社会学中对文化冲突各个阶段的认识，主要探讨了校园文化与社会文化中其他亚文化之间也发生着碰撞与冲突，如商业文化对校园文化的冲击、政治文化对校园文化的影响。这都不同程度地促使校园文化在近代不同的历史阶段呈现出差异性、大众文化对校园文化的影响，以及在此背景下的高校校园文化建设的具体策略。

一　社会学中的文化冲突观

社会学领域关于文化研究较多、并具有影响力的当属马克斯·韦伯，在他的《新教伦理与资本主义精神》中，韦伯认为在西方，宗教改革之后逐步形成的新教，尤其是英国的清教孕育了"资本主义精神"，它对于近代资本主义的产生和发展起到了巨大的推动作用。资本主义社会发展使人获得了巨大的解放，同时，资本主义文化系统内部充满了各种矛盾，这些矛盾相互对立和冲突到一定程度，整个资本主义社会便会走到尽头，与此同时，其文化也会最终解体。韦伯曾说，禁欲主义不仅支配和影响着人们的道德观念和生活方式，而且在现代社会经济发展和构建经济秩序中也

---

① 孙庆珠：《高校校园文化概论》，山东大学出版社 2008 年版，第 33 页。

发挥着作用。当今，这种经济秩序与科学技术、生产和经济条件相互作用，不仅仅影响着经济活动的直接参与者们的生活状况。① 受资本主义功利主义思想的禁锢，人们时刻为挣钱而奋斗，几乎失去了人应具有的自由，资本主义文化陷入了冲突之中。身处铁笼之中的人们必然要对这种极度异化状态的生活方式进行批判，冲破"铁笼"，冲突的结果必将是现代资本主义工业文明被新的文化模式所取代。

　　如果说韦伯从宏观的角度探讨了文化发展的过去和未来，那么李普赛特则从微观上对文化进行了分析。他侧重探讨在相对稳定的社会环境中的文化冲突问题。他在《一致与冲突》中，深入阐述了当代西方社会的社会制度和价值体系的内在冲突与一致关系，系统分析了不同政治力量之间、保守主义与现代主义等各种意识形态的相互冲突与融合，精辟地剖析了美国社会内部各种文化间的冲突现象，他认为美国道德主义中主要有两大方面的冲突：一个是美国社会中各民族、种族间在宗教、种族偏见等方面的文化斗争和相互排斥的运动；另一个是功利主义和实用主义价值观与社会精英人士观念的持久冲突。② 在他看来，要想促进民主与团结，必须深入研究分歧和共识的根源。在《政治人——政治的社会基础》中，他提到，分歧有时在一定时期和一定场合可以促进组织机构和社会系统的统一。组织或社会内部各要素能够达成共识通常是基本冲突发展到一定程度的结果，仍然存在的冲突将会促进这种共识保持平衡。③ 他的研究对我们关注社会文化、认识和深入分析冲突发生后的解决方式提供了可资借鉴的理论依据。

　　马克思主义哲学中关于矛盾普遍性的论断也同样适用于文化研究，整个文化系统或各种文化内部本身也存在着矛盾。刚刚形成的文化模式往往能够与人和谐共存，但经过一段时间的发展，人对于文化的创造和超越性与文化自身的自在性之间便会发生冲突。而新的文化又会通过人的实践活动开始反抗传统文化模式的统治。④ 因此，各种文化间经历着从平衡到不

----

① ［德］马克斯·韦伯：《新教伦理与资本主义精神》，彭强、黄晓京译，陕西师范大学出版社 2002 年版，第 175 页。

② ［美］西摩·马丁·李普赛特：《一致与冲突》，张华青等译，上海人民出版社 1995 年版，第 323 页。

③ ［美］西摩·马丁·李普赛特：《政治人——政治的社会基础》，张绍宗译，上海人民出版社 1997 年版，第 1 页。

④ 衣俊卿：《文化哲学十五讲》，北京大学出版社 2004 年版，第 97 页。

平衡再到平衡的发展历程。文化冲突主要分为文化差异、文化危机、文化反省与文化批判、文化创新与整合。①

各种文化层次之间的差异是发生文化冲突的先决条件。各种文化之所以能够发生冲突是因为它们之间存在着较大差异的异质文化，如传统的与现代的文化、先进的落后的文化、不同地域间的文化、本土的与外来的文化等等。随着不同文化间差异性的增大他们彼此间的冲突也会更激烈，反之，冲突的程度便较小。同时，应该引起注意的是，相异文化间冲突的幅度是随时发生的，差异很小的不同文化间随着差异的增多会增强冲突的程度；反之，差异较大的异质文化之间随着隔阂不断消除它们间的矛盾将会有所缓解。一般说来，当文化之间存在的差异非常大时，力量对比悬殊，处于弱势的文化一般不会威胁到较为强大的文化。它们间文化冲突的最终结果将会是处于弱势地位的文化勉强存在或者是在冲突中被渐渐削弱力量直到灭亡。另外一种情况是，彼此间存在差异的文化之间力量不相上下、旗鼓相当，如果它们均将各自神圣化，那么文化冲突一触即发甚至表现的异常激烈。②

文化危机是在各种文化相互碰撞、竞争时所引起的非常危险的文化存在方式，主要是文化间的矛盾不能有效解决导致原有文化模式失范的文化现象。具体而言，是指原有文化遇到巨大的挑战，主体对其文化认同发生了动摇，已不再满足人们的需要，不能再有效地规范人们的行为。旧的文化将很难维持生存，势必会发生变革而产生新的文化精神和文化特质。这种无法及时而有效缓解或解决的文化矛盾可能是文化自身发展造成的文化危机，即内源式文化危机，也可能是外来文化冲击导致的，即外源式文化危机，如佛教文化和西方文化传入中国带来的文化危机等。文化危机主要是由文化自身的超越性、创造性与自在性间的矛盾引发的。文化是在特定历史背景和条件下逐步积淀而形成的，对人类和社会的发展起到了较强的约束和规范作用，试图在原来的文化模式内来解决人类和社会问题，但是，有些问题无能为力来解决，人们就陷于困境，因而文化就随之陷入困境。正像科学主义虽然在一定意义上促进了社会的进步，但是科学技术广泛运用到滥用的程度时就使人类的生存面临危机。人们对于技术的批判随

---

① 李庆霞：《社会转型中的文化冲突》，博士学位论文，黑龙江大学，2004 年，第 104 页。
② 同上。

之也越来越多，科学主义也随之陷入了困境和危机状态。文化危机预示着文化冲突即将来临，尤其在社会转型时期表现得尤为突出。鸦片战争之后中国文化陷入了困境与危机之中，"师夷长技以制夷"仍没有改变这种局面，因此，"德先生"、"赛先生"同我国封建主义思想激烈对抗拉开了中国现代文化冲突的序幕。① 一般说来，主导型文化模式处于变革期时，通常是知识分子尤其是人文学科的知识分子最为敏感，最先感觉和体会到文化危机。他们以自觉的理性反思来揭示和把握主导性文化危机或文化冲突，而不只是感性地体验并做出直觉的反应，我们把这种理性反思称作文化反省或文化批判。这种文化反省和文化批判决定着陷入危机的文化能否终结、文化冲突能否继续，代表着人类精神的觉醒，影响着文化冲突的深度，制约着文化冲突的方向，从原有文化中摈弃那些不符合社会发展规律的成分，为新文化的产生开辟道路。同时，对原有文化不同的反省和批判本身也构成了特定的文化冲突的重要组成部分。正如宾克莱在对现代文化危险性的认识和探讨克服这种危险的措施时所言，人类把原子弹和氢弹用于摧毁，他们便更加需要和平地生活在一起。② 当今整个人类世界面临的重大课题是：人类将面临在战争中遭到毁灭的危机，人们应清醒地认识这个潜在的威胁人类的问题。通过反思和分析人类现代文化所陷入的危机，宾克莱强烈呼吁人类应时刻警惕这种危险的随时到来，主动学会彼此友好而和谐的相处与生活，为我们解决文化冲突问题明确了方向。

　　文化处于反省阶段时，还需要进入文化批判阶段才能促进新文化的产生和发展。文化批判主要是指人类发挥主体性作用，采取自我否定的方式对自身存在方式进行的审视和反思。文化批判也是在文化焦虑和文化危机来临时所进行的文化治理，在理论方面进行澄清、在实践上进行重新构建，是发挥自觉精神的文化的自我拯救。③ 通过文化反省，人们深刻认识了文化危机的实质，人们对旧文化的批判又进一步削弱或者动摇了其主导性，从而为新文化特质的产生和发展提供必要条件，从而促成新旧文化之间的冲突。文化批判是文化冲突的重要环节，在文化冲突的进程中起着至关重要的作用。通过文化反思和批判，各种思潮的辩论与抗争达到一定程

---

　　① 李庆霞：《社会转型中的文化冲突》，博士学位论文，黑龙江大学，2004年，第123页。

　　② 宾克莱：《理想的冲突》，马元德等译，商务印书馆1983年版，第5—6页。

　　③ 李金齐：《文化理想、文化批判、文化创造与文化自觉》，《思想战线》2009年第1期，第87页。

度，人们就会慢慢认同新的文化特质或模式，从而发展成为新的占主导地位的文化。

　　文化创新也是文化冲突的重要环节，是其发生的基本前提条件，也是解决冲突的有效手段，从而促进文化和社会转型。文化创新包括思想、制度创新和技术创新等多种形式。文化危机刺激文化创新。离开了文化创新就不可能建立新的文化，当然也就不可能有新、旧文化之间的冲突。如果旧文化只是陷入危机，并且得到了批判，不过缺少了文化的变革与创新以及与旧文化的相互碰撞与对抗，就不会发生文化冲突，更不会出现文化和社会的转型。当旧文化遭遇挑战，人们就尝试以实践活动的形式来改造旧有的文化模式来创造新思想和新技术等新的文化特质，来动摇旧文化形态的主导地位。从人类社会的农业文明和工业文明之间的冲突就可以明显看出文化创新的重要作用。如果没有火车、汽船等新的生产工具和科技上的进步，没有社会制度上的创新和进步，没有新的经济形式的出现，农业文明会随着社会的发展慢慢退出历史舞台，但一般说来，不会出现与工业文明的对抗与冲突。没有新的发明和创新，还想实现文明的转化是令人很难想象的。亚当·斯密提出的经济规律和蒸汽机的问世改变了全世界的商品经济和工业面貌。这充分证明了文化创新的重要作用和意义。

　　当然，文化创新也需要适宜的环境和历史条件。一般而言，处于相对稳定的社会历史时期，统治阶级和整个社会一般会极力维护现有的制度、统治思想和风俗，相对比较排斥新的文化特质的出现，因此很少会有文化创新，即使出现新的文化形态也很少加以运用。然而，当这种主导文化发展到威胁到人的生存与发展、严重束缚社会进步时，为摆脱这种文化危机的困境，必然会引起文化创新。①

　　文化在创新的过程中会不断地遇到困难与阻力，因为这时原有的文化模式和文化势力会对新的文化产生恐惧，唯恐自身利益受到威胁和损失，便竭尽全力地干涉和阻碍新文化特质的产生和发展。但是他们也希望克服所面临的文化危机，最终会认识到文化创新是走出文化危机的重要突破口，冲破困境的唯一途径是及时有效地进行文化创新。另外，新文化的传播同样也是艰难不易的。新的文化出现后，它破坏了人们以往生活的常规

---

　　① 李庆霞：《社会转型中的文化冲突》，博士学位论文，黑龙江大学，2004 年，第 149—153 页。

模式，有时会在一定程度上引起人们的思想困惑和社会的动荡。但是，这并不会影响新文化特质的产生，它不会因此而停止发展或自行灭亡，反而会不断壮大自身实力，展开了与旧文化相较量的态势。

值得注意的是，文化创新依赖文化整合，两者是相辅相成的。要想解决文化冲突并不只是依赖各类文化间力量的此消彼长。海德格尔曾认为，人们需要和依赖科学技术，也深知其弊端，要解决这一两难问题，克服其负面作用，不是简单地弃之不用，而是应该将科学技术加以整合，应用于人类的生存和发展的大环境中。中西文化、本土文化与外来文化均存在着文化冲突，这就需要将不同文化加以整合，从全球文化的高度来汲取不同地域文化的精髓和精华，克服其局限，从而形成新的文化。

总的说来，文化冲突的基础是文化自身的内在矛盾，异质文化的碰撞促使文化危机的产生，文化反思和批判的深入促使新文化出现，文化冲突展开，通过文化创新和文化整合来解决文化冲突是最好的方式。

二 校园文化与商业文化

社会文化中一种非常重要的亚文化就是商业文化。商业文化是指在商业不断发展进程中的具有商业特征的各种文化要素的总和，主要分为商业物质文化和精神文化两大类，主要包括：商品文化、销售文化、商业伦理和环境文化等几个方面，其中商业伦理文化居于核心地位。商业文化所包含的几个方面都有其各自的特点，具有相对独立性，同时也是有机联系的。商品文化展示了一个民族的文明水平、思维方式和审美功能。商品文化观念和价值观念具有一种感召力，可以影响个人、家庭、集体、市场、社会以至国际贸易。研究商品文化有助商品经营活动。销售文化在商业文化体系中处于关键地位。其主要任务是合理组织货源，招徕顾客，推销商品，为社会提供优质服务。商业伦理文化主要是遵循道德规范和伦理观念来调节和引导商业活动，保持商业文明。商业环境文化，是塑造商业文化的重要条件。它潜在地制约、影响、促进商业活动的发生和发展。为了充分发挥商业文化在商业整体活动中，尤其是经营管理活动中的作用，必须科学地处理商业文化各个方面的有机联系。

作为商业和文化的综合有机体，商业文化是与商品经济和文化相伴而生并不断变革、演变和发展起来的。随着生产力和商品经济的发展、第三次社会大分工的推进，生产和商业逐渐相分离，出现了商人这一专门进行商品交换的阶级，此后，社会进入了商业文明的时代。①

　　商业文化的发展受到多种因素的影响与制约。商业文化既然是一种亚文化，那么，首先，社会生产力的发展水平以及由商品生产发展所决定的商品流通的广度与深度，是制约商业文化发展水平的决定因素。生产力水平低，商业发展水平也低，因而流通中对文化元素、文化层次要求亦低。社会生产力的高度发展，实现了生产的高度商品化、社会化、现代化，商品流通范围和规模空前扩大，商品竞争加剧，商业在国民经济中占据了重要的地位，从而对文化元素、文化层次、文化品位的要求也相应提高，必然要求建设与培育适合现代化发展的商业文化。其次，生产关系的性质制约商业文化的性质，在一定生产力水平基础上建立起来的生产关系对商业文化的发展起着决定性作用。有什么样性质的生产关系，就要求建立什么样的商业文化。伴随着生产关系的变革和发展，商业文化必然随之变革和发展。再次，社会文化发展水平，特别是传统文化对商业文化的发展起着巨大的制约作用。社会文化的思想观念、伦理道德、精神起着巨大的制约作用。社会文化的思想观念、伦理道德、精神风貌，乃至民风、民俗，都必然渗透和体现在商业文化之中，商业物质手段的发展状况也取决于社会文化物质手段的发展水平。最后，人的科学文化素质制约着商业文化的发展。在商业活动中生产者、消费者与广大商业职工之间有着密切的文化联系。全社会人的文化素质、道德修养、科学技术水平，是制约商业文化发展的关键因素。自然、地理环境和历史状况，也是制约商业文化发展方向和发展水平的因素。②

　　改革开放以来，随着商品经济迅猛发展，社会主义市场经济不断前进，形成了具有我国特色的商业文化。商业文化各个要素不断渗透到人们社会生活的各个领域，在推动和加速中国社会主义建设进程的同时也影响着其他社会文化的发展。曾经被誉为精神家园的"世外桃源"，知识分子引以为豪、并苦心守护的科学知识的"象牙塔"——高校，如今在市场的作用下，也开始浸染喧嚣和斑杂的商业气息。商业文化与高校校园文化

---

　　① 傅立民、贺名仑主编：《中国商业文化大辞典》（上、下册），中国发展出版社1994年版，第3—4页。
　　② 李瑞华、李正斌、曾庆均、孙在国：《中国商业文化》，知识出版社1995年版，第18页。

在当前市场经济浪潮中相互碰撞与冲突，主要表现在商业文化对校园文化的冲击。本书主要侧重阐述商业文化对校园文化的冲击，以及商业文化影响下的校园文化建设。

（一）商业文化对校园文化的影响

校园文化是一种高层次、复杂的群体文化。由于其独特的学术性、自立性被誉为"象牙塔"，保持着质朴、纯净的学术氛围，很少受到外界的干扰和影响。然而，在愈演愈烈的社会商业化大潮席卷下，校园文化活动的商业化倾向越来越明显，已经无法保持其自身的"清新、脱俗"。"商风"渗透高校是在改革开放初期。在蓬勃发展的商品经济大潮影响下，高校的教师和学生也被卷入其中。直到现在，上到学校，下到教师和学生，均把开公司、做兼职作为实力的象征，也满足了部分教师和学生实现个人价值的梦想。高校非常重视科学研究，科技成果在商业运作中体现出了其商业价值。知识商品化是商业文化在高校发展的较高层次，这有利于知识转化为现实的生产力。比如，"清华紫光"和"北大方正"。

商家参与高校校园文化活动，设置价值较高的奖品，悬挂商家的宣传条幅，或者要求冠名，客观上使得商业文化向高校渗透，这不仅为校园文化建设提供了经济支持，使活动经费充足，也在一定程度上较早地培养了大学生的经济意识和能力。同时，商家的介入绝不会是"免费的午餐"，他们也在高校获得可观的利润，并促进了商业企业文化与校园文化的对接与融合，以期达到获得经济效益和社会效益的良好效果，实现校方和商家的双赢。可以说，商业文化介入高校校园文化活动有其积极的影响作用，但是，我们也应该清醒地意识到，商家介入高校校园文化活动的最终目的是实现自身的经济利益。商业文化的过分引入必将造成校园文化取向的错位。商业文化对高校校园文化的影响使原有的校园文化发生了深刻的变化。

市场经济的竞争意识也席卷校园。商家看到了大学生市场的重要性，各种品牌为盈利在高校拉开了竞争的阵势。这种商品竞争意识也深入到教师和学生的思想。这既有积极的一面，有利于激发校园人积极进取、勇于拼搏的精神，冲破求安逸的保守状态。同时也具有消极的一面，为了在竞争中取胜，个别人会效仿商家的一些做法，排除异己、争名夺利，不利于组织和部门的协调发展。

在商品经济求利性原则的驱使下，商业活动主体会竭力提高效率、降低成本，争取最大的利润和效益。这种金钱至上和功利主义思想也不断地影响着校园人，部分师生在日常学习、生活和工作中也试图以最小的努力获得最大的收益。部分学生不谈理想、信念，只求物质回报和索取。知识、学术逐渐商品化必然滋生高校的学术腐败的霉菌。有的教师为了评职称、做课题，盲目追求其经济价值而违背学术道德，剽窃他人成果。有的学生为了获取学位而抄袭别人的论文。为了毕业后赚取更多的钱财，有些学生在选择专业和就业时也表现出过于功利，而无视社会的发展和需要。① 随着市场经济的发展，商业气息在高校日渐蔓延和渗透，越来越多的商家关注和垂涎于高校，于是，在几乎所有的高校校园都存在铺天盖地的商业广告、遍布着商业宣传，比如：各种各样产品宣传、各种规模企业的企业文化宣传、商家优惠酬宾宣传等。各类商家通过赞助各类的晚会、比赛等校园文化活动渗入校园。越来越多的大学生并不关心现在学问的多少，而是攀比现在兼职的工资多少、关心将来挣钱的多少。在行色匆匆的大学人群中更多的不是背着书包的学生，而是挎着轻便的背包和笔记本的准职业者，他们匆匆往返于车站，充分利用时间兼职赚钱，而不是奔往图书馆或课室。并美名其曰：为了将来适应社会积累经验。

2011 年 4 月，北京师范大学的一位教授在其微博上发表言论，对他的学生说"40 岁时没有 4000 万不要来见我，也别说是我学生"。② 此番话一出立刻在网络等媒体上引起了热议和争论。只用财富、财产来衡量和评价人的此番言论必然触及大众的神经，引来众怒。并不是大家仇恨财富，而是人们看不惯鄙视贫穷。众所周知，该校的校训是"学为人师，行为世范"，而这位教授此番言论使得"传道授业解惑"之师道沾满了铜臭味。5 月，云南大学一副教授口出狂言，对其 MBA 学员炫富并"善意"地提醒同行："大学教师全心投入教学是种毁灭。"③该言论发出以后，引发了网友们的不少争论。

到底什么原因使得商业文化如此迅速地冲击和渗透着高校校园呢？

第一，客观原因——具有较强冲击力的市场经济浪潮席卷高校。

① 刘刚：《论大学校园商业文化》，《教育评论》2008 年第 3 期，第 60 页。

② 北师大教授"警告"学生：40 岁没 4000 万别见我，http://news. qq. com/a/20110406/000146. htm，2011 - 04 - 06

③ 大学教师全心投入教学是种毁灭，http://www. qiuxue. com/article/news_ 9727. html，2011 - 05 - 22

作为社会整体文化的子系统之一的亚文化，高校校园文化具有与生俱来的时代敏锐性与开拓性，与社会文化处于一种互动状态，社会经济发展水平影响和制约着高校校园文化的发展。在市场经济体制建立和不断完善的进程中，商业意识中的功利主义和某些商业行为也不同程度地影响着和渗透到校园文化。商家为了获得最大的收益、甚至谋取暴利来逐渐壮大自己的产业将会竭尽全力去寻找任何有希望的商机。大学生是商品消费重要而庞大的群体，早已成为他们所关注和青睐的对象。具有较强冲击力的市场经济潮流使得高校被浓厚的商业文化氛围所包围。

第二，主观原因——部分高校校园人传统学习方式的转变。

随着整个社会商业意识的不断强化，加之当前高校大力倡导应用型、外向型、复合型人才培养目标，部分高校校园人不再满足于以学习、研究为主的传统学习方式。增强社会生存能力和社会交往能力成为校园人学习和工作的一种目标追求。更有甚者将学习与社会化二者之间的传统关系完全颠倒过来，完全注重培养现实社会生存能力，而忽视了传统的学习方式，认为深入社会是学习的最主要、甚至是唯一的途径。

总之，商家对于校园人的消费预期与校园人对于商业经济的日渐重视一拍即合，高校校园文化的商业化程度发展到今天也就实属必然。

（二）商业文化影响下的校园文化建设

第一，积极引导校园商业文化发展，使其统一于校园文化。

随着商业文化在高校校园慢慢渗透，我们应积极地有意识地加以引导。一旦片面压制商业文化在高校的发展，就会影响校园文化的丰富性，就会使校园文化失去活力。如果忽视或放纵、任其在高校校园恣意蔓延，而不加以及时、积极的引导，就会失去高校的精神本质所在。在校园文化建设中统筹考虑商业文化建设，将其纳入到校园文化的整体规划中，使其统一于校园文化。高校相应的主管部门应该对商家的运营定期、及时地核查。针对商家热衷并想申请赞助或冠名的校园建筑或娱乐文化活动，高校应严把审批关，建立相应的审批制度。坚持校园文化优先发展的前提下，适当引入商业文化使商业文化为我所用，促进校园文化的多元发展。培养校园人自觉抵制非理性文化倾向的意识，大力倡导和弘扬主旋律文化，引导校园文化健康发展。

第二，自觉形成浓郁的学术氛围，淡化商业文化气息。

　　高校原本是最具文化底蕴和学术氛围的社会组织机构之一。步入校园，首先感受到的应该是其浓郁的学术风气与深厚的人文底蕴。这也是评判一所高校优劣的最基本的标准。因此，学校应通过学术氛围的营造，潜移默化地影响校园人，真正地发挥校园文化熏陶人、感染人、塑造人的隐性作用。在丰富多彩的校园文化中，商业文化只是在市场经济这一特殊历史条件下的一种调配色。商家可以参与校园文化活动，但是不该忘记的是高校是人才培养、思想最为活跃、能够为社会提供精神动力的重要文化组织。校园人应找到商业行为与校园文化活动间的平衡点，改变校园文化各种活动的纯粹商业化倾向。校园人日常需要的超市和便利店也应该存在于高校本该具有的浓郁而厚重的文化氛围中。积极引导校园人不该做崇尚物质消费的奴隶，而应做知识的追求者，通过各种途径营造良好的教学育人和科研环境，形成尊重人才、崇尚知识的良好氛围。

　　第三，自觉处理好担承社会责任与保持独立性的关系。

　　在我国现阶段，高校承担着重要的政治稳定、经济发展和引领文化的社会责任，当前高等教育深受市场经济发展的影响，高校中投入的大量科研经费与社会各个行业领域的生产相结合所进行的科技创新为社会创造了巨大的财富。高等学校在寻求自身发展的同时也依赖并影响着经济社会的发展。要想既能承担社会责任又能够坚持追求真理、勇于创新，高等学校就应该保持清醒的文化独立意识，保有自己的理想，与世俗社会保持一定的距离，勇于超越主宰现代社会的崇尚"工具"性的功利主义价值观念，自觉发挥文化批判和创新的本质功能，既保持自身自治、学术自由的独立性，又坚持服务社会的社会责任。

三　校园文化与政治文化

　　"政治文化"一词是由美国行为主义政治学家阿尔蒙德在 20 世纪 50 年代中期提出来的。1956 年，在《比较政治系统》① 中阿尔蒙德第一次阐述了"政治文化"这一名词。他认为，每一种政治体系都是基于一定的意义。在理解意识形态、政治价值、民主精神时我们发现这些概念是比

① ［美］阿尔蒙德：《比较政治学》，曹沛霖等译，上海译文出版社 1987 年版。

较模糊和容易混淆的。① 他还创造了"导向"这个词语，认为，政治体系具有重要的作用，它对于政治行为具有导向作用，并将其称作"政治文化"。② 阿尔蒙德很好地区分了文化与政治文化的概念，政治文化则属于内隐的部分，深入到人类的心理深处。他认为这些外在的政治社会现象不是政治文化所关注的范畴。政治文化主要涉及的是人们在关注和从事政治活动时的内在心理体验和态度。这是一种隐性的、潜在于人的内心深处的政治心理素质，也体现了政治人的能力。

从学者们对其内涵的概括，可以看出，政治文化除了具有历史性、民族性和群体性等文化特征，也具有强烈的阶级性、国家性和国际性等政治特征。

政治与文化是相互联系的，政治的演进离不开文化，文化的演进也离不开政治。正如所谓"学而优则仕"表明中国古代的书生从读书之始便被灌输了政治意识。同样，中国很多传统文化也具有政治意蕴。作为社会文化的重要组成要素的政治文化也是整个政治系统能够正常运作的关键要素，对社会系统各构成要素的发展起到了至关重要的导向性作用。政治文化和校园文化均属于上层建筑范畴，政治文化在上层建筑中居于重要的核心位置，发挥着主导性的作用。加之，政治和教育具有紧密的联系、相互依存，因此，政治文化对校园文化具有制约作用。

第一，政治文化制约着校园文化的发展方向。政治文化通过行政干预，直接或间接地对高等教育机构予以制约；利用国家法律、法规强制执行；颁布一系列方针、政策并以行政手段强制实施。政府指定校园行为规范，对校园文化予以引导，带有强烈的政治倾向，体现着政治文化的影响作用。这对于建设和繁荣校园文化、确保其正常发展具有至关重要的作用。

第二，政治文化影响着校园文化的基本内容。校园文化隶属于社会精神文明，具有一定的政治特性。统治阶级对社会成员进行政治知识、意识形态的宣传和渗透，有利于维护整个政治系统的正常运作，也有利于实现政治稳定、巩固政权和维护其统治地位。高校是社会政治思想宣传重要的渠道，对大学生进行社会主义意识形态的灌输和政治态度的引导是校园文

① Almond G. A. Comparative Political System [J]. The Journal of Politics, 1956 (18)：119.
② Almond G. A. Comparative Political System [J]. The Journal of Politics, 1956 (18)：120.

化中非常重要的组成部分之一。培养热爱社会主义的高级人才符合社会发展和统治阶级利益的需要。事实上，国家传统和现代的政治理论、大政方针和法律法规的学习和贯彻，在高校校园文化内容中居于重要的地位。

从宏观角度来看，高校校园文化是受到各种自然、社会和历史等多方面的影响而形成的，是社会各种思想、知识和艺术等文化在高校范围内的浓缩。[①] 校园文化同时也是政治文化的反映和折射，是社会政治作用于校园人的中介。在与政治文化的互动过程中，校园文化也表现出它的超前性、批判性、忧患性、政治凝聚性和辐射性，影响着政治文化，具体说来：

校园人关注政治现实，也关心政治的未来，除了想了解"为什么"、"怎么样"，而且要探索"应该怎样"，这使得校园文化带有浓郁而超前的理想政治特色。这虽然具有积极性，但是其消极性也在所难免。其超前性与批判性是相辅相成的。大学生是最活跃、最富有创新意识和批判意识的，他们往往以审视的姿态，乐于也能够对政治现象和现实展开批判，以此来不断树立和巩固自己的政治价值倾向。因此，校园文化一定程度上说是政治文化在高校的投射和缩影，由校园文化主体带动的政治文化氛围主要体现了当时社会重要的政治焦点问题。另外，校园人忧国忧民，渴望祖国振兴富强，这是其他任何群体难以相比的。在国难当头以及社会发展出现曲折和失误时，大多数校园人将个人利益和国家、民族之利益紧密联系起来，在参与政治文化活动时，往往带有强烈的忧患意识和心理。但这种忧患意识如果不加以正确引导，再加上政治参与受挫，于是便产生了政治冷淡主义。在政治活动中人们所遵循的政治规章制度直接影响和约束着校园人的政治思想和行为，这使得校园文化的政治气氛非常浓郁，把校园师生凝聚在一起形成一种强有力的政治思想、价值观念，这必然成为校园人工作学习的强大精神动力。在以爱国主义为主导的政治文化影响下，高校校园文化感召着"五四"时期的青年学子为祖国奔走呼号，激发着当今校园人为申办和举办奥运献计献策、以实际行动来展示当代学子的爱国热情和脚踏实地的精神，从容并努力地为建设更强大的祖国而奋斗。校园文化的这种政治文化的辐射功能对政治文化的继承和政治文明建设都有十分

---

① 杨娜：《校园文化：高校思想政治教育创新的新手段》，《思想政治教育研究》2009 年第 1 期，第 36 页。

重要的作用。

（一）政治文化对校园文化的影响

纵观中国高等教育发展史，我们可以发现任何高校的发展，均离不开其产生与发展的社会政治生态环境，不同历史时期的高校校园文化，也都明显打着时代及政治文化的烙印。近代以来政治文化发挥着"无形的手"的力量，深刻地影响着高校校园文化发展。

我国现代意义的大学历经了百余年的历程，始于清朝末期，大体经历了肇始、演进和发展三个阶段。① 近代以来，由于受到政治文化的制约和影响，高校校园文化在不同的历史阶段表现出了差异性。

1. 肇始阶段

中国大学肇始阶段可以界定为清朝末年至辛亥革命以前这段时期。两次鸦片战争失败以后，为了维护地主阶级的统治，洋务派打着"自强"、"求富"的旗号，极力主张学习西方资本主义国家的军事等技术，主张"师夷之长技以制夷"。洋务派在创办洋务的过程中，深感旧人才的明显缺陷，迫切期望能有一种既能恪守封建之道义又能精通西文西艺的洋务人才。于是，洋务派创建了一批包括外语、军事和科技等新式学堂。他们将培养"自强"、"经世致用"的人才以改革旧的教育制度作为这批学堂的重要使命之一。他们认为儒学纲常虽优于西方，但西方在技术领域优于中国，因此主张学习西学、西艺，使中国走上独立富强的道路。这些新式学堂虽存在很多不足，也不具有大学的性质，但它冲破了封建传统教育的束缚，加速了新式教育取代传统科举制度的步伐，为现代大学的诞生奠定了基础。

中国第一所具有部分近代高等教育内容的学校，是维新变法的产物。19世纪末，随着中国社会资本主义经济的发展，以及西方科技与文化在中国的传播，在中国大地上出现了资产阶级改良派，随后逐渐开展了戊戌维新运动。在改良派看来，中国之所以衰弱是因为教育和学术的落后。因此他们提出变革考试制度，废除八股，改良科举制度，还设立了学堂，派留学生学习外国的先进知识。1896年6月，李瑞棻顺应历史潮流，在给

---

① 于滨：《民国时期大学使命论争的当代启示》，《东北师大学报》（哲学社会科学版）2013年第6期，第228页。

清廷的《请推广学校折》中,首次非常正式提议设立"京师大学"。1898年初,康有为在《应诏统筹全局折》中再次提出"京师国立大学,各省立高等中学,各府县立中小学及专门学"。在"百日维新"变法期间,光绪帝采纳改良派的建议,发布了数十道改革令。其中在教育方面,主要表现为光绪帝于1898年7月正式批准设立京师大学堂,是清朝的最高学府和教育行政组织。同年9月,以慈禧太后为首的顽固派发动政变,扼杀了维新运动,新政停止实行,只有京师大学堂"硕果仅存",终于在12月正式开学。作为当时最高的教育行政机构,京师大学堂在中国高等教育史上具有特殊的历史地位。它是首个以"大学"命名的国立最高学府,是北京大学前身。

　　在这之前,盛宣怀先后于1895年和1896年奏请筹办天津西学堂头等学堂(1903年改为北洋大学堂)和南洋公学上院(交通大学前身)。随后,官办大学有了进一步发展。1902年在山西兴办的山西大学堂是我国第一个省立大学,此后其他省份相继仿效。1909年,美国政府开始"退还"庚子赔款"余额",清政府用一部分赔款于1911年设立了留美预备学校"清华学堂",该校大学部1925年成立,1928年改名为国立清华大学。到1911年,国立大学主要有以山西大学堂、京师和北洋大学堂为代表的高等学府,私立大学有中国公学和复旦公学,省立高校有27所,还有很多的专门学堂。① 洋务教育的创办,对于冲破传统教育的禁锢起到了积极作用,但也导致了新旧文化、中西文化之间的冲突,从而引起了教育领域里新旧思潮的大论争。

　　一是"义礼"与"技艺"之学之争。这场争论发生在1867年,主要表现在洋务派和顽固派之间,前后达半年之久。洋务学堂兴办之初就充斥着对新型学堂使命的不同主张。起因是洋务派要在京师同文馆增设天文算学馆。洋务派认为虽然儒学纲常优于西方,但在技术上却赶不上西方的坚船利炮。曾国藩、李鸿章主张:"赴泰西各国书院,学习军政、船政、步算、制造诸学……使西人擅长之技,中国皆能谙熟,然后可以渐图自强。"② 李鸿章的看法在洋务派中具有代表性,他认为:"中国文武制度,

---

① 郝维谦、龙正中:《高等教育史》,海南出版社2000年版,第4—5页。
② 陈学询:《中国近代教育史教学参考资料》(上册),人民教育出版社1986年版,第112页。

事事远出西人之上，独火器万不能及。"在他看来，西方的技术有长处，指出："彼西人所擅长者，测算之学，格物之理，制器尚象之法，无不专精务实，渤有成书。"而顽固派则从维护封建统治出发，认为"立国之道，尚礼义不尚权谋；根本之图，在人心不在技艺"。① "求之一艺之末，而又奉夷人为师"，会"变而从夷"，他们拒绝学习和应用西学、西艺。争论的结果是洋务派占了上风。"义礼"之学和"技艺"之学之争，在中国近代史和教育发展史上是第一次带有转折性的辩争。

二是"艺"与"政"之学之争。主要表现为洋务派和维新派之间的论争。洋务学堂为造就实用型人才，试图打破儒学一统天下的局面，教学内容主要以西文、西艺为主，但培养的学生在综合素质方面存在先天不足。中国在甲午战争中的失败后，维新派严厉抨击洋务学堂"师夷之长技以制夷"的主张。维新派认为洋务派只注重西学、西艺，洋务学堂是"言艺之事多，言政与教之事少"，所论"又不过语言文字之浅，兵学之末，不务其大，不揣其本"②，这种只讲技术，而不问制度的做法，不能培养真正的人才。维新派认为高等教育不能只重视引进西学和西艺，更要加强学习西政，学习他们的教育制度，大力倡导废除科举制度、兴办学堂。两者的论争主要围绕着人才培养方面，前者注重培养精通西文和西艺的专门人才；而后者则重在培养通才。"以圣贤义理之学，植其根本，有须博采西学之切于时务者"。通才就是能够通达中外之学的人才。

在近代教育史上，封建顽固派、洋务派与资产阶级维新派在文化教育方面的争论，就其实质来说是意识形态领域的一次激烈论战，是封建主义思想与资产阶级思想的冲突和对抗在教育领域里的渗透与延伸，即：维护封建的旧文化、旧教育，还是发展资产阶级的新文化、新教育。这两场争论对当时中国的教育界、思想界起到了重大的思想解放作用。

肇始阶段的中国大学校园文化具有那个政治时代特有的一些特征：一是"中体西用"，虽然具有了新学的性质，但从学风、教育内容和管理方式上看，封建主义文化占着主导地位，仍保留着封建性。二是大学中占统治地位的仍是传统学术，新型学术发展缓慢，缺乏学术自由氛围。三是大

① 朱有瓛：《中国近代学制史料》（第一辑上册）华东师范大学出版社 1983 年版，第 215 页。

② 董宝良：《中国近现代高等教育史》，华中科技大学出版社 2007 年版，第 33 页。

学思想虽然有了一定萌芽，但学者群体和对大学使命的整体思考还未形成。

2. 演进阶段

辛亥革命到新中国成立以前的民国时期是中国大学演进阶段。民国时期是中华民族的多事之秋，先后经历了民国初期的南京临时政府时期、北洋军阀政府时期以及国民政府时期。

民国各个阶段的政府当局，尽管对外软弱无能、对内动荡混战，但为了巩固其统治，他们都重视教育，颁布实施各项法规政策，为高等教育的发展提供了法律依据、政策保障，且对高等教育发展做出了一定的努力。因此，在不同历史时期，由于不同政治集团追寻目标的不同，直接影响着大学校园文化的意蕴与倾向。①

（1）南京临时政府时期

1911 年 10 月 10 日，武昌起义掀起了辛亥革命的高潮，打开了清王朝统治的缺口。大江南北与长城内外，到处燃起革命的烈火。在全国各地相继起义的打击下，腐朽的清王朝迅速土崩瓦解。1912 年初，临时大总统的孙中山宣布成立"中华民国"。2 月 12 日，清帝被迫退位，统治中国两千多年的封建君主专制政体宣告终结。孙中山在《临时大总统就职宣言书》中，提出了临时政府的任务：尽扫专制之流毒，确立共和，以达革命宗旨，完成国民之志愿。② 辛亥革命给中国带来了新的气象与生机，使全国人民在精神上和思想上获得了极大的解放。

1912 年 1 月 3 日，中华民国临时政府成立，任命深孚众望的蔡元培为首任教育总长。1 月 9 日，正式成立南京临时政府教育部。蔡元培就任不久，就围绕新生共和国的教育宗旨，发表了《对于新教育之意见》，专门论述教育方针，为制定民初的教育方针确定了基调。正是在他的"五育并举"教育思想的指导下，于 1912 年 7 月，在全国临时教育会议上，决议通过了民国教育宗旨，首先注重对学生的德育，并通过美感教育来促进学生道德发展，还提出实利和军国民教育。③ 该宗旨于 9 月 2 日正式公布实施，取代了清末"忠君、尊孔、尚公、尚武、尚实"的封建主义教

---

① 于滨：《民国时期大学使命论争的当代启示》，《东北师大学报》（哲学社会科学版）2013 年第 6 期，第 228 页。

② 《中国近代史纲要》，高等教育出版社 2008 年版，第 58 页。

③ 舒新城：《中国近代教育史资料》，人民教育出版社 1981 年版，第 223 页。

育宗旨,体现了资产阶级关于人的德、智、体、美和谐发展的教育思想。这一教育宗旨,对大学校园文化尤其是大学理念的更新起了积极的促进作用。

在《亚洲的觉醒》中列宁就认为,中国虽很早被看作发展停滞的国家,但当前其政治生活沸腾、社会民主运动不断高涨。① 正是这种"政治生活沸腾"的新活力,正是这种社会运动和民主主义精神高涨的新气象,直接影响和冲击着大学理念的形成和发展,直接影响到民国时期的大学精神。从当时催生出的富有时代气息的新校训就可窥见一斑。例如,中华大学确立的"成德、达材、独立、进取"的校训。之后,燕京大学制定了"因自由得真理而服务"的校训。这些校训,明显带有共和政体意蕴的追求民主、独立、自由的价值取向。

(2)北洋军阀政府时期

中国历史上通称的"北洋军阀"时期就是从 1912 年 3 月袁世凯窃国,至 1927 年 4 月南京国民政府成立这 15 年。

由于中国资产阶级自身的软弱性以及脱离民众的致命弱点,导致革命成功后不久,政权便落入军阀手中。辛亥革命虽推翻了清王朝的封建君主专制政体,但未能救黎民于水火之中,民主革命的果实随即被封建军阀的代表袁世凯所窃取。正如毛泽东在《青年运动的方向》一文中所指出的那样,辛亥革命后,中华民族反帝反封建的革命任务尚未完成。②

辛亥革命后,公立和私立高等学校同时并存,教会大学也归属于私立大学的范围。高等教育结构大都由单科大学或学院向综合性、多科性大学发展,同时还单独设置专科学校。③ 北洋军阀统治时期,由于封建军阀的割据和混战,战争连年不断,政局非常不稳定,政权更替频繁。南北各派封建军阀各自在帝国主义支持下,大肆扩充军队,军费开支占去了北洋政府财政收入的五分之四。而教育经费则少得可怜,教育经费还不及军费的百分之一。这哪里还有什么教育发展之可言?在这期间,北洋军阀政府头目像是走马灯一样,不断地更换。据统计,自 1912 年到 1928 年的 16 年中,就更换了四十七届内阁,其中寿命最短的,只有六天。北洋政府教育

---

① 《列宁选集》(第 2 卷),人民出版社 1972 年版,第 447 页。
② 《毛泽东选集》(第 2 卷),人民出版社 1972 年版,第 528 页。
③ 郝维谦、龙正中:《高等教育史》,海南出版社 2000 年版,第 11 页。

部，也随之不断地更换，从 1912 年到 1926 年的 14 年中，北洋政府教育部就更换了 38 个教育总长、24 个教育部次长。在这些教育总长中，有的有名无实，有的滥竽充数，有的纯粹是傀儡，即使有正派的，也不可能发挥什么作用。北洋军阀统治时期，我国近代高等教育停滞不前。如公立大学，1913 年全国有北京大学、北洋大学、山西大学三所，到了 1920 年，仍然还是这三所。私立大学，1915 年有中国大学、朝阳大学，北京协和医学院、中国公学、复旦公学、大同学院、武昌中华大学七所，到了 1929 年，也还是这七所。① 这样势必会影响教育政策与法令的稳定性与持续性。同时大学校长也经常变动，而不同的校长在办学理念与管理思路上也有所差异，所以有些大学的校园文化氛围也随之发生了变化。

北洋军阀时期中央和地方政权处于内外交困之中，各派军阀争权夺地，忙于征战，无暇顾及对教育、文化的控制，这客观上减少了人为的干扰近代高等教育发展的政治因素，因而，较为宽松的政治环境给教育、文化留下了较大的自由发展空间，致使西方教育文化思想纷至沓来，出现了学派林立、思潮迭起的文化繁荣景象。但是，新文化的孕育、生长并非一帆风顺。辛亥革命虽然推翻了清王朝，但是封建势力在政治上、经济上对中国的统治并没有被摧垮，封建势力在思想文化领域里的影响仍然很深。因此，"五四"前夜，在封建势力政治上复辟活动卷土重来的同时，文化上也掀起了一股尊孔的复古逆流。封建与反封建、复辟与反复辟、强权与反强权的斗争，从而表现得空前激烈和尖锐。②

反对封建主义旧文化的新文化运动的倡导者们并没有借批判孔学而全盘否定中华民族的传统文化。在他们看来，孔学在特定的历史时期也具有它的历史作用和意义，并不是全部的国学。孔学在文化方面的绝对权威禁锢了人们的思想。批判孔学可以使人们冲破封建主义的束缚，学会思想解放、独立的思考问题。在前进的革命的新文化运动潮流的带领下，各种社会思潮也不断涌现，相互碰撞。③

五四运动时期，作为先进的知识分子，大学师生率先开始传播马克思主义。当时的北大师生是新文化运动、"五四"爱国运动的倡导者和实践

---

① 郑登云：《中国高等教育史》（上册），华东师范大学出版社 1994 年版，第 147 页。

② 于滨：《民国时期大学使命论争的当代启示》，《东北师大学报》（哲学社会科学版）2013 年第 6 期，第 228 页。

③ 《中国近现代是纲要》，高等教育出版社 2008 年版，第 88—89 页。

者。北京大学是马克思主义在中国的发源地，最早开始传播马克思主义。这与时任北京大学校长的蔡元培的大学文化理念不无关系，他的理念也促进了大学发展。李大钊进入北京大学后，于 1918 年写了《庶民的胜利》、《布尔什维主义的胜利》。他还于 1920 年组建了"北京大学马克思学说研究会"。随后，北京大学有些系还开设了相关课程。北大自由的学术氛围和民主思想为马克思主义的传播奠定了良好的基础。①

在那个历史时期，先进的知识分子们深刻地认识到，思想文化的斗争和政治斗争是紧密相关的，它是政治革命能够取得成功的不可或缺的重要一环。他们力图从思想文化的高度去寻求救亡图存的道路。受这种启蒙思潮的激励与影响，一些大学提出了以追求自由、民主、科学、真理的口号。如"五四"新文化运动前后，北京大学校长蔡元培提出的"思想自由，兼容并包"的教育改革思想。

（3）国民政府时期

1927 年，蒋介石发动了"四一二"事变，随后成立南京国民政府。美国哈佛大学费正清教授客观地评述了国民政府成立前后的政治形势，正如他所言，南京政府是在派别纷争和流血冲突中产生出来的。……一个全国性的政府是不存在的。政治权力落入了"军阀"手中，他们凭借武力来不断积累自身财富和实力。现在，促使中国传统社会安定的道德共识彻底崩溃，代之以混乱和纷争，甚至传统政治制度的经济基础也被侵蚀殆尽。②

1927 年至 1928 年国民政府成立初期，汪精卫控制两湖、张作霖占据东北、冯玉祥占据陕西和河南、阎锡山盘踞山西、桂系李宗仁占领两广，可以说是四分五裂、各自为政。经过几番周折后，实现了"宁汉合流"。1928 年 2 月，国民政府改组，蒋介石担任军事委员会主席和国民党中央政治会议主席，武汉政府不复存在。蒋介石为了笼络各地军阀，分别授予他们国民政府的不同头衔。1928 年 6 月，在国民政府北伐的威胁之下，退回东北的张作霖，在沈阳皇姑屯被日军炸死。于是，同年 12 月 29 日，张学良冲破日本侵略者的阻挠，宣布东北军"易帜"，主动归顺国民政

---

① 李长真、俞思念：《中国共产党与大学文化》，《理论导刊》2006 年第 10 期，第 52 页。

② ［美］费正清：《剑桥中华民国史》，章建刚等译，上海人民出版社 1992 年版，第 130 页。

府。"至此，南京政府便在名义上统一了中国。"①

南京国民政府实现了形式上的统一之后，便开始实行一党专政，并宣布进入了所谓的"训政"时期。一方面，对进步力量进行武力镇压；另一方面，推行"党化教育"，通令全国设立"党化教育委员会"。之后，又将党化教育改为"三民主义教育"，并颁行了三民主义教育宗旨。中华民国的教育主要根据三民主义，满足人民生活，扶植和发展民生，维护民族独立，促进民族的发展和推进世界走向大同。② 1929 年，国民政府颁布了《大学组织法》、《大学规程》，这对于大学的发展起到了规范作用，同时也使得大学的教育日趋政治工具化。1931 年，国民党中央执行委员会常务会议通过了针对学校教育目标和教育教学诸多细节方面作出详细规定的《三民主义教育实施原则》，使"三民主义"融入到学校教育之中。同时，还在各级学校实行训育制度，严格控制青年的思想和言行。在 1931 年颁布的《三民主义教育实施原则》中，曾提出以孙中山的葳言为校训："校训之制成，应根据或采用中山先生之遗训，并择录其嘉言鼓行，制作标语，以资激励。"③ 由于当时大学校训形同虚设，蒋介石开始非常重视统一大学校训的制定，以此来加强对教育的独裁专制。抗战初期的第三次全国教育会议上，蒋介石指出全国统一的校训为"四维八德"。所谓"四维"，是指"礼、义、廉、耻"；所谓"八德"，是指"忠、孝、仁、爱、信、义、和、平"。

一般说来，特定的政治环境决定了当时校训的主要内容。标准化、规范化、并充满政治色彩的校训严重扼杀了高等学校的特色和个性发展。令人庆幸的是，很多学校在教育的实际运作中，仍然力求彰显本校的办学特色。

总的说来，与北洋军阀时期相比较，国民政府时期的高等教育取得了较大发展，不断完善了教育管理，重新调整了教育宗旨、修订了教育法规，规模、数量和科类有了显著进展。但是，由于国民党实行"党化教育"，加强了对大学的思想控制，一定意义上对大学的学术性和民主性造成了负面影响。

---

① 王桧林:《中国现代史》（上册），北京师范大学出版社 1985 年版，第 227 页。
② 民国教育部:《第一次中国教育年鉴》，开明书店 1934 年版，第 8 页。
③ 同上书，第 19 页。

1937 年爆发了日本全面侵华的战争，他们在中国实行"三光政策"。深重的民族浩劫也严重挫伤了我国近代的高等教育。抗战前的国民党统治区中有 108 所高校，其中专科学校 80 所，独立学院 36 所，大学 42 所。自 1937 年 7 月 7 日至 1938 年 8 月的一年间，这 108 所高校中受敌人破坏者，共 91 所，其中全部受敌人破坏者计 10 所。我国专科以上学校，大都集中在都市及沿海省份，例如，上海就有 25 所，北平 14 所，河北省 8 所，广东省 7 所。在 108 所校中，有 25 所事实上不得不因战争而暂行停顿，继续维持者尚有 83 所。除上述 14 所已全部破坏外，其中 37 所已被迫迁至后方，15 所则虽屡遭敌机轰炸，而勉力支持"。截至 1938 年 8 月底，"我国高等教育机关之损失，就其可知者，已达 3360 余万元之巨数。此项教育机关，关系我国文化之发展，此项之损失，实为中华文化之浩劫。例如，各大学中，关于中国各方面所搜集之材料极其珍贵，以后很难再搜集到。像南开大学所珍藏的华北地区经济的资料和北京大学所搜集的我国地质方面的资料等等。[①]

抗日战争时期，国民党政府不仅没有放弃其封建法西斯的高等教育政策，反而利用高校内迁加以调整、合并和控制，更加强化其封建法西斯教育。1937 年 8 月，国民党政府颁布了以"战时须作平时看"的办学方针，要各级教育机关务持镇静，"一切仍以维持正常教育，为其主旨"的《总动员时督导教育工作办法纲领》。9 月，又颁发了《高中以上学校学生战时后方服务组织与训练大纲》，提出加紧实施特种教育，每周 4—6 小时。在抗日战争时期，实施"作平时看"、"维持正常教育"的方针，正是国民党政府顽固地继续推行其"一个政党、一个主义、一个领袖"的封建法西斯专制主义教育的表现，并竭力抵制教育界一部分人士主张变更教育制度"以配合抗战需要"的合理要求。为了强化对学校的法西斯管理，1938 年 1 月，国民党政府委派陈立夫担任教育部部长，置全国学校于严格控制之下。2 月，国民党政府教育部公布了《青年训练大纲》，要在大中学校施行"青年训练"，要求通过日常生活训练，培养学生信仰三民主义、服从领袖（蒋介石）的思想，进而树立新的人生观、民族观、国家观和世界观。3 月 28 日，教育部颁发了《中等以上学校导师制纲要》，提出要矫正现行教育偏于知识传授、忽略德育指导，规定中等以上学校每年

---

① 郑登云：《中国高等教育史》（上册），华东师范大学出版社 1994 年版，第 228—229 页。

级分为若干组，每组设导师一人，对学生的思想、行为、学业及身心，施
以严格训练，对不堪训导的学生，可请求校长准予退训。是年 4 月，国民
党临时全国代表大会制定了《战时各级教育实施方案纲要》，提出了"九
大方针"，以及"17 要点"：维持现行学制，可酌情予变通；学校之迁移
设置应有通盘计划；重视师资训练；彻底整理教材，整理教学科目；订定
训育标准；严格管理，中等以上学校采取军事管理等。同年 9 月 19 日，
教育部规定各个学校的校训统一为忠孝、仁爱、信义、和平，并依此来创
作校歌。教育部还向高校颁发了《青年守则》，要求每位学生背诵下来，
并由学校专门人员加以严格考核。陈立夫上任教育部部长后，忙于颁发和
施行这一系列的"大纲"、"纲要"、"通令"，对大、中学校的青年学生
进行法西斯管理与训练，采用了德国学校严格的法西斯训育制度，妄图把
青年学生训练成"信仰或服从领袖"，而且要"时时刻刻心领袖之心，行
领袖之行"，对大学生进行严格的思想统治。从 1938 年后，在全国各高等
学校成立了国民党、"三青团"组织。朱家骅在继任教育部部长时，发表
了《告全国教育学术界书》中，却说这是"加强学校与党务之联系"。从
此之后，高等学校就更加"特工化"了。① 国民党政府还针对大学必修的
科目进行了制订和公布。其主要目的是为了贯彻其法西斯主义教育方针，
对高等学校师生进行思想统制，而把三民主义、公民、军训等科目列入大
学各院系的当然必修科目，是为了把大学生培养成为三民主义的信徒，使
他们成为忠实于国民党政权的工具。国民党政府的教育主管部门并没有根
据当时抗日战争的需要增加新课程，或做其他相应课程的调整，这严重与
当时的抗战形势相脱节。②

　　在共产党领导下的抗日民族统一战线将社会各界人士团结起来，投身
救亡图存、保卫祖国的战斗之中。中国共产党人坚信，用马克思主义和共
产主义的理想信仰吸引青年，用抗日精神和爱国精神凝聚人民，结成中国
历史上从未有过的强大革命队伍和文化力量，定能改变中国命运的。在当
时艰难困苦的历史条件下，创办的大学成为了培育革命者的摇篮。当时的
中国高校物质条件、专业设置无法与现代意义上的大学相比拟，但是校园
精神文化所体现出来的爱国主义和理想信仰却是中国社会发展史上的任何

---

① 郑登云：《中国高等教育史》（上册），华东师范大学出版社 1994 年版，第 248 页。
② 同上书，第 253 页。

大学无可比拟的。

在这种抗日的政治氛围中，各高校的校训基本围绕着爱国、抗日、坚毅、团结等内容。比如，当时的西南联合大学的校训为"刚毅坚卓"。①在以此为主的校园文化氛围中，全国高校师生获得了极大的鼓舞，克服艰难困苦，坚持开展教学和科学研究，充分体现了爱国主义精神。

抗日战争时期，处于救亡图存的特殊政治环境中的高校，大多以抗日救国、爱国忠诚为主线，以团结协作、俭朴勤奋为纽带，形成了富有时代气息和政治倾向的校园文化。

解放战争时期，除了人民解放军的主战场外，国统区内的各高校学生为了配合第一条战线而自发形成了第二条战线，协同步调来共同反击敌人。在中国共产党的领导下，各地高校学生面对敌人的疯狂破坏和残酷镇压，与敌人斗智斗勇、英勇奋战，深入到敌人的军队、农村、工厂和学校中开展助农、助工和助学活动。他们以宣传单、标语为武器，向反动政府宣战，进行回击，战胜了种种困难，宣传发动广大民众，分化瓦解了敌人。这极大地激发了全国人民斗争的热情，在中国革命史上也留下了光荣而重要的一笔。

解放战争时期的各高校，其校园文化一般主要以爱国民主精神为主旋律，凝聚了广大师生的民主信念，激发了广大师生的爱国民主激情。

在旧中国，另有一种与国民党统治区不同的、由中国共产党在革命根据地和解放区举办的新型高等教育。1927 年大革命失败后，中国历史进入十年内战时期，这时中国大地上出现两个对立的政权，两种不同的教育。中国共产党人在土地革命、革命战争、抗日战争和解放战争时期先后建立根据地——苏区、边区和解放区，并在实践的基础上逐渐总结出了新民主主义的办学经验，制定了学校制度，形成了具有自身特色的教育教学理论。②

苏维埃革命根据地的大学主要有苏区根据地创办的进行干部教育的大学，主要有成立于 1933 年的马克思共产主义大学、苏维埃大学和红军大学。马克思共产主义大学是一所规模较大的党校，其任务是培养领导政治

---

① 张清常：《忆联大的音乐活动——兼忆西南联大校歌的创作》，http：//www. nankai. edu. cn, 2007 - 11 - 05

② 郝维谦、龙正中：《高等教育史》，海南出版社 2000 年版，第 26 页。

工作的干部；苏维埃大学是中央苏区的最高学府，后改名为国立沈泽民苏维埃大学，只办了一期，1934 年并入马克思共产主义大学，不久合编为"干部团"参加长征。其专业设置同苏区中央人民委员会下属各个职能机关对号挂钩，直接为政府职能部门输送具有较高的阶级斗争觉悟，又具有一定文化水平的各种专业干部；红军大学的教育主要侧重于党性、阶级和国际主义方面的教育。这些高校的校园文化以马克思主义思潮为主旋律，主要是培养具备马克思主义理论和修养的政治工作干部。

抗日战争时期，全国人民在中国共产党抗日救国的旗帜下，展开了反对日本帝国主义的斗争。到 1945 年春，中国共产党已经在全国从西北到华南、长城内外、大江南北共建立了十九个抗日民主根据地。随着抗日民主根据地的建立和发展，抗战教育蓬勃发展。抗日民主根据地的高等教育，为夺取抗日战争的胜利作出了重要贡献。在党的领导下一批新型的革命大学也在不断成长壮大。

中国人民抗日军事政治大学。校址设在延安，简称"抗大"，后来根据抗战形势的需要，又在全国各抗日根据地建立了 12 所"抗大"分校。"抗大"第一期于 1936 年 6 月开学。在八年抗战中，"抗大"总校共办了八期，加上各分校共为国家民族培养了 20 多万优秀的抗日军政干部。毛泽东给"抗大"的题词"坚定正确的政治方向，艰苦朴素的工作作风，灵活机动的战略战术"就是"抗大"的教育方针。毛泽东还为"抗大"制定了"团结、紧张、严肃、活泼"的校训。"抗大"的教育内容包括政治教育、军事教育、文化教育和生产劳动与体育活动。政治教育包括政治思想与政治理论教育，这是"抗大"教育内容的中心。政治理论课开设《联共党史》、《哲学》、《政治经济学》等等，还有毛泽东的著作如《实践论》、《矛盾论》等等。军事教育包括军事教育理论与军事生活。军事理论课开设有《游击战争》、《步兵战术与战略》等。文化教育是对文化水平低的工农干部开设的，设有《地理常识》、《自然常识》等。"抗大"的教学贯彻为无产阶级的政治斗争服务，与生产劳动相结合和理论联系实际的原则。"抗大"坚决地执行"知识分子工农化，工农群众知识化"的方针。"抗大"培养出来的学生是既懂得革命理论，又能解决革命实际问题的优秀干部。

中共中央党校。是解放区培养地委以上、团级以上党的实际工作及军队政治工作干部的一所具有很大影响的学校。毛泽东亲自担任校长。1942

年中央党校改组后，全校设六部。中央党校学员的学习内容主要是以马克思列宁主义和毛泽东的著作为主。中央党校的教育方法采取自学与讨论相结合，并辅之以大报告。

陕北公学。成立于1937年8月，这所地处延安的革命大学主要培养的是抗日干部，主要有普通班和高级研究班。1938年年底，总校迁到关中与分校合并，成仿吾主持工作。1939年7月，中共中央决定由陕北公学、延安鲁迅艺术学院、安吴堡战时青年训练班、延安工人学校等四校的部分师生在延安成立华北联合大学，由成仿吾任校长。1940年9月，留在延安的陕北公学进行改制，成立了师范部与社会科学部。李维汉兼任校长。从1937年8月至1941年8月，四年间陕北公学先后培养了13000多名抗日干部，为夺取抗日战争的胜利作出了重大贡献。1941年9月，陕北公学并入延安大学。

随着抗日根据地的不断扩大，革命力量的迅速发展，各方面对专业、技术干部的要求也与日俱增。1938年4月，鲁迅艺术文学院成立；1939年7月，中国女子大学成立；1940年1月，延安自然科学院成立；同年，原八路军卫生学校扩大为中国医科大学；1941年8月，陕北公学、中国女子大学、泽东青年干部学校合并组成延安大学。在抗日战争极端艰苦的条件下，中国共产党仍然十分重视人才的培养，重视干部的教育，为抗日战争输送了大批干部和各种专门人才，并且为解放战争也准备了干部和各种人才。同时，还为新中国成立后兴办社会主义的高等教育提供了新的办学经验。由于当时环境艰苦，师资、设备匮乏，所培养的专门人才，还难以适应以后新中国工业化建设的需要。[1]

解放区的华北大学、中国抗日军政大学、鲁迅艺术学院等的校训具有浓厚的革命色彩。如，华北大学的校训是"忠诚、团结、朴实、虚心"，陕北公学制定的"忠诚、团结、紧张、活泼"。中国抗日军政大学制定的"团结、紧张、严肃、活泼"，鲁迅艺术学院制定的"紧张、严肃、刻苦、虚心"。当时，为数不多的几所中共大学的校训较为雷同，这体现出了当时解放区大学校园文化具有比较浓厚的政治色彩和军事色彩，从侧面也反映出了当时的政治文化和革命氛围。

民国时期，中国共产党领导下的解放区高等学校坚持"理论与实践

---

① 郝维谦、龙正中：《高等教育史》，海南出版社2000年版，第28—30页。

并重"的原则，为革命培养各类人才。严格地说，这些只培训干部的学校并不是真正意义上的高校，但是它们的办学思想对于新中国的高等教育发展起到了非常重要的影响作用。

纵观民国时期的大学发展过程，贯穿着依靠办大学来救国图存、振兴民族的思想。换言之，救国图存是大学的使命，这是当时中国学人的共有思想。近代中国饱受海外列强的欺凌，并深刻认识到要救国靠妥协、"以夷制夷"都是行不通的，只有自强才能救国，而要自强只有靠教育。康有为、梁启超和严复都是教育救国思想的主要倡导者，该思想在五四运动以后更加蓬勃发展。蔡元培就曾提出过由教育来改变中国的贫穷与落后的观点。

总之，民国时期的不同阶段均十分重视教育宗旨或教育方针的制定。因为这是规范、控制与引导教育发展的重要手段。不同执政者所制定的教育宗旨或教育方针，体现了不同的阶级意志和利益。因此可以说，教育宗旨是掌控话语权的执政者在教育领域里的"利益表"。① 民国时期政权更迭频繁，政治文化和政治氛围变更较快、较复杂，这使得政治文化对高校校园文化的影响空前活跃。再加上这一时期也是中国现代文化流派形成的重要时期，各种文化流派活跃于当时文化界。很多文化学人从文化层面审视一些包括高等教育等方面的问题。在当时的大学中充满了文化冲突。②

一是复古与反复古之论争。③

辛亥革命虽然推翻了清王朝，但封建势力却仍在政治、经济和思想文化上深深影响着中国社会。辛亥革命失败以后，帝国主义与封建势力相互勾结从而维护他们共同的利益。为了复辟帝制，袁世凯公开提倡封建纲常，"祭天祀孔"。封建余孽们在当时的思想领域内掀起了尊孔复古的逆流，倡导恢复帝制。由袁世凯组建的北京临时政府将读经尊孔部分再次编入教学内容。对此，进步知识分子也毫不退让，随即掀起反复古思潮。他们主张"使吾国党派运动进而为国民运动"，扫除人们头脑中的封建愚昧思想，唤起大多数人民的民主主义觉悟，创建名副其实的民主共和国。1915 年 9 月，陈独秀在上海创办《青年杂志》（后更名为《新青年》）。

---

① 但昭彬：《话语与权力——中国近现代教育宗旨的话语分析》，山东教育出版社 2008 年版，第 345 页。

② 于滨：《民国时期大学使命论争的当代启示》，《东北师大学报》（哲学社会科学版）2013 年第 6 期，第 229 页。

③ 同上书，第 228 页。

这标志着新文化运动的兴起，这是一场反封建的思想启蒙运动。这样，在文化领域呈现出复古与反复古的文化冲突。①

这次复古与反复古的文化冲突使得大学校园掀起了有关大学使命的论争。②梁启超于1914年冬在清华大学作了《君子》的演讲。此后，清华大学便将"自强不息，厚德载物"确定为清华人的校训。清华大学是一所深受西方文化影响的高等院校，它之所以能够提出如此具有浓郁传统气息的校训，很重要的原因是当时正值复古逆流抬头之时的政治文化，因而是别具深意的。1915年，赵天麟作为北洋大学校长，提出的办学理念是"实事求是"，倡导师生实事求是，崇尚科学，追求真理，以教导和约束全校的师生员工。③

二是"中西文化融合"与"全盘西化"之论争。④

"中西文化融合"与"全盘西化"两种观点的辩论关系到校园文化是否坚守民族性的问题。"全盘西化"派的主要代表是文化激进主义者，他们认为落后的文化是导致中国在近代比较落后、实力削弱的主要原因，因而坚持对西方文化采取全盘肯定和照单移植，用西方文化彻底否定中国传统文化的态度。⑤通过中西文化的比较，胡适认为，现代性是西方文化区别于中国传统文化的重要标志。⑥他于1926年在他的《我们对于西洋近代文明的态度》中跳出关于东方与西方文化论争的传统思维，提出了两者是"传统"与"现代"的区别。胡适是主张"充分世界化"的代表。⑦他认为，世界上各个民族的生活方式大同小异，各个民族都向"生活本来的路上走"，只不过因环境有难易、问题有缓急，所以走的路有快慢之差别和先后之不同。同样，东西文化是在同一条路上走的，只不过欧洲文化近三百年发展得快，中国文化发展得慢。因此，中西文化的差异，只不过是"古今之异"。将来的中国，也同今日的欧洲一样，要走上科学化和

---

① 于滨：《民国时期大学使命论争的当代启示》，《东北师大学报》（哲学社会科学版）2013年第6期，第229页。
② 同上书，第228页。
③ 同上。
④ 同上。
⑤ 同上。
⑥ 同上。
⑦ 同上。

民主化的道路，中国只有奋起直追西方，才有"生存自立的机会"①。胡适的东西文化论，显然有着合理之处。后来，胡适运用实用主义的观点，将真理以及文化理解成一种工具。他认为，中国文化只适应于中国古代的环境，到了近代，已时过境迁，传统文化便失去了自己的环境，便成为"废语"②。此外，蒋梦麟、罗家伦、张东荪、毛子水等新文化运动的倡导者和参与者，也发表过类似的意见。在他们看来，中国固有文明是"偏枯的"，称不上"完全的精神文明"；而西方现代文明，却是"世界的"、"科学的"、"民主的"、"发达的"。所以，他们齐声高呼"非走西方文明的路不可"的口号。这些人的观点，明显有着"全盘西化"的倾向，主张西方文化优越论，倡导以西方文化来取代中国文化。特别是陈序经，他将全盘化论推向高潮。他公开宣称，"全盘西化"是一种必然趋势。③ 因为欧洲近代文化无论哪个方面，都比中国文化进步得多，西方文化代表着世界文化的发展走向，因此，中国应全盘西化。④ 大多数文化思想家都极力反对这种"全盘西化"，主要是因为它在文化建设上具有非常大的危害性，如果任由全盘西化论在中国文化蔓延，中国民族将失去文化根基和民族精神。⑤

经过"五四"新文化运动之后，从新文化运动到 20 世纪 20 年代初，倡导学习西方文化的文化激进主义渐居潮头，占据居上风。正如龚书铎先生所言：新文化运动的倡导者积极吸收了西方文化中合理成分——"民主"与"科学"，抨击了腐朽的封建文化。他们所要解决的问题，不仅是文化，而且要救国，要"再造中华"……在对待中西文化问题上，新文化运动倡导者中，有的人有片面性和绝对化偏向。⑥ 在这种文化思潮的影响下，在此期间的大学校园文化也充分体现出了科学、民主、自由等西方价值观念。特别是欧美留学归国的教育家更是大力宣传与引进西方大学理念，在制定校训时也大量参照欧美大学校训和办学精神。如从德国留学归

---

① 曾乐山：《中西文化与哲学争论史》，华东师范大学出版社 1987 年版，第 129 页。
② 龚书铎：《中国近代文化探索》（增订本），北京师范大学出版社 1997 年版，第 38 页。
③ 于滨：《民国时期大学使命论争的当代启示》，《东北师大学报》（哲学社会科学版）2013 年第 6 期，第 229 页。
④ 曾乐山：《中西文化与哲学争论史》，华东师范大学出版社 1987 年版，第 134—135 页。
⑤ 于滨：《民国时期大学使命论争的当代启示》，《东北师大学报》（哲学社会科学版）2013 年第 6 期，第 229 页。
⑥ 龚书铎：《中国近代文化探索》（增订本），北京师范大学出版社 1997 年版，第 38 页。

来的蔡元培，在担任北京大学校长后，于 1917 年对北京大学进行改革。其改革的指导思想是："仿世界大学通例，循思想自由原则，取兼容并包主义。"① 另如 1919 年燕京大学制定了"自由、博爱、民主"的办学宗旨，也充分体现了弘扬以自由、民主为主题的西方文化价值观。② 1926 年湖南大学提出的体现追求真理、崇尚科学、争创一流的进取精神的校训——"实事求是，敢为人先"。还有马相伯为震旦学院制定了"崇尚科学，注重文艺，不谈教理"的办学宗旨，也体现了在西方文化的影响下，教育青年学生追求真理，崇尚科学。此外，李登辉借鉴了耶鲁的办学理念和蔡元培的办学思想，在复旦大学提出了"学术独立，思想自由"的办学理念。③

　　但随着认识的深入，中国文化界对西方文化具有了一种理性态度，逐渐看到西方文化的弊端，转而倡导将中西文化之长相融合，在文化整合的过程中建构新的中国文化。比如吴景超，他既反对一味复古，又反对全盘西化。他认为，中西文化犹如火车头与轨道的关系，是分不开的。他还认为，中国固有文化与西方文化各有利弊，各有所长。④ 因此，"不但要保存中国的优美文化，也要采纳西洋的优美文化，有时还要创造出一种新的文化，来适应新的环境，或满足新的要求"。⑤ 从中西方文化对立到文化整合，这种趋向也明显地反映到大学校园文化的选择上。⑥ 近代中国大学的执掌者大多与西学密切联系或有海外留学经历，同时也具有深厚的中国文化素养，这为近代大学注入了中西方文化。最初创办的大学，有比较明显的照搬国外大学教育制度的痕迹，先是采用西欧和日本做法，后又效法美国，但最终融合了中国文化，形成了中国大学精神和制定了中国大学制

① 张惠芬、金忠明：《中国教育简史》，华东师范大学出版社 2001 年版，第 460 页。
② 于滨：《民国时期大学使命论争的当代启示》，《东北师大学报》（哲学社会科学版）2013 年第 6 期，第 229 页。
③ 同上。
④ 同上。
⑤ 曾乐山：《中西文化和哲学争论史》，华东师范大学出版社 1987 年版，第 147 页；转引自于滨《民国时期大学使命论争的当代启示》，《东北师大学报》（哲学社会科学版）2013 年第 6 期，第 229 页。
⑥ 于滨：《民国时期大学使命论争的当代启示》，《东北师大学报》（哲学社会科学版）2013 年第 6 期，第 229 页。

度，自觉走向西方文化资源本土化和民族化的道路。①

三是社会本位与个人本位之论争。②

从高等教育发展之初就存在个人本位与社会本位的冲突。③ 早在 1918 年，张伯苓对各国大学教育制度的价值取向进行深入考查之后认为当时存在的两种高等教育制度，一种是英国、法国和美国的高等教育制度；另一种是日本和德国的高等教育制度。前者专为计划个人之发达，后者性近专制，为造就领袖及训练服从者之用。④ "志"是做人的最高体现，是"士"的重要标准。1924 年 10 月张伯苓在阐述南开大学训练的方针时说：其一曰，志大而正，便是把"志"放在首位。南开大学校训中的"公"和"能"，具有典型意义。"公"便是无私无我，"唯'公'故能化私、化散、团结合作，有为公牺牲之精神"。"公"就是"国民之自觉心"、"公德心"、"爱国心"。"能"是会干实干。"公"与"能"，既是侧重对学生大公无私道德观念的培养，又是训练学生"文武双全"、"智勇兼备"、为国效劳的能力。⑤ 在民国时期知名高校校训中以"志"为先、以"德"为先的思想得到了普遍的体现与反映。⑥ 例如，中山大学校训"博学、审问、慎思、明辨、笃行"，体现了孙中山先生对大学培养和造就振兴中华人才给予了厚望。民国时期的中国，国难当头的局势也强化了大学的社会责任，因此持社会本位的大学学人也不在少数。比如清华大学、中央大学校长罗家伦就特别强调大学为国家和社会服务的职能。⑦ 他认为大学要尽两种最基本的义务，一种是为人类知识总量做出贡献；另一种是为满足民族需要，为民族的生存和发展服务，因此民族文化之寄托，当然以

---

① 于滨：《民国时期大学使命论争的当代启示》，《东北师大学报》（哲学社会科学版）2013 年第 6 期，第 229 页。

② 同上。

③ 同上。

④ 南开大学校长办公室：《张伯苓纪念文集》，南开大学出版社 1986 年版，第 211 页；转引自于滨《民国时期大学使命论争的当代启示》，《东北师大学报》（哲学社会科学版）2013 年第 6 期，第 229 页。

⑤ 于滨：《民国时期大学使命论争的当代启示》，《东北师大学报》（哲学社会科学版）2013 年第 6 期，第 229 页。

⑥ 同上。

⑦ 同上。

国立大学为最重要。① 蔡元培主张教育救国，但明确反对把人当作一种特别的器具来造就，他认为，教育的主要目的是帮助受教育者，培养他们发展自身能力和不断完善其人格。② 蒋梦麟也反对教育为国家培养主人翁的流行说法，认为不能仅仅从民族和国家的经济独立和文化的繁荣着眼，而主张教育要"养成健全的个人，创造进化的社会"③。

四是学术独立与国家主义之论争。④

20 世纪上半叶，中国大学的大学精神和价值取向主要表现为学术自由与独立。⑤ 以倡导和树立学术自由、兼容并包风气而闻名于世的蔡元培就对北京大学进行教育改造，认为教育不应受政党或宗教的影响。学术自由、思想独立的原则，也是当时多数大学的共识。⑥

但是，当时学界也曾出现不同的观点，典型的是 1924 年前后形成的国家主义教育思潮，认为教育是一种国家主权、国家事业、国家工具和国家制度，而不应是私人和学校自身的事情，主张通过教育"培养自尊精神以确立国格；发展国华以阐扬国光；陶铸国魂以确立国基；拥护国权以维国脉"⑦。国民政府通过推行"三民主义教育"和"党化教育"等措施来不断对大学教育施加影响和干预，国家主义教育倾向日益明显。⑧

面对胡适、陈序经等人极力宣扬的全盘西化论和吴景超等人的折中论，国民政府部分高官和有些国学教授提出了"中国本位文化"论。进

---

① 杨东平：《浅议中国近现代大学的教育目标》，《高等教育研究》2000 年第 6 期，第 102 页。

② 于滨：《民国时期大学使命论争的当代启示》，《东北师大学报》（哲学社会科学版）2013 年第 6 期，第 229 页。

③ 周川、黄旭：《百年之功》，福建教育出版社 1994 年版，第 172 页；转引自于滨《民国时期大学使命论争的当代启示》，《东北师大学报》（哲学社会科学版）2013 年第 6 期，第 229 页。

④ 于滨：《民国时期大学使命论争的当代启示》，《东北师大学报》（哲学社会科学版）2013 年第 6 期，第 229 页。

⑤ 同上。

⑥ 同上。

⑦ 顾明远：《教育大辞典》（上），上海教育出版社 1998 年版，第 520 页；转引自于滨《民国时期大学使命论争的当代启示》，《东北师大学报》（哲学社会科学版）2013 年第 6 期，第 229 页。

⑧ 于滨：《民国时期大学使命论争的当代启示》，《东北师大学报》（哲学社会科学版）2013 年第 6 期，第 229 页。

而开展中国本位文化建设运动。① 1935 年 1 月，陶希圣、王新命、何炳松、萨孟武、樊仲云等 10 位教授，联合发表了《中国本位的文化建设宣言》（又称"十教授宣言"，发表于 1935 年 1 月的《文化建设》月刊的第 1 卷第 4 期），正式提出了"中国本位文化"论。《中国本位的文化建设宣言》认为，当时的中国在政治、社会和思想领域方面已经丧失了自身本该具有的特征。而"要使中国能在文化的领域中抬头，……必须从事于中国本位的文化建设"。蔡元培有针对性地发表评论说："中国本位的文化建设宣言，在原则上，在抽象的理论上，可云颠扑不破。"但他认为，关键并不在于抽象的理论原则，而在于怎样"择善"，"怎样是善，怎样是中国人认为善，而非中国人或认为不善的"。② 蔡元培的观点，代表了当时学术界多数人对"文化本位"论的看法。③

实质上，"中国文化本位建设"的讨论，是国民党通过恢复中国固有的封建传统文化，加强对思想文化专制统治的一种政治手段。随着国家主义教育思潮的日益明显，有些中国大学精神风向进而也发生了转变。但这种思潮对大学学术自由的理念并未构成实质的影响。当时很多大学对"党化教育"和"文化本位"思潮给予了抵制，坚守学术独立的精神。1934 年颁布的《大学组织法》，取消了教授治校制度，不过清华大学、抗战时的西南联合大学还延续了评议会制度和教授会制度。④

3. 发展阶段

中国大学进入发展阶段是从新中国成立后至今。"文化大革命"对高等教育是一场浩劫，高等教育停顿倒退。因此，十年动乱的非常时期除外，大致可以分为从新中国成立之后到"文化大革命"之前的十七年和 1978 年改革开放以后的三十年多年这两个历史阶段。

新中国成立后，无产阶级专政的国体决定了教育要在全国范围内为人民服务。这是中国教育史上一个重大的转折时期。1949 年 12 月召开的第一次全国教育工作会议上，讨论了如何对旧教育进行有计划、有步骤的改

---

① 于滨：《民国时期大学使命论争的当代启示》，《东北师大学报》（哲学社会科学版）2013 年第 6 期，第 229 页。

② 房列曙、木华主：《中国文化史纲》，科学出版社 2001 年版，第 309 页。

③ 于滨：《民国时期大学使命论争的当代启示》，《东北师大学报》（哲学社会科学版）2013 年第 6 期，第 229 页。

④ 同上。

革问题。提出："我们采取的是坚决改造、逐步实现的方针。"新民主主义时期的教育方针原则上我们不能全部坚持，对旧教育不能无条件的妥协或者是否定，而应对其优秀的部分进行批判吸收。新解放区的教育工作者积极投身我国的教育事业，我们应遵循团结的原则，而不能排斥他们。同时我们也不能单凭主观愿望，不讲求实际盲目地急于求成。会上确定了教育改革的方针。坚持老解放区新教育和借鉴苏联教育经验的前提下，学习旧教育方面的积极成分，努力建设我国的新民主主义教育事业。为工农服务是教育的非常重要的任务之一。创办中国人民大学，作为完全新式的高等教育的起点，普遍创办工农速成中学，把工农干部培养成知识分子。1950 年首届全国高等教育会议的召开对我国高等教育此后的发展方向起到了决定性的作用。会上明确了教育的发展方向是理论与实际相结合，避免脱离实际的形式主义和教条主义，培养掌握现代科技和较高文化水平、甘愿为人民服务、为国家建设做贡献的优秀人才。同时，为了培养新型知识分子，高校准备招收工农出身的干部和青年。[①] 新中国成立后，高等教育主要发挥了其社会价值和功用，带有明显的功利主义倾向。主要表现在高校为国家的政治和经济服务，而很少考虑高校的个性发展和大学精神与价值问题。重视国家的经济社会需求，而忽视人格发展的现象仍较为普遍。到目前为止，如何妥善地处理好个体发展与社会发展需求之间的关系仍然是高等教育领域需要不断努力探索和谨慎思考的重大问题。

　　新中国成立初期，百废待兴，大量缺乏工科专门人才，当时高校改革的重点是建设专业性较强的高校。到"文化大革命"前的十多年时间里，我国的高等教育逐渐转变为专门教育思想，在专与通的平衡中更加注重专门人才的培养。为满足当时各行业建设和发展需要，国家要大量培养专门人才为其服务。1951 年开始实施的院系调整，主要围绕发展专门学院、调整和改革综合型大学内部结构。这虽然提高了教育的针对性和培养效率，但是很多高水平的著名大学被硬性拆分，影响了当时高等学校的整体水平。由于过度要求人才的专业化培养和发展，很多高校的培养计划和教学计划规定较为刻板，院系和专业太过细化。人文素养和科研能力培养方面较为薄弱，忽略了学生个性培养和全面发展。20 世纪 60 年代初期围绕这个问题展开过相应的改革，但是总体上没有太大的改观。直到改革开放时期，

---

　　① 张慧明：《中外高等教育史研究》，湖南大学出版社 1998 年版，第 126—128 页。

我国高校才逐步加强文理基础教育，开始走复合型人才培养的发展方向。

新中国成立后采取了"一边倒"的外交政策，倒向以苏联为首的社会主义阵营一边。这直接影响到教育领域，全面否定了原有高等教育的办学经验，掀起了一股全面照搬苏联高等学校教学模式、教学组织形式、教材等等的热潮。模仿苏联的教育模式，对大学进行了大规模的院系调整和教育改革。大学采用苏联教学计划和教学大纲，组织教师翻译苏联教材，成立教学研究组，并学习苏联的教学方法。高校因深受高度集权思想的影响，其行政管理日趋明显，有时甚至取代了学术管理，缺乏学术自由和民主氛围。自新中国成立至今，高校依然肩负着马克思主义中国化理论成果在中国的宣传与推广的重任，承担着推动和促进社会主义先进文化发展的重要职责。无论在哪所高校，全国大学生都要学习马列主义、毛泽东思想和中国特色社会主义理论。统一的高校思想政治理论课教育，对于传播党和国家的主流政治文化发挥了重要的作用。改革开放后不久，教育部部长何东昌就说过："现在一些学校对'五权下放、人才松绑'的呼声很高，当前可以首先在一部分学校进行这方面的改革试点。"（注："五权"指的是办学权、人事权、财权、基建审批权和学校参加国际学术活动权）。1985 年 5 月，中共中央在《关于教育体制改革的决定》对上述问题作出了原则规定。1986 年 3 月 12 日国务院又发布《高等教育管理职责暂行规定》，扩大了高等学校管理权限。① 随后，许多法律法规和相关政策对高校的职能和作用等问题有所涉及，大学教育本质、大学使命、大学理想和大学自主权等有关高等教育理论方面的研究也逐渐深入开展。

尽管改革开放后高校逐渐提倡学术自由精神，行政文化氛围较之以前有过淡化，但高校受到外界制约和束缚的因素仍然较多，仍缺乏符合自身特色的深层次校园文化。

（二）用先进文化引导校园文化建设

中国共产党在长期革命、建设、改革的奋斗进程中，始终坚持先进文化的发展方向，都非常重视文化领域的建设。

新中国成立以来，我们党中央的多代领导集体带领全国人民不断探索文化建设的规律，努力弘扬反映民族和时代要求的新文化。毛泽东曾明确

---

① 张慧明：《中外高等教育史研究》，湖南大学出版社 1998 年版，第 152 页。

指出文化对政治和经济具有十分重要的作用。在民族革命和社会主义建设初期，不断提出一系列有关文化或文化建设的著名论断，并明确指出了文化建设的指导方针，努力将中国由愚昧落后转变成为先进文明的国家。在改革开放初期，我们党便提出了社会主义物质文明和精神文明"两手抓"的方针。自十三届四中全会以来，我们党对文化建设的认识不断深入。当今中国，中国特色社会主义文化被称作先进文化，是指在马克思主义的指导下，培育"四有"新人，发展具有"三个面向"的民族的、科学的和大众的社会主义文化。① 先进文化是代表未来发展方向的文化，科学的健康的向上的文化，是推动人类继往开来、与时俱进的强大精神力量。它既是人类文明进步的结晶，又是人类文明进步的旗帜。随着我国逐步向全面建设小康社会进程的推进，党中央又提出了社会主义核心价值体系，它是中国特色社会主义文化的重要组成部分。中国特色社会主义文化根源于中华文化五千年文明和我国社会主义建设的伟大实践，凝聚了全国人民的智慧和力量，是我国综合国力的重要标志，具有重要的时代特征。② 这是我们党适应新形势和时代发展的要求，提出的新的要求。它表明了我们党在新的历史时期对社会主义文化力量的高度重视和科学认识。

高校是先进文化形成、发展、传播的重要载体，高校校园文化蕴含着社会主义先进文化的重要成分。在当今全球文化不断激荡和中国社会转型的背景下，社会主义先进文化对高校校园文化的引导作用极其重要。借着我们党的十七届六中全会的契机，在继承和发扬党在高校校园文化建设的传统优势的基础上，运用先进文化的力量进一步创新思维、整合各种文化资源，使校园文化发挥更加重要的作用。

因此，必须用先进文化来引导高校校园文化建设。

1. 强调主旋律意识，充分发挥社会主义主流舆论在高校校园的引导力和掌控力

现在的大学生大多是"90后"，他们中有些学生对马列主义、毛泽东思想等方面的学习不是很感兴趣，对中国历史以及社会主义初级阶段长期性和改革的复杂性没有深刻的理解。当现实没有达到他们理想的标准时，

---

① 《江泽民文选》（第 2 卷），人民出版社 2006 年版，第 17—18 页。

② 都培炎：《"思接千载"和"与时俱进"——中共对中国传统文化认识的历史考察》，华东师范大学出版社 2007 年版，第 327 页。

他们往往只关注差距本身，更加强调个人的利益和命运，盲目低估国家和个人发展的未来和前途。这样势必会陷入迷茫之中，失去了追求理想的动力和前进的方向。当今社会，各种思想文化不可避免地发生影响和撞击。高校思想文化领域深受各种文化思潮，尤其是非马克思主义思潮的影响。这就要求高校要充分发挥先进文化宣传的主渠道作用，将大学生的思想政治教育工作落到实处，引导学生认真学习马克思列宁主义和马克思主义中国化的重要思想，积极开展能够增强学生对党中央和中国共产党的信任、建设有中国特色社会主义伟大事业的信念、对改革开放和社会主义现代化建设信心的教育。可以组织有关社会主义先进文化建设主题的舆论宣传，如：科学发展观和构建社会主义和谐社会的理论、社会主义价值精神的思想观念、和谐社会建设的新气象等，并将现实中影响较大的事件和人物穿插进理论讲解部分，做好解惑释疑工作，使学生对中国共产党领导、我国的改革开放事业和全面建设小康社会目标有坚定的信念和信心，从而形成正面舆论优势。及时并认真把握好重大突发事件的新闻报道，在校园中加强对社会热点问题的舆论引导，坚持正确、积极的舆论导向。充分发挥校园网络、书籍、广播等媒介的宣传作用，在大学生中唱响"倡导和谐理念、培育和谐精神、发展和谐文化"的主旋律，为建设社会主义先进文化提供强有力的主流舆论。积极发现广大师生中的不良情绪，并进行及时、有效的疏导和化解，增强校园文化的凝聚力，维护校园的稳定。对学生进行必要的媒介素养和中华民族传统教育，帮助他们增强分析信息、辨别真伪和抵御不良思想、文化渗透的能力，培养他们爱国主义情操，具有大局和责任观念意识，能够自觉将个人的命运与国家兴衰紧密结合。

2. 传承和发扬民族精神和文化传统，增强社会主义共同理想的向心力和感召力

民族精神是一个民族得以存在、发展和实现理想的精神动力和内在支撑。任何一个民族要想自立于世界民族之林，必须具有高尚的品格和伟大的精神。中华民族悠久历史文化孕育了爱国主义、自强不息的中华民族精神。培养学生爱国主义信念和弘扬民族精神的自觉性关系到我们整个民族和各项事业的兴衰成败。因此，传承民族文化传统和爱国精神是整个学校教育的灵魂。当前一部分大学生中出现政治认同感、爱国和勇于克服困难的精神淡薄，价值观念出现偏差和扭曲，缺乏神圣的责任感和诚信意识，心理素质和协作精神较差等诸多问题，这背后具有着深层次的原因，但其

中很重要的一个因素是校园文化中关于民族精神的渗透和影响仍不够深入校园人心。大学生是我国社会主义建设的生力军，祖国的希望和民族的未来，也是振兴中华民族的重要主力军。大学生的思想道德修养状况直接影响着我国社会主义建设和整个民族发展的兴衰成败。因此，高校应主动和自觉地承担起培育学生崇高理想、爱国主义的民族精神这一历史重任和使命，在大学生中开展大力弘扬和培育民族精神的教育活动，将民族精神和社会共同价值信念融于校园文化建设过程中。高校应该从新生入学开始就利用军训和学前教育来培养学生坚忍不拔、不轻易放弃的百折不挠精神以及组织纪律性和集体荣誉感等等。日常校园文化活动也应着重通过各种易于被学生接受的形式对其进行历史和国情教育。也可以让学生们采取各种形式，如演讲、小品、书画展等方式有的放矢地来展现我们民族的光辉历程和自强不息的精神。用不断创新的辉煌成就、昂扬向上的时代精神、身边现实的感人事迹来感动大学生，增强他们对国家和民族的责任感和使命感，处理好个人理想与社会理想信念的关系，力争做一个和谐的社会建设者。注意利用校园各种有利条件，倡导和弘扬艰苦朴素、创新与勤奋的民族风范。发生于学生身边的真实小事往往更能感染人。从优秀学生中选拔典型人物，宣传其真实事迹，这有利于形成良好的学习氛围。此外，高校要建设一支具有强烈民族精神、传统文化底蕴丰厚的教师队伍。充分发挥校友人才资源的作用，举办校友事迹报告会和开展校庆活动，建立校史陈列室、进行校史展览，塑造名人雕像等，增强师生的自豪感和认同感，从而形成强有力的高校团结进取的合力。

中国特色社会主义建设事业是与我国的高校校园文化发展密切联系的。高校校园文化是关系社会发展的风向标，其所体现出的民族精神、科学精神、人文精神，以及自身所具有的创新性、历史继承性、批判性为中华文化的复兴增添了新的光彩。校园文化在与先进文化相互作用的同时，也渐渐地融入到其中。我国高校为社会培养出的优秀人才之所以能够促进社会各个领域的发展、推动整个社会主义发展进程以及增强了我国在国际上的竞争力，首要原因是高校在育人方面坚持了正确的政治方向和具有强烈的爱国热忱。高校已经成为中国社会中一支无可替代的方面军。同时，社会主义高校与国家和民族的命运紧密连接在一起，高校校园文化已经成为思想观念变革的前沿、科学传承的主战场和现代文明的催生地，为我们党制定建设有中国特色社会主义的路线和基本政策提供了重要的思想理论基础和科学论证，从而把国家与社会治理的决策，建立在科学、民主的基础之上。

3. 网络时代，更要充分发挥高校思想政治教育工作的重要作用

"互联网"的出现极大地缩短了信息传播的周期。网络化作为以信息技术为中心的新技术革命的重要特征，已经对社会政治、经济、科技、文化等各个方面产生了巨大影响。大学生是接受新知识、新信息最快的群体之一，互联网已经日益成为大学生获取信息的重要渠道，为大学生交流思想、沟通联络、获取信息、学习知识、休闲娱乐提供了重要平台。网络改变着他们的思维方式和生活方式，对他们的道德风貌、政治态度和价值取向产生了广泛而深刻的影响。网络在给大学生学习和生活提供便利的同时，也对高校思想政治教育工作带来了严峻挑战、提出了更高的要求。

首先，西方国家利用网络等传媒手段进行"西化"、"分化"意识形态的传播和渗透，冲击着大学生的传统道德标准。

在人类历史上，还从来没有一种文化像网络文化这样广泛、快速地影响人们的思想，改变人们的思维方式，从而决定人们的行为方式。互联网一整套的技术标准、规范全部由西方国家制定，英语顺势成为互联网的通用语言。所以，西方国家在互联网上拥有绝对的话语权。正是这种绝对的话语权，为某些西方国家利用网络倾销其资产阶级文化思想、生活方式、价值观念和道德观念提供了便利条件。随着全球宗教文化热的兴起，西方国家也加紧了对我国高校的宗教渗透活动，利用互联网、广播电台等现代传媒手段进行文化渗透，企图干涉我国宗教事务、制造社会动乱、分裂和颠覆中国。利用宗教节日纪念活动等吸引大学生参与宗教活动、利用某些外籍教师、留学生等进行宗教渗透，灌输宗教信仰，甚至发展宗教信徒来进行狭隘的民族主义和邪教的宣传。制造社会政治经济混乱的黑色信息、有害身心健康的黄色流毒、庸俗化的灰色资料，这些西方文化的强势渗透必然会使在虚拟和现实中游荡的大学生的社会道德标准和价值观念受到前所未有的冲击和影响，使他们对中华民族优秀伦理价值产生迷惑，出现迟疑与困惑，使得其观念冲突和价值取向错位。

其次，网络的开放性和隐蔽性容易诱发大学生的不道德行为。

网络所具有的开放性和隐蔽性特征使得外界很难对其进行有效监督。在这个虚拟化的网络环境里，传统的道德行为的约束力相对减弱甚至消失。正如美国麻省理工学院的尼葛洛庞蒂教授所描述的，"这种分散式体

系结构令因特网能像今天这样三头六臂。无论是通过法律，还是炸弹，政府都没有办法控制这个网络"。这种"宽松"的虚拟环境易使大学生放松道德约束、误入歧途。在不知不觉中消解了他们的意识品质，从而造成道德人格的缺失。大学生心理尚未成熟，又具有好表现的特点，有些学生随意在网络上发表过激言论、不健康文章，散布政治谣言，抨击我国的政治民主问题的情况也时有发生，有的大学生甚至对网上西方反动势力的反动宣传进行附和。对网络行为放任自流，严重的可能给他人和社会造成极大的危害，甚至走上犯罪道路。

最后，网络的虚拟性易导致部分大学生人际交往的障碍和严重的心理问题。

现在的大学生多为"90后"，他们崇尚自主，常常以个人主义方式关注自我。在大学的学习、生活中，他们难免会遇到挫折而感到孤独和郁闷。一些大学生现实生活中遇到困难或问题就以屏幕为界面来予以回避，在网络这种虚拟环境中体验着一种虚拟情感，使自身沉醉于一种虚拟满足中，极易患上信息依赖症。由于网络中人们的交往是以计算机为中介的交流，虚拟的"人机交往"替代了现实中有感情的"人际交往"，大学生终日与电脑打交道，这容易使他们自我封闭、离群索居，对现实生活中他人的幸福和社会发展漠不关心，忽视了人与人之间近距离的沟通和近在咫尺的亲情和友情，造成人际交往障碍。网络信息充斥的暴力、战争、色情等内容，很容易使学生形成冷漠无情的性格，产生焦虑、苦闷的情绪，严重的甚至会形成"互联网综合征"，严重影响其学业和生活。

网络时代，高校思想政治教育工作面临着以上诸多挑战，因此，应在以下几个方面予以加强和引导。

首先，加强高校思想政治教育的网络阵地建设，弘扬主旋律。

深深植根于华夏沃土的中国特色社会主义文化吸收了人类一切优秀文化成果，作为社会主义精神文明建设前沿的高校，应肩负起弘扬先进文化的重任。面对西方网络文化霸权的威胁，高校应加强思想政治教育的实效性，使学生自觉保护社会主义文化传统，在吸收借鉴外来文化优秀成果的同时树立文化安全意识，积极抵御外来腐朽思想文化的侵袭。高校应开发既有教育意义又很实用性的思想政治教育软件，结合校园文化、纪念日、主题教育等活动，采取学生喜欢的生动活泼的形式展现先进文化的吸引力和感召力。深入挖掘中华优秀传统文化资源，并赋予鲜明的时代特色，充分利用网络资源，将其以寓教于乐的方式融入其中，让中国文化居于网上有利地位，使网络成为传播中华文明的重要媒介，充分发挥网络的隐形教育作用，在潜移默化中影响和改造大学生的思想。

其次，确保信息安全和网络的健康、正常、规范化发展。

针对网络信息良莠并存的现状，高校应通过开发防火墙技术和网络立法，借助技术手段强化网络监控管理，进一步健全校园网管理、检查、筛选、汇报制度等，规范上网行为，监测、过滤、截获、跟踪在网络上发布的各种信息，把所有不利社会稳定和发展的信息阻在网外，对外国一些思想不健康甚至反动的网站，运用技术手段予以干预，使其难以登录，确保网络信息的安全、合法。建立信息交流平台，学校论坛由专业人员进行管理，选取学生信息管理员，及时收集身边的网络文化事件，增强学生与学校管理系统的联系频率。面对虚拟世界中急剧增加的网络犯罪，高校还应积极采取有效措施加以预防，比如通过生动的案例教育他们，防范其陷于网络犯罪。努力创造一个干净、健康的高校网络文化环境，创建具有科学内涵和先进方向的新型高校网络文化。

再次，培养高素质的网络思想政治教育工作队伍。

高校应充分发挥学生处、团委、宣传部等部门和干部、辅导员、教师的育人作用，主动吸纳学生会和各种学生社团组织的力量，培养一支高素质、高水平的网络校园文化宣传和建设队伍，深入研究网络给大学生带来的种种影响，了解现代大学生的心理和思想动态，从思想上入手正确引导学生树立正确的价值观和人生观，帮助他们解决面临的是非问题，同时努力学习网络知识，熟悉掌握网络技术，能及时洞察、发现和解决网络信息传输问题，成为校园文化网站的"把关人"。发现大学生关注的热点、难点问题，尤其是倾向性、群体性问题，采取有效措施，有针对性地对其进行思想政治教育。在条件允许的情况下及时选派一批年轻的思想政治教育工作者去深造，以培养一批既懂专业知识，又掌握网络知识的高素质的思想政治教育工作者。[1]

最后，在高校思想政治理论课教学中应合理、有效地运用多媒体技术。

① Yu Bin. Study on the Challenges and Strategies of Ideological and Political Education Work in College and University in Net Age. 2011 International Conference on Education Science and Management Engineering (ESME2011), VOLS1 – 5 页：1965 – 1966，出版年：2011，被《CPCI – SSH》数据库收录，检索时间为 2012 年 12 月 12 日。

中共中央国务院在《关于进一步加强和改进大学生思想政治教育的意见》中明确指出，要充分发挥课堂教学在大学生思想政治教育中的主导地位，要采取有力措施，切实改革教学内容，改进教学方法，改善教学手段，突现思想政治理论课程的实效性。由于思想政治理论课传授给学生的大多是理论知识，传统的授课方式很难引起大学生的兴趣和热情，实效性不强。近年来，随着信息技术的飞速发展，教学改革的深入进行，多媒体技术在思想政治理论课教学中越来越受到教师和学生的欢迎。多媒体教育技术是指利用多媒体计算机综合处理和控制符号、把多媒体的各个要素按教学要求进行有机组合，实现使用者与计算机之间的完美配合，完成教学或训练过程。与传统的教学手段相比，多媒体教育技术具有较强的表现力，它集图、文、声、像于一体，以外表美观、形式灵活、简洁快速等优势，课堂上增强了教与学的互动，提高了学生的形象思维能力，调动了他们接受马克思主义理论与思想政治教育的主动性和自觉性。高校思想政治理论课是一门实践性和时效性比较强的以思想教育为主的社会学科。它需要积极反映社会热点问题，将社会上积极健康的信息导入课堂，引导学生理论联系实际，运用所掌握的知识分析实际问题。信息化时代，知识更新的速度极快，在多媒体技术的辅助下，教师可以跨越时空，广泛搜集各类有效信息，并将其应用于思想政治教育，并通过正面引导，将思想政治课教学所要传播的主流思想和价值观潜移默化地传授给学生，提高了教学过程中知识信息传播效率，拓宽学生的认知视野。同时，高校思想政治理论课教师更有时代气息和先进理念，在学生心目中的形象也得到改善，从而提升了教师的教学魅力。

然而，任何一种教学手段都必须针对特定的教学内容和教学对象，采用合理的教学模式和教学方法，并与其他教学手段相互配合，才能扬长避短，取得良好的教学效果。如果运用不当，则优点可能变成缺点，反而违背了采用先进的教学手段取得更好的教学效果的初衷。从目前多媒体技术在思想政治理论课中的运用来看，仍然存在着一些需要重视和亟待解决的问题。

第一，注重人机互动，缺乏师生间的互动和情感交流。

任何一门课程的教学过程，都是一个双向的互动交流过程，而不是单向的信息传递过程。传统授课方式注重发挥教师在教学中的主导作用和学生的主体作用。教师根据学生的课堂表现，及时调整授课的思路，通过师生互动和学生间的讨论，解决学生的思想困惑和现实疑虑，这既活跃了课堂气氛，又使得学生首先在情感上喜欢和接受老师并对其所教课程感兴趣。多媒体教学是传统教学的继承和发展，但有些思想政治理论课教师在教学过程中没有摆正教师与学生、多媒体技术与教师之间的关系，只注重"人机对话"，教师变成了机器的操控者，整堂课教师只顾坐在电脑前操作，忙于播放预先准备好的课件或下载的视频资料等内容，眼睛紧盯着电脑，刻板地读出课件上的文字，既没有详细讲解和分析，又没有突出重点，无暇顾及学生的反应，不了解学生的接受程度，完全不考虑板书和肢体语言等在教学中的重要作用。学生只是接受信息的容器，多媒体成了向学生灌输知识的机器，课堂上教师不问问题，大学生不提问题，更没有热烈的课堂讨论。这便使师生间丧失了必要的信息交流及情感交流，教学过程变得枯燥乏味，从而严重影响学生的学习兴趣，这便会使多媒体技术的运用成为师生间情感交流的阻碍，呆板的"人机交流"取代了人性化的沟通。

第二，教材内容和多媒体技术相脱节，削弱了教师的主导作用。

教材内容和多媒体技术的关系是内容和形式的关系，教材作为教学的基本依据，是我们制作课件时的重要参考资料。但课件毕竟与教材不同，从本质上来看，多媒体课件是一个物化了的教学工具，是传统教学方法的一种现代性表现形式。这就要求我们无论在课件的设计上还是素材的选择上，都要以教育内容为出发点和落脚点，始终服务于教学内容。一个课件无论怎样绚丽多彩，如果学生用后没有收获或偏离了教学目标都是不合格的教学课件。部分教师过于强调欣赏性，吸引学生的注意力，在教学中随意播放与教学内容关系不大的音乐、视频等课件，出现了所用画面或图像过度和不恰当的现象，不是根据学科特点、教学内容、教学目标和学生的实际情况有针对性地来设计和运用，没有合理的层次结构和逻辑顺序。学生的注意力只停留在那些精彩的多媒体上，忽视了教材内容的掌握，这显然违背了教学目的。教育活动基本要求是师生双方共同参与，教与学随时产生交互作用，教师和学生是教学活动中的主体。多媒体教学改变的仅仅是教学方式，教师是运用教育方式的主体，教育方式运用的好坏关键在于教师，教师在教学过程中始终起到引导作用。然而在高校思想政治理论课多媒体教学中，存在多媒体教学取代其他教学手段的现象，有的教师完全依赖课件，已经完全抛掉了粉笔，远离了黑板，所有知识都利用多媒体课件去提示，教师变成了课件的"助手"，其主导作用被电脑所替代。这样大多数学生势必处于被动接受知识的状态，极易造成大学生思维上的惰性和依赖性，其学习的主体地位被弱化。

第三，教师运用多媒体技术水平有待提高。

将多媒体技术运用到思想政治理论课教学的关键在于将多媒体技术与教学目标、教学内容、教学方法以及教学过程全方位有机结合。由于教学对象、教学内容和教师的不同，多媒体技术的应用方法、应用流程也就不同。但是，思想政治理论课教师由于受到专业背景的限制，较常使用的多媒体课件质量普遍不高。事实上，多媒体技术具有多元功能，如图文色彩处理功能、模拟工具功能、交互功能和数据分析功能等。但从目前的多媒体教学来看，应用最多的是直观显示功能。许多课件只是将课本的内容整段地复制下来，通过投影仪在屏幕上呈现出来，仅仅停留在使用"电子教案"的层面上，课件上的很多文字信息导致学生认知水平跟不上课程内容，并且很容易造成视觉疲劳。有的教师想借助多媒体辅助教学，但由于本身所具有的相关技术水平较低，就靠"借来"或"拿来"，直接从网上下载、购买、多次重复使用，不作任何加工改造，直接用于教学。多媒体技术在思想政治理论课教学中的应用就成了简单的课堂讲授的"电子化"，势必会影响思想政治理论课教学的针对性和实效性。

当前，高校思想政治理论课教学应合理、有效运用多媒体技术。

第一，多媒体教学手段要与教师讲授相结合，加强教与学的互动交流。

课堂是由教师、学生与环境共同组成的强有力的互动环境，是一种有系统的教育形态，是一种独特的社会组织。我们不能片面强调多媒体教学手段的积极作用而忽视教师的教学主导作用。在教学过程中，多媒体只是一个辅助教学的工具，无论多媒体技术的益处有多大，其在教学过程中的定位仍然只是一个教学平台，起到的是一个媒介作用，是架构教师、学生和教材三者之间的桥梁。思想政治理论课不仅要以理服人，还要以情感人，需要教师与学生，面对面的语言沟通、思想上的互动和情感上的交流。师生间那种饱含人性和情感的交流，是由心灵产生碰撞达到思想升华的重要渠道。教师在课堂上运用个性化的授课方式，配以肢体语言所传递的信息，往往具有较强的针对性，能带来师生的互动，学生的学习热情和情绪会随着教师的语调和动作而起伏，充分发挥出了教师的亲和力、感召力和人格魅力，同时带动了整个课堂氛围。教师语言或非言语性行为是多媒体课件无法模仿的，教师与学生的情感交流是多媒体技术无法替代的。绝不可以把它当作全能的工具，更不能用它完全取代传统教学手段。

第二，教学内容与多媒体课件形式要完美统一，充分发挥教师在教学中的主导作用。

形式服从于内容，同时也反作用于内容，内容和形式应完美统一。传统讲授方式与多媒体教学手段只是课堂教学形式的不同，但两者都是要为教学服务的。多媒体技术与其他教学媒体一样，也有其适用性范围。要想实现教学过程的最优化，就要将多媒体技术与教学内容有机结合，教师需要根据教学目标、教学内容、教学资源和条件等进行最优选择和精心设计。应该深入理解与钻研教材和教学大纲。因此，在进行多媒体设计时首先应考虑教学内容，找准教学的重点和难点，然后再考虑如何选择恰当的教学素材，有目的地设计多媒体课件。决不能单纯从激发学生兴趣出发、盲目迎合学生的好奇心来使用脱离教材内容和教学目标的多媒体课件，否则就会忽视教学主题，导致教学舍本逐末。要遵循学生的认知规律和教学原则，根据思想政治理论课的教学内容及学科特征来运用多媒体技术。

思想政治理论课的教学过程实际上是学生通过借助多媒体技术的教师的引导，在教与学的互动影响之下理解接受思想政治理论并内化为自身的思想品德和政治素养的过程。教师要根据自己的教学思路对课件进行精心处理，以充分发挥多媒体技术的作用，使之真正成为辅助教师教学的"导学"工具。既要重视课件的重要作用，也不能盲目地迷信课件或被动地受制于课件。

第三，提高教师运用多媒体技术的理论水平和操作能力。

多媒体教学为我们提高教学质量奠定了物质基础，但再先进的教学媒体也不可能自动提高教学效率。部分思想政治理论课教师由于专业因素影响，面对不断进步的多媒体技术，一些教师不了解信息技术环境下教育技术观念的具体内容，也不知道如何利用信息技术推进教育变革，更不知道如何利用信息的优势来提高教学。因此，思想政治理论课教师必须提高教师的现代教育观念，掌握计算机和专用设备的知识与技能。学校也应有组织、有目的地对教师进行理论和技术培训，使教师接受计算机方面的系统训练，掌握多媒体教学理论、课件设计理论及相关技术。同时，还必须明确多媒体技术辅助教学并不仅仅是单纯使用计算机一种媒介，还必须学会与计算机配套使用的投影机、实物投影仪等专业设备的操作。此外，教师在正式上课前应多演示几遍，对时间的把握上尽量紧凑一些，对操作中可能出现的问题多熟悉，不要因为小的故障或者操作失误而影响教学。在使用过程中，教师必须把握好使用多媒体的频率和时间，使学生既能在有效的时间内获得较多的信息，又留有思考、想象的空间、演练的机会，便于学生加深对知识的理解、巩固和运用。投影仪展示信息时不宜时间太长，因为学生的注意力容易被多媒体的各种展现技巧所吸引，从而抑制学生的参与意识和创新意识。

多媒体技术已被实践证明是一种行之有效的教学手段，是教师教学的有力助手，但它并不是万能的。在应用多媒体技术进行高校思想政治理论课的教学实践中，我们必须理性地认识和正确对待。使用得当，能极大地提高教学的效率与效果；使用不当，则可能适得其反。如何合理有效地运用多媒体教学手段达到提高教学效果和教学效率的目的，仍然需要教师在平时的教学实践中不断进行探索和研究。[①]

四　校园文化与大众文化

清代刘献廷认为，中国社会包含着两个层次的文化，即代表着上层社会的、包含着诗、乐、书等等的"雅"文化和代表着下层民间的"俗"文化，即百姓的唱歌、看戏、看小说、听说书、信占卜、祀神鬼。也就是现在人们所说的"大众文化"和"精英文化"。

"精英"意指在社会各个领域中优秀的具有某种专长或特殊身份的知识的创造、传承和实践者。精英文化是知识分子文化，承载着解释和传播"传统"和"经典"，体现了新知识、新观念和新方法。知识分子阶层全面继承了士大夫的社会角色，享有科学文化教育的重任，审视和批判历史、社会和现实，向大众灌输理性精神和社会理想，确立价值标准和审美标尺。我国改革开放为知识分子发挥和展示其文化价值提供了机会，知识分子也在此历史进程中引入世界先进文化和传播中国文化精神做出了巨大的贡献。他们继承与弘扬了中国哲学思想和传统文化、繁荣了中国文学艺

---

①　Yu Bin. Study on Teaching Ideological and Political Theory Using Multi-Media Technology in Colleges and Universities. 2011 International Conference on Education Science and Management Engineering（ESME2011），VOLS1-5 页：1374-1376，出版年：2011，被《CPCI-SSH》数据库收录，检索时间为 2012 年 12 月 12 日。

术，在科学文化教育等方面，都取得了令人瞩目的成绩。

伴随着中国改革开放事业的不断推进，社会文化在当代也随之正经历着一场深刻的转向，即大众文化以较快的速度发展起来，逐渐成为与精英文化、主流文化相抗衡、齐头并进的主要社会文化。当前，大众文化已经成为我国老百姓非常重要的精神享受之一。进入 20 世纪后，大众文化作为一种历史形态在西方工业社会应运而生，它是以欧美国家的城市化和现代科学技术传媒为物质基础而产生和发展起来的。近代欧洲的生产力和商品经济的不断发展，城市不断出现、规模也急速扩大。工业化之后的城市不仅是经济中心，更重要的还是文化中心，是当时社会先进文化的不断交汇和碰撞之地。城市的发展也催生了大众文化的产生。生产力的发展也拓宽了现代科技传播的领域，加速了传播的速度。互联网的迅速发展使得各种文化元素通过声音、视频和图像，在非常短的时间内甚至可以同步地传递到全球各地。这促进了文化传播和接受的不断广泛化、多元化和平等化。

大众文化一般说来具有易模仿、较无深度的特点，追求高效率、时尚和方便，体现了快节奏的社会生活方式。处于我国社会转型期的大众文化自身也打上了"中国特色"的烙印，具有转型时期我国文化的特点。一方面呈现出城市一体化的特点。随着农村人口不断向城市流动，尤其是现代媒介手段的不断推广，大众文化也不断地输入到农村各地。另一方面，当前我国的大众文化与其他文化元素或文化形态相共存。如，现代文化、传统文化、西方文化等多种文化形态。正处于社会转型期的中国文化更趋复杂性和多变性，人们对大众文化的评价也是仁者见仁，智者见智，褒贬不一。有的将其与资本主义文化相联系，而社会的精英人士认为大众文化的发展会使中国优秀文化走向堕落与消亡。必须澄清的是，大众文化的蓬勃发展是与我国改革开放和社会转型的特定历史阶段有着必然联系的。如丹尼尔·贝尔就曾提及，市场是社会结构与文化相互交汇之处。文化变革，尤其是新生活方式的出现不仅仅使人的感觉发生了变化，更重要的是使社会结构发生了变化。①大众文化之所以有较为广泛的受众群体，是因为它所反映的内容贴近世俗生活、表现形式也具有可接受性。这就必然使

---

① ［美］丹尼尔·贝尔：《资本主义文化矛盾》，赵一凡等译，生活·读书·新知三联书店1989 年版，第 163 页。

得大众文化具有一定的世俗化倾向。再加上它本身就属于商业文化，具有以挣钱为目的的功利主义倾向。应该特别强调的是，"世俗化"并不一定要粗俗和恶搞，也并不一定为了获得最大的利润而使得文艺作品、银幕等各种媒介手段充斥着色情、媚俗、暴力等内容，从而放弃正确的价值观和审美标准。如果超出这个底线，大众文化产品就会变成文化垃圾毒害大众的身心健康。"俗"应当是贴近百姓生活，表现形式易于百姓接受，能够通俗化地反映现实中的真、善、美与假、恶、丑。其实，这是一种非常高尚的美学境界，这需要广大文化工作者在艺术创作与推广中不断提高自身素质，增强文化传承的使命感和责任感，提高大众文化的品位。①

　　高校是知识分子最为集中的地方。高校校园文化归属于精英文化的范畴，是一种自觉的令来者肃然起敬的文化。它以深厚的人文精神为底蕴凝聚着该学校历史和精神传统，融合了社会主流文化和传统文化，是中国当代主流文化在校园中的体现，体现了浓郁的学术气息、高雅的审美趣味，蕴含着科学精神，发挥着为社会服务和引领社会文化的重要作用。校园文化注重社会赋予其的使命感和社会价值理想的构筑并灌输给受教育者，并力争通过各种媒介辐射到社会的各个领域，其倡导文艺创作的审美理想、呼唤社会的人文精神和追求学术的规范性、纯正性等使得高校校园文化一般都与社会世俗生活具有一定的距离。校园文化是高校生存和发展的精神动力和源泉，主张伦理价值的严肃性、规范性，追求学术性和创造性。作为受市场经济导向的市民文化，以个性化、非主流为追求而无文化价值的大众文化满足了工作节奏快且生活压力大的大众们的感官享受。被喻为快餐性消费文化的大众文化作品一般都是通过现代技术或科技手段以较快的速度复制或炮制并抛售给大众们，难免会有粗制滥造、庸俗的迹象。大众文化之所以占有市场一席之地，是因为其产品某种程度上是大众所需的。大众文化也并不是全无进步的、不合理、没有用的要素。大众们可以直接感受到它所表达的平等性、亲民性、全民性和世俗性的融合思想，这有利于促进整体社会文化多元化和民主化的进程，同时它能让平民百姓深深地感受到个人存在的价值和地

---

　　① 许士密：《大众文化和主流文化、精英文化良性互动机制的构建》，《求实》2002年第6期，第11页。

位，从而极大地激起了民众的主体意识和积极的热情。① 因此，可以这样认为，大众文化客观上使当代的中国意识形态发生着调整和改变，拓宽了民众交往的公共文化领域，促进了困难群体逐步向具有自主意识和价值的文化主体的转变，加速了当代中国文化现代化的步伐，这些作用都是有目共睹和毋庸置疑的。在短短的不到20年时间的不断吸收、借鉴和实践中，大众文化有了多元性、全面性的发展，如广为大众所熟知的大众文化形式主要有肥皂剧、选秀节目、娱乐性广告、报纸杂志等畅销的消遣娱乐版面、KTV、街舞、追星、摇滚、流行歌曲、家居装修、时装展示乃至产品的包装与企业的文化形象等等。

高校校园文化预示和引领着社会文化的前进方向。相比较而言，大众文化是一种受众较广的世俗文化，更具有平民性，能够满足不同层次百姓的精神需求。高校校园文化与大众文化虽有差异，但也相互联系、相互作用，在共存中不断发展。精英文化为大众文化提供精神思想、学术指导与智力支持；大众文化也为校园文化提供了思想资源和应用领域。两者之间是一种相互弥补、渗透的矛盾与冲突，这一过程最终导致双方在互惠互利的基础上彼此升华与提高，而非共同否定与消亡。② 对社会文化发挥引领作用的高校校园文化与满足百姓个人价值需求的大众文化间的冲突是相对的。大众文化具有广泛的群众基础，因此，具有强大的生命力和其特有的价值和意义。它来源于广大群众，能够代表广大群众的思想、情感与理想，深受百姓喜爱。我国高等教育的大众化有利于扩宽受众的广度和宽度，加之，高校校园文化的社会辐射功能也将发挥更大更广泛的作用，它将更多地被广大群众所接受。

（一）大众文化对校园文化的影响

20世纪80年代末起，思想解放的春风吹遍了大江南北，中国社会结构转型和市场经济的逐步确立不仅带来物质上的大众消费，而且带来精神文化上的大众消费。在市场经济大潮的冲击下，以平民性、娱乐趣味性、通俗性和随意性为内容取向和价值取向，易于在大众中传播的大众文化开

① 于杰、高日晖：《当代大众文化对大学文化的影响及对策研究》，《文化学刊》2010年第5期，第46—47页。

② 邹广文：《当代中国大众文化及其生成背景》，《清华大学学报》（哲学社会科学版）2001年第2期，第52页。

始萌芽并日趋繁荣，而以学术性、精英性为特征的精英文化走向落寞。改革开放初期，一些代表着大众文化的作品一般是从港台或海外传入大陆的。例如，以邓丽君为代表的抒情歌曲，《霍元甲》、《上海滩》等电视剧，三毛、琼瑶等人的言情小说以及更加刺激、更具挑战意味的摇滚乐也被从海外引入，受到了青年人的欢迎。这些大众文化产品的传入使中国大陆民众了解了大众文化，同时也有力地催生了大陆本土大众文化的生长，"明星""大腕"们在当下获得了很高的荣誉。"超女"现象、小沈阳、郭德纲、王自健等在受到某些知识分子抨击的同时也受到了大众的追捧和喜爱。而《百家讲坛》于丹、易中天、纪连海、王立群的迅速走红，这表明精英文化开始放下高雅的"架子"逐步走向大众，满足大众的知识和情感需求。大众文化来势汹汹，精英文化逐渐受到歌星、明星等的冲击，知识分子冷静地蔑视，抑或进行理智的批判大众文化的媚俗。然而，大众文化依然我行我素。最终，在"人文孤岛"上的精英们只能通过批判大众文化、呼唤人们追求和向往精英文化以证明自身的存在。①。

　　20世纪90年代末，我国高等教育在规模上开始从精英教育向大众化教育转变。各高校不断地扩招，加之放宽了入学年龄、大学生在校求学期间就可以结婚，这些因素不可避免地造成了大学生综合素质的良莠不齐。大众文化中充斥了新奇、时尚的元素，而大学生正处于心理尚待成熟的年龄阶段，对新鲜事物充满了好奇心和尝试欲，这加速和拓宽了大众文化在校园文化中的推广与传播的进程与领域。

　　高校校园文化有其独特的学术氛围和理性自由的思想，承担着智力支持、精神堡垒、育人的社会责任和使命。以营利为目的之一的大众文化为高校带来了浮躁、追求利益的气息，给校园文化的学术性和独立性带来了强烈的影响和冲击。高校的校园文化与大众文化在当前市场经济浪潮中相互碰撞与冲突，主要表现在大众文化对校园文化的冲击。在高等教育大众化不断深入和大众文化不断兴起、精英文化不断衰落的背景下，随着现代社会电视、报刊、网络等各种传播媒介的迅速发展和人际交流的日益频繁，来势汹涌的大众文化不断对高校校园文化进行着冲击和渗透。这使得往昔具有"象牙塔"之称的高校充斥着各种思潮、流行时尚，价值观念日趋多样化，反映出高校校园文化中某些大众文化的特质。

---

① 　徐圻：《冲突中的交融》，《贵州大学学报》（社会科学版）1998年第5期，第22页。

1. 大众文化对校园文化的积极影响

首先，大众文化丰富了校园文化的内容。

在校园中不断渗透的大众文化带动了校园文化活动的蓬勃发展，促进了校园文化生活的丰富多彩。改革开放以前的高校校园文化带有浓厚的政治色彩和精英文化意识，以学术交流活动和爱国主义宣传教育为主要内容，如党团活动、党史知识和国家意识形态教育讲座、书友会和先进人物事迹报告会等等。改革开放以后，大众文化的兴起和繁荣很大程度上促进了校园文化活动的蓬勃兴旺，各种形式的文化活动、社团组织等等在校园中兴起。这些文化活动并不是完全具有价值观意义，而是学生完全根据个人的兴趣和爱好组织和推广的。如，校园歌手大赛、化妆晚会、模特服装秀、电影节、艺术节、hiphop 街舞比赛、选秀活动、FLASH 设计大赛、摇滚等等。校园文化衫热、王朔的"痞子文化"和周星驰的"无厘头"语言大受学生追捧。手机短信、QQ、微博和微信是学生们相互交流的主要方式。这些几乎都是各种大众文化在高校中的重现。高校校园内，大学生的大众文化冲击了传统价值和道德观念，以学生所熟知和喜爱的表现形式呈现在校园中，这极大地丰富了大学生的业余生活、拓宽了大学生的视野和交往空间，也满足了他们不同层次的文化诉求和需要。

其次，大众文化促进了大学生的不断社会化。

社会化指的是个体向他人或社会不断学习并逐步获取生存和生活的资格，主要是自然人向社会人的转化过程。[①] 唯有在不断地与人交往和沟通中才能实现大学生的社会化。作为大众媒介最忠实的观众、听众，大学生是当代大众文化活动最重要的参与主体之一，大众文化成为大学生们不断社会化的重要文化环境因素，深深地影响和"重塑"着他们的价值观和行为方式。[②] 大众文化中所包含的另类社会习俗与沟通形式、人际交往和道德理念等与学校教育的方式有所差别，更贴近学生的现实生活，学生们更乐于接受，因此，大学生在接触大众文化并与其互动的时候，可以客观地体会到各种社会角色，在不断调试着个人与角色间的互动中培养了他们适应社会角色的能力，循序渐进地促进了大学生们的社会化进程，使其逐

---

① 迟成勇、杨湘红：《大众文化与大学生思想政治教育》，《中国青年政治学院学报》2008年第2期，第34页。

② 王立科：《城市精神、大众文化与青年社会化》，《当代青年研究》2003年第4期，第41页。

步成为"社会人"。

再次，大众文化促进了大学生的个性化发展。

大众文化所具有的进步性和超前性，促进了大学生的思想解放和张扬个性，催醒了大学生的自我意识，他们不再甘心做学习的工具和被动的教育接受者。学生们充分挖掘和利用大众文化中各种语言、象征符号和行为模式来张扬自己的个性。他们开始发现另外一个丰富多彩、截然不同的世界。在各种丰富多彩的校园文化活动中他们可以做回他自己，挖掘自己的兴趣爱好，减轻了严肃的政治色彩和传统价值观念的约束，能够真正地体验到"行随心动"、"我的地盘我做主"、"选择最适合自己的"，尽力地张扬他们的个性、展现自己的才华和实现个人的价值。他们要以自己天下独一无二的身份走上属于自己的舞台，书写自己的青春故事，留下属于自己的青春痕迹。他们勇于完全按照自己的审美标准来选择衣着服饰、行为方式和兴趣，喜欢与众不同、标新立异，不在乎是否能够被旁人理解，毕竟有他的同龄人作为彼此的追随者和观众。

复次，大众文化缓解了师生的心理压力。

当今的大学生承受着严峻的就业压力，同时在人际关系、学业等方面也存在着一定的困惑。同时，高校针对教师的教学科研业绩考核体系也给教师带来了前所未有的工作压力。而大众文化的基本功能之一是娱乐大众。它在校园中的兴起和发展，给师生们带来了各种形式的休闲娱乐活动，如，QQ 或 MSN 聊天、"BBS 灌水"、浏览新闻、BLOG、微博、玩游戏、看电影和时尚流行节目等等。大众文化不仅仅给大学生提供了视听快感的快餐式消费，还让他们在娱乐中获得了心理安慰和精神鼓舞，如在网络游戏中大学生可以扮演在现实生活中无法实现的权威角色，从中获得了极大的信心与动力。大众文化在一定程度上充实了广大校园文化主体的日常学习、工作和生活，一定意义上教会大学生乐观地看待生活、享受生活与人身自由的积极人生态度，同时也在不经意间用心洞悉了世间微妙的深层意蕴。在拓宽他们生活空间、丰富和广泛社会交往空间的同时，转移了大学生心中的压力、紧张与焦虑的不良情绪、强化了校园人的心理安全与社会认同感，调节了他们的精神世界、平衡了心态，在丰富的感官体验和审美愉悦中陶冶了心灵、释放了紧张情绪与心理压力。同时这也促进了社会的有序化发展。

最后，大众文化加强了校园文化的社会辐射功能。

随着市场经济的发展，高校也被席卷进市场经济的浪潮中，高校通过不断扩招、产学研相结合等措施将大门向社会开放，与社会有着更加密切的联系，在高校与社会间进行文化交流的过程中，大众文化发挥着重要的助推作用，高校校园文化的社会辐射作用因此不断凸显出来，得到了社会广泛的关注。形式多样的大众文化激发了校园人积极采取行动来充分发挥个人的才能、挖掘校内外有效资源，凭借发达的传媒和科技手段来举办丰富多彩的校园活动。在当前社区文化与校园文化不断交融和接触的过程中，通过高校文化娱乐活动，校园人向校外传播着校园文化。比较常见的文化形式有大学生深入社会的社会实践活动、校园歌手大赛等等。在当前科技不断进步、讯息发达的时代，过去曾经被垄断的相关资源呈现出平民化、个性化的色彩。校园人尤其是大学生群体越来越多地开始尝试发自内心地自主创作，写作、出版、发行书籍、做音乐、出唱片、拍短片和电影等等，这些活跃的大学生活动积极地吸引着和凝聚着各种社会力量的参与与重视，并凭借大众媒体和社会、民间资金的支持拓宽了高校校园文化的发展空间，也增强了公众对其的关注度，校园精神、价值理念也在此过程中得到了广泛的传播和渗透。此外，昔日深居在象牙塔里的专家、学者们也一改往日著书、发表文章、讲座等传统形式，利用当前大众较为热衷的网络和媒体等媒介手段来向公众传播思想和专业学识。这势必加速了校园文化的社会辐射作用。

2. 大众文化对校园文化的消极影响

随着大众文化在高校校园文化中的传播与渗透，大众文化自身的弱点使得高校校园文化呈现出以下特点：

第一，大学生过于追求文化活动的感官刺激和娱乐功能。

大众文化之所以受大众喜欢的重要原因之一为它是一种流行性文化。踏着时代的节拍，紧跟时尚，推崇娱乐和猎奇，看重非主流和宣泄，这是它的生命力之所在。大众文化大都被现代传媒所接受、认同以致广为传播，是因为它无论是内容还是形式都具有通俗性，这些都成为大众文化在当代能够存在和发展的重要原因。正是因为它不断追求时尚和流行，所以在社会生活中就表现为"瞬间文化"，流行歌曲、网络红人不断出现、昙花一现，怪异、另类时尚稍纵即逝、纷至沓来，一次性文化产品随处可见。大众文化为了满足受众的口味，甚至有的是低级趣味，一味地追求娱乐和感官刺激，会误导受众的审美情趣。大学生正处于心理发育尚待成熟的时期，长期沉湎于此的学生只愿意感受和接受简单的、肤浅的事物，只单纯喜欢这种感官体验性的新奇，而对那些具有深奥道理和深邃的思想不再感兴趣，甚至排斥。某些大众文化的低俗性和娱乐性甚至还会毒害他们的心灵。

第二，高校具有明显的商业氛围。

大众文化与生俱来的商业化与消费性改变了很多人们的价值观，大学生当然也包含在其中。现在越来越多的学生在求学期间兼职、开网店、摆地摊、开公司等等，这一方面缓解了当前就业的压力，培养了学生的创业意识，锻炼了他们的社会实践能力；但另一方面，这种"君子爱财取之有道"的观念会影响一代代校园人，势必会给校园文化的发展带来一定程度的负面影响。在校园里，教学楼、行政楼中的墙壁上挂着的液晶电视，主要播放各类精彩的商家广告和促销活动信息。在经常举办的校园文化娱乐活动寻求商家的赞助已经是司空见惯的现象。甚至有些活动是商家在校园中全力"倾情奉献"的演出（实际上是商家的促销活动）。这虽然为活动解决了很大一部分经费，但却使商家冠名、商品促销、竞猜活动与校园文化活动糅合在一起。在有些高校，与轰轰烈烈的商业宣传形成鲜明对比的是学生参与意识不强，在活动中由于过多的商业表演活动使得学生们自己设计、排演的机会减少，并没有起到校园文化活动本身应有的作用。这必定会严重地影响校园文化应有的高雅性、纯洁性和艺术性。

第三，大学生审美具有世俗化倾向。

校园审美文化的世俗化主要表现在，民族传统文化、严肃的文学艺术遭受冷落，通俗浅薄的网络小说等大为学生欢迎等等，大学生的审美趣味逐渐走向低俗。20世纪80年代深受大学生欢迎的诗歌、散文已经被现在的大学生所遗忘，取而代之的是流行歌曲。在审美方面，他们不再崇尚含蓄、古朴和心灵美，而是更多地追求外表美。具有通俗性和无深度性的大众文化受市场导向影响较大，其审美倾向也深受当今市场经济的影响。如周杰伦的《蜗牛》成为上海中学生的首选的爱国歌曲之一；高中、大学语文教材中分别加进了金庸的作品和罗大佑的歌曲；"超级女声"唱红大江南北；德云社的全国巡演等等。近年来，大众文化消费产品吸引了公众的眼球，成为整个社会所关注和热议的焦点。跟大众相比起来，大学生对时尚的敏感度本来就高，对此反应反而不那么热烈，毕竟他们平时就接触和喜欢金庸的作品，周杰伦的歌、郭德纲相声也耳熟能详。在校园中比较常见的是偶像崇拜，主要集中在文艺、体育明星。在歌星的巡演现场、发布会与签售会等场合上，总会见到大学生粉丝，有偶像的地方一定就有大学生"粉丝"。而提及汤一介、黄昆、钱钟书、季羡林的大名时有的学生竟然闻所未闻。随着手机、电脑、网络等通信设备和工具的普及，现如今大学生已感觉到传统文学、传统阅读方式已经过时，很少有学生喜欢阅读传统文献资料，图书馆中的古籍、经典文献书库形同虚设。与此形成反差的是，大学生对网络文字、网络文学反而倍加热爱和关注，网络歌曲、网络语言在高校校园中也不断盛行。① 在当今就业压力大的背景下，受此类大众文化的影响，青少年们做着并实践着自己的明星梦，放弃学业学习文艺或体育特长，频频参加各种选秀活动。甚至有些大学生也放弃了本专业，或"身在曹营心在汉"，抱着"六十分万岁"的心态，梦想一夜成名成星。

第四，高校学术氛围日渐浮躁。

为了迎合和满足大众百姓的口味，大众文化日趋平白、通俗，其语言、符号更趋于简短、平面化，甚至庸俗化。这不利于文化深层内涵、意义的传达，削弱了具有讽刺意味的大众文化对社会现实揭露的程度，而只成为人们日常生活的娱乐与调侃，不断丧失文化持重的、悠久的、深层次的文化品性。高校具有教育功能和向社会提供精神动力与捍卫精神堡垒的使命感，应有其独特的价值定位和独立的文化精神，校园中应具有理性的、学术的和自由的文化氛围。而大众文化的根本目的是营利。随着其在高校校园中的不断渗透与蔓延，市场和社会的商业模式、纷繁复杂的浮躁气息、对物质的占有与渴望的唯利益论调也慢慢在校园中弥散，大大地冲击和威胁着校园文化的学术性，形式上较为丰富的文体娱乐活动潜藏着经济因素。如，要想活动成功举办就要协调和说服一些企业为其提供经济赞助，几乎校园的每个角落都有关于某某公司或培训机构的广告宣传，大学生对歌星、影星的演唱和宣传活动的热衷程度远远超过教授的学术讲座，这些在一定程度上破坏了高校纯粹的学术气氛。大学生几乎很难从具有媚俗性、煽情性的大众文化中领会到有价值、有意义的因素，在愉悦中几乎学习不到有价值的知识，而大众生活和媒介中的浮躁、不稳定心态和气息

---

① 于杰、高日晖：《当代大众文化对大学文化的影响及对策研究》，《文化学刊》2010 年第 5 期，第 48 页。

占据了他们的心灵、大众文化娱乐时间侵占了他们宝贵的学习时间，这极易使他们陷入该类花样繁多的文化产品的消费漩涡之中，既迷失了自我、荒废了学业，又耽误了青春年华。① 在高校中充当枪手、抄袭、拼凑、交易等等学风、学术腐败屡有传闻。大众文化的影响下，高校中有些教师也急功近利，不能静下心来踏实做学问、搞研究。有的忙于办讲座挣钱，有的晋升完高级职称后就完事大吉。有的教师为了晋升急于出成果而急功近利，同时又面临着论文难于发表、著作难于出版、申报项目难的现状，就抄袭剽窃他人的论文和成果，为了申请到科研项目而不择手段，这使得粗制滥造的"学术成果"充斥校园和书店，学术文化水平大幅降低，学术氛围越来越浮躁。有些学者为了所谓的"创新"和图方便，将国外的外文文献翻译过来成为自己的学术成果，直接复制国外的思想和问题，而并没有考虑中国的实际国情和现实社会需要，根本没有实际价值，也体现不出中国学者的独立创新精神。研究都是纸上谈兵，平庸肤浅，是何等的贫乏和不着边际。②

总之，随着大众文化向高校校园袭来，它对校园文化的负面冲击是非常隐蔽并具有极大杀伤力的，很多优秀的传统文化很难在校园中保持，学术独立性也在潜移默化中不断消失，而纷纷向经济利益和市场经济靠拢，长此以往，校园文化将会逐步成为大众文化的附庸。

（二）大众文化影响下的校园文化建设

第一，精英文化提升大众文化，促进大众文化与精英文化的良性互动。

精英文化是以知识分子文化为主要表现形态的，精英文化应该是高校的精神支柱，是校园文化的核心精神，应该是每一位大学生都应具备的精神体验和文化素养，然而目前在高校中也呈现出精英文化式微、大众文化兴盛的局面。在当前大众文化产品市场和社会观念混乱、文化价值分层加速的背景下，精英文化不应放弃本该具有的一贯的社会责任感、使命感和文化立场，更应"站出来"承担社会教化的使命，发挥价值导向功能。

---

① 庞桂美：《大众文化的泛滥及其对校园文化的影响》，《青岛科技大学学报》（社会科学版）2004 年第 4 期，第 108 页。

② 高丙中：《精英文化、大众文化、民间文化：中国文化的群体差异及其变迁》，《社会科学战线》1996 年第 2 期，第 110 页。

为大众文化提供智力支持与思想指导。此外，花样繁多的大众文化也有利于丰富精英文化的表现形式，增强精英文化在百姓生活中的影响和辐射作用。在两者的接触、碰撞等良性互动中，逐渐形成形式多样、内涵丰富和具有深远文化感召力的高校校园文化。

第二，高校校园文化应继承和发扬中国传统文化，重视科学精神的培养。

千余年的中华民族道德发展的历程表明，中华民族优秀传统文化不仅仅是中国几千年的文化积淀，也是社会发展、治国安邦的重要基础和动力。高校应引导校园人在全面建设小康社会的历史阶段，正确、客观地看待优秀传统文化在我国乃至世界文化体系中的重要地位以及在当今社会发展中的重要作用。高校应精心选取一些大学生乐于并易于接受的、对促进社会发展有利的国学精华并在课程设置中加入，这是传承和弘扬我国传统文化最直接和最有效的途径之一，其中较为重要的是注重历史文化的传承。大学生对历史事件的熟知和理解、正确评价历史人物，有利于增强其分析历史和社会现实的热情与能力以及对历史和社会的责任感、使命感。蕴含着不屈不挠、勇于奋进的民族精神的历史教育对于培养学生们的重义轻利、积极向上的价值观和人生观、提高他们的人文情怀具有重要的教育和熏陶作用。同时，在高校思想政治理论课教学中，教师应改变僵硬的教学模式，丰富教学方法，在讲授马克思主义中国化理论成果的过程中有针对性地提炼国学的精华部分并充实到教学内容中，以提高政治教育的吸引力和实效性、道德教育的亲和力和感染力。高校应积极探索、传承和弘扬传统文化的各种有效形式，使其激励、引导和育人作用得以充分发挥，以增强大学生对唯利益论、利己主义、拜金主义等不良思想的防御和思辨能力。科学研究是高校的重要职能之一。创造、学习和传播科学文化是高校师生的共同追求。大学生不仅需要有较高的科学文化素质，还要怀揣不断追求真理的科学精神。高校教师应该崇尚和实践治学严谨、不断探索真理、敢于纠正错误、批判和干预谬误的科学研究精神。在这样的校园文化气氛中，大学生将深受其熏陶和影响，慢慢养成追求和弘扬科学精神的气度。高校作为文化的重要发源地之一，应当深入研究和探索传统文化和精英文化，将历史的积淀与现代的诠释加以融合，将传统文化与现代科学并举。借鉴传统文化和借助现代科学推进校园文化建设，从而使校园文化得到不断的更新，实现可持续发展。

第三，不断加强校园文化建设，使高校成为创建 21 世纪新文化的主力军。

西方学者早已指出：西方文化已渐趋没落和衰弱，已表现出各种劣迹，人们将寄希望于东方文化来摆脱精神枷锁的束缚来拯救人类。

我们大可不必因此类论断而欣喜，但应抓住世界文化重新组合的契机，不断加强高校校园文化建设，使高校肩负起文化创建的重要历史使命，在创建 21 世纪新文化的进程中发挥重要的作用。高校不仅应该保持其应有的创新性、独立性的先进文化理念，而且更应研究、挖掘新时期高校的文化魅力，在深度和广度上来展现高校的文化品位。高校教师应深入探讨道德教育的目标与文化内涵，转变仅用思想政治理论课来代替文化传承与文化建设的教学模式和思维定势，不仅通过课堂教学培养学生的伦理价值观，更应注重为他们提供良好的德育环境和气氛、培养其独特的文化鉴赏力、创造力、批判力、意志力，等等。从文化的层面重视对学生的心理教育，使其能够在善与恶、美与丑、荣与辱、公与私、虚伪与诚实面前具有正确的价值判断。

第四，不断提高大学生对大众文化的审美能力。

席勒认为，美育的目的是培养人们的感性与精神力量总体上尽可能的趋于和谐统一，在人格中逐渐凸显人的理性。美育会使人的感性与理性在交融的过程中达到升华，并且使人们的精神世界在理性的层面上达到和谐与统一。① 当前，不良的大众文化一定程度上影响着高校校园文化，很大程度上在于学生没有足够的审美能力。同时，大学生在校期间，自由发展空间大。高校在学科设置方面又缺乏提高学生审美和艺术修养的课程，因此，他们的审美倾向需要给予有益的积极地引导。学校应努力创造条件，引导学生正确分析和评价大众文化，通过各种渠道，如开设美育、艺术教育课程，包括舞蹈、音乐、戏剧、绘画、雕塑，等等。让学生在对美的欣赏、评价、想象和创造中，提高审美意识和审美情趣、净化心灵、陶冶情操，逐步积累审美经验，不断增强审美能力和艺术批评能力，久而久之，将审美意识和心理逐步转化为日常行为。这对于学生独立、清醒地对待大众文化具有重要的意义。

总之，校园文化与社会文化中其他亚文化，如商业文化、政治文化和

---

① 仇春霖：《大学美育》，高等教育出版社 1997 年版，第 13 页。

大众文化等也发生着冲突。在市场经济条件下，这主要表现在商业文化、大众文化对校园文化的冲击。高校应认真把握好商业文化、大众文化与校园文化的关系，积极吸收商业文化和大众文化的精华，增强精英文化对大众文化的提升作用，重视对学生的传统文化、科学精神和审美能力的教育和培养，尽量避免商业文化和大众文化对高校校园文化的负面影响。① 政治文化对高校校园文化的作用主要表现为近代以来不同历史时期的校园文化所体现出来的差异性，在新的历史时期高校应不断加强先进文化对校园文化建设的引导作用。

---

① 于滨:《大众文化影响下的高校校园文化建设》,《现代教育科学》2016 年第 1 期, 第54—59 页。

第四章　高校校园内部(亚)文化的冲突

　　由不同群体组成的高校内部也是一个充满文化冲突的领域。教师与行政管理人员间不同的价值判断、不同的职业目标追求以及利益分配、高校管理体制和机制的不完善导致双方的冲突日渐明显。师生文化冲突也构成了校园文化中的不和谐音符。学生文化方面也存在着文化冲突，主要表现为不同类型的学生文化相互碰撞产生的文化冲突和学生的反学校文化。

　　20世纪中期以来，文化人类学与社会学的学者们开始广泛研究教育文化领域中的冲突问题。尤其是，近三十年来的高等教育迅猛发展，理论界更加关注高等教育中的文化冲突现象。为了深入研究我国高校校园内部不同群体间的文化冲突问题，我们必须以教育社会学、文化人类学以及管理学等多学科的视角来加以理论分析和研究。当代批判教育理论和历史批判学派中有关教育的文化冲突观以及组织文化理论中的文化冲突观为我们研究高校校园内部文化冲突问题提供了重要的理论基础。

一　当代批判教育理论中教育的文化冲突观

　　批判教育理论是教育学中研究文化冲突，尤其是不同阶级间文化冲突最为深刻的理论体系之一。20世纪60年代以后批判教育理论融合了诸多理论和思潮逐渐趋于系统化，70年代兴盛起来。该理论以阶级的视角研究西方国家的教育，它主要以教育领域里的文化矛盾为基础，侧重研究和剖析不同阶级文化之间的碰撞与对立在教育中的影响作用。

　　美国学者鲍尔斯和金蒂斯（Bowles, S. and Gintis, H.）两人于1976年合著的《资本主义美国的学校教育》（*School in Capitalist America*）中曾提到，教育与社会是密切相联系的，受到社会经济、政治制度的束缚。资本主义国家教育所涉及的社会关系是与社会中各种社会关系大致对应的。

对于不同阶级而言，其教育价值具有着本质差异，教育领域中也势必会产生阶级文化冲突。金蒂斯、鲍尔斯只是从宏观上阐述了这一观点，并没有具体而详细地加以分析。英国的以伯恩斯坦（Bernstein, B.）为代表的一些学者以微观教育社会学的视角对此进行了具体研究。在他看来，不同的阶级采用的语言表达形式存在一定的差别，工人阶级一般采用"限制型"的，中产阶级所采用的则是"精制而复杂型"的语言表达规则。由于中产阶级所常用的表达方式正好与学校教育中所使用的非常接近，所以中产阶级相比工人阶级的子女在接受学校教育的过程中处于优势地位，这种不同阶级间的文化冲突是客观必然的。

　　法国批判教育理论重要的代表人物之一布迪厄不赞同他们两人的观点。布迪厄提出，教育和社会之间的关系是间接的，并不是直接相关的。教育肩负着文化传递的重任，它是统治阶级对其他阶级的后代灌输其统治思想等文化专断的重要工具。在此基础上，他还提出并分析了"文化资本"以及"符号暴力"等概念。

　　鲍尔斯、金蒂斯和布迪厄的研究使得批判教育理论不断形成和发展，而使该理论得到进一步深化的当属"反抗理论"。持"反抗理论"观点的学者认为，他们所提出的观点主要说明了社会对学校教育的规定性和制约性，而没有考虑和反映出在教育制度面前人的自由选择和自我价值的重要作用，更没有深入分析学校教育内部的各种矛盾。威尔斯（Willis, P.）以其独特的研究视角指出，统治阶级利用学校教育进行文化专断、灌输其自身的意识形态从而实现本阶级文化的再生产，与此同时，也会派生出与其相对立的文化，即"反学校文化"。具有反学校文化倾向的学生往往很难吸收"主流文化"的主要观点，以其各自的文化模式坚定地反对统治者的文化价值和政治权威以及学校的"主流文化"。此外，亨利·吉鲁（Giroux, H.）也认为自己的观点属于反抗理论。他进一步深入分析了威尔斯关于"反学校文化"的阐述，按照行为的目的指向严格将反抗行为分为促进和破坏人类价值的两种行为，同时认为前者才是真正意义上的"反抗"，确实具有追求自由和解放的斗争意蕴。[1] 吉鲁认为，教育中的各种文化冲突为校园人提供了与不良社会控制进行抗争的机会，对于创新文化具有积极作用。他还尝试着在教学实践过程中贯彻批判性理念，引入了

---

① 郑金洲：《教育文化学》，人民教育出版社2000年版，第159页。

非主流的价值和思想，形成了自成一体的新的文化形式，极力反对那种不注重学生多种文化背景的统一的教学模式和课程。

当代批判教育理论还没有形成比较系统的理论体系和方法。它的主要倾向就是要将现代主义中鼓励人们用批判的眼光来审视社会生活与后现代主义的注重在纷繁复杂世界如何发挥主观能动性结合在一起。换句话说，就是批判教育理论力图将现代主义的"解放"与后现代主义的"反抗"相结合。[①]20世纪80年代以来，有的批判教育理论者在研究不同阶级间文化的差异外，也开始尝试研究教育中的性别、同性恋和种族文化，两种研究领域相互交错，拓宽了教育文化冲突的研究领域。[②] 其实，在该理论的产生之日起始终存在着对其反对批判之声。认为他们在界定学生的反抗行为时有些片面、独断和有失偏颇，不应该武断地将不服从学校要求的行为都认为是反抗的，这种对学生文化的直接赞同或反对的评价方式太过片面化和简单化。这种评价方式客观地说，带有资本主义反叛性质的批判教育者们所具有的批判意识是值得肯定的，他们所涉及的教育中不同阶级文化之间的冲突问题，尤其是他们的解放和改造教育的相关理论，不仅有利于摒弃已有的教育经验中的不合理因素，积极探索教育的新途径，而且对于我们研究教育开辟了新的途径。这对于研究我国高校中主流文化与非主流文化、教师与学生间以及具有不同家庭背景的学生之间的文化冲突具有重要的理论借鉴。[③]

二　历史批判学派中教育的文化冲突观

博厄斯是历史批判学派的重要创始人之一，他以文化人类学的视角来审视和分析教育领域的相关问题，比较关注教师与学生之间的文化冲突。他提出要用人类学的相关理论来分析和缓解教育实践中的文化冲突问题。在他看来，一般来说社会的特定群体要求成员们具有相同或相近的思想观念，因而教育者总是高高在上地向受教育者灌输自己的思想，而受教育者

---

① 郑金洲：《教育文化学》，人民教育出版社2000年版，第159页；转引自于滨：《基于当代批判教育理论的大学生反学校文化研究》，《社会科学战线》2013年第11期，第277页。

② 于滨：《基于当代批判教育理论的大学生反学校文化研究》，《社会科学战线》2013年第11期，第277页。

③ 同上。

往往有着个人的见解和主张，便会在思想上与教育者产生对抗。① 美国著名学者玛格丽特·米德（Margaret Mea）是批判学派的重要代表人物之一，是该理论的第三代传人。她提出的著名代沟理论主要呈现在她于20世纪70年代所写的《代沟》一书中。欧美在20世纪60年代时，虽然经济复苏较快并迅速发展，但是也伴随着学潮、反战、嬉皮士和民权运动。长者和年轻一代之间也存在着明显的对抗与冲突，年轻人非常反感年长者所秉承的传统文化和权威意识，提倡个性自由，但是精力充沛的他们自身却无法明确正确的方向，行动非常盲目。玛格丽特·米德认为，这是横亘在年轻一代和年老一代之间的"代沟"所致。年轻一代代表着人类的未来和希望，他们主动抛弃旧文化并不断开拓创新。旧文化中虽然有不对之处，但也存在着较为合理的要素，他们却这样完全不顾而全部抛弃旧文化，想彻底将自身与过去诀别，而赤手空拳地挑战未来，这样非常令人担忧和恐慌。正是在如此社会背景之下，具有超乎常人洞察力的米德发现了各种对抗和斗争中隐约可见并瞬间消逝的信息。② 米德根据文化传递的不同方式来划分人类文化类型，主要有以下三类：前喻文化，主要体现的是一种老年文化，是子女向父辈及祖辈学习的文化，前辈是后辈的思想和行为的楷模。这种文化传承方式是以人类的生息繁衍为基础的。晚辈的生活方式、对生活和人生的理解虽然有些许变化但总的来说承袭了前辈们的文化。前辈们的过去就是自己的现在和未来。前辈也将传递生产、生活方式给后代作为自己神圣的职责。在这种文化形态中尊重前辈和老人是备受赞誉的传统美德，后辈往往缺乏批判意识和自我意识。这也就避免了年轻人对年长者的反叛，从而减少了代沟产生的些许可能和条件。③ 互喻文化，是在前喻文化面临崩溃时出现的一种文化传递方式。与工业社会相联系的互喻文化是一种过渡性质的文化。大批移民、战争结束等破坏了先前文化或者将其中断，人们几乎没有了前辈思想与言行作为模仿的楷模，只能自我摸索着来习得生产和生活的本领与能力。互喻文化引起了最初的代际冲突。米德主要以移民家庭为例，在新的生活环境中，老一辈的生活经验已经不能够足以胜任面临的挑战。而年青一代由于能较快地掌握移居国家的语言，反而可以向

---

① ［美］博厄斯：《人类学与现代生活》，杨成志译，商务印书馆1943年版，第134页。
② 同上。
③ ［美］玛格丽特·米德：《代沟》，曾胡译，光明日报出版社1988年版，第21页。

其前辈介绍当地文化。总体说来，互喻文化主要表现为前辈与晚辈之间相互的学习。后喻文化，主要体现的是一种青年文化，是由晚辈向长辈传递知识和经验，刚好与前喻文化的文化传递途径相反。时代的迅猛发展变化，长辈的经验和思想观念有些已经与现实脱节，丧失了继续传递的价值和必要性。而晚辈们在新的形势下不仅依靠前辈们的经验，而且相对易于获取新的信息，转而成为其长辈在信息社会的教育者。在青年人的引导下年长者不断更新着知识和观念，进行着再次的社会化或者反向社会化。[①]后喻文化所引起的代际冲突并不像互喻文化的局部冲突，而是全方位的、跨国界的。米德并不认为代际冲突的原因仅仅是晚辈的反抗心理或行为，还有长辈们的思想和行为方式的不合时宜。在代际冲突问题的解决上，米德并不是强调晚辈应绝对地顺从长辈，双方的沟通并不是长辈对晚辈的单向教化，而是双方在平等的位置上进行的坦诚布公的倾听与交流。长辈们应该深知年青一代代表着未来，他们应该虚心接受下一代人的教益。虽然这样的过程令年长一代有些不适，深知痛苦，但是这是大势所趋。

值得强调的是，历史批判学派关于文化研究的范式值得我们借鉴，今后应努力将其运用到教育文化冲突的研究中去。有些学者将其研究范式概括为：实证主义的研究方法；强烈的批判精神；理论上不做原则性的总结；研究范围往往较为局限，只涉及某一种具体的个别现象；将文化的本质属性及其与人的关系和作用作为重点研究的对象。当代西方很多有关教育文化学的研究都效仿和借鉴了其研究的范式，如，女性主义教育、教育中的同性恋和种族文化等等。

关注代际差异而引起教育冲突的历史批判学派对于我们探讨师生文化冲突提供了新的视角。该理论的观点和研究范式启发我们在研究高校校园文化时应从某些局部范围、具体冲突来着手。

三　组织文化理论的文化冲突观

高等学校是汇聚着高级知识分子的社会组织之一，具备着组织所应具有的一切要素。组织文化冲突的相关理论有助于我们研究高校组织内部的

---

① [美]玛格丽特·米德：《文化与承诺——一项有关代沟问题的研究》，周晓虹、周怡译，河北人民出版社1987年版，第7—10页。

冲突问题。

组织文化是 20 世纪 70 年代管理学中的新兴概念，80 年代在西方逐渐成为管理学领域研究的热点。随后，社会学、教育学等学科也借鉴了组织文化的相关理论。不过，关于组织文化的内涵，学术界说法不一。在笔者看来，组织文化主要是指组织在长期的实践过程中逐渐形成的具有个性特色并广为成员认可、付诸实践并共同传承的价值观念和行为标准等全部精神成果。

在组织文化冲突研究中主要包含了跨文化企业的文化冲突问题、组织新成员的价值观念等文化背景与组织文化间的冲突、组织转型时新旧文化冲突等等。关于什么是"冲突"，冲突的特征及其主要模式，组织文化冲突理论作了如下阐述。

（一）冲突的特征

冲突主要是指个体或群体之间在价值追求、态度等方面存在着差异，致使其在行动上也会外化为相互的对立。冲突的特征可以概括为差异性、主观性和过程性。差异性表现在冲突产生于人们或组织之间认知、观念方面的不同和对立。有的表现出缄默的对抗和消极抵触，有的表现得较为明显和过激，发生攻击行为；主观性主要是指发生冲突的双方首先是在心理上对对方产生不满、对抗情绪，是一种主观感受和认知；过程性主要是说冲突经历着产生、发生和演变等动态过程，是冲突双方间的互动过程，而不是静止不变、转瞬即逝的。

（二）冲突的两重性

传统的管理理论片面地认为冲突的存在不利于组织的团结和有效运作，是消极的甚至是可怕的，表明组织功能可能丧失或即将崩溃，降低工作效率和削弱组织的竞争力，不利于组织目标的顺利实现。因此，应尽力预防和减少冲突的出现，通过严格管理、科学的规章制度和行为准则来保障组织的发展。20 世纪 40—70 年代，人际关系理论指出冲突是不可避免的，人们应勇于面对并接纳和包容它，并且要适时地调节和利用冲突，努力营造轻松愉悦的组织氛围，培养和打造志趣相投的优秀团队。可见，传统的管理理论和人际关系理论对于冲突的认识有很多相似之处，均认为它对组织是不利的、消极的，应当尽量避免。然而，20 世纪 80 年代以来的相互作用观念在当代冲突理论中占有了越来越重要的地位。该理论在承认冲突的负面作用的同时也强调了其积极作用。没有任何冲突的融洽、团结的组织会丧失对创新和变革的激情，而往往会表现出墨守成规、毫无活力。换言之，面对冲突，组织成员会发现和考虑组织可能存在的问题，在改进的过程中客观地促进了组织的发展。因而，相互作用观念提出，组织应存在适度的冲突，以利于组织具有生机、创新精神和保有生命力，提高成员的工作效率。

(三) 冲突的主要模式

关于冲突的模式，庞迪（Louis R. Pond）、罗宾斯（Stephen P. Robbins）和托马斯（K. Thomas）等许多学者均从冲突的产生过程来予以阐述和研究。美国行为学家庞迪（Louis R. Pond）提出的冲突模式主要有：潜在阶段、知觉阶段、感受阶段、显现的冲突和冲突的结果。在潜在阶段冲突并不一定会显现出来，经过了知觉和感受两个阶段，冲突才显现为双方的互相争斗和对抗，冲突的结果有好斗或合作。对于冲突采取不同的解决方式会直接导致冲突的不同结果（如图4-1所示）。

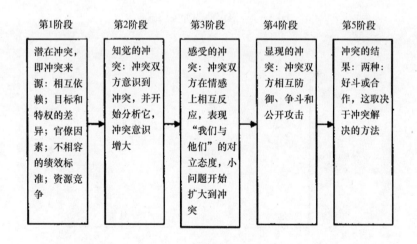

图4-1　庞迪的冲突模式①

美国另一位组织行为学家罗宾斯与庞迪的观点有些接近。如图4-2所示，他将冲突的过程分为了五个阶段，突出强调了针对冲突的不同处理

---

①　顾琴轩：《组织行为学》，上海人民出版社2007年版，第316页。

方式会直接影响冲突的结果。

关于具有冲突的双方如何处理他们之间的冲突行为，美国托马斯从"关心他们"和"关心自己"的二维视角进行研究的冲突模型应用最为广泛。如图4-3所示，横坐标表示"对他人的关心"，即冲突主体中的一方与对方进行合作的态度和诚意；纵坐标反映了"关心自己的程度"，即冲突主体对自身利益与需求的关心程度。该二维冲突模型展示了冲突主体面对和处理冲突时的五种倾向。

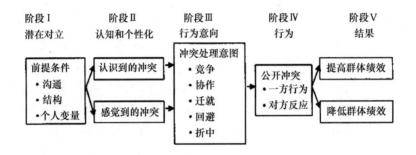

图4-2 罗宾斯的冲突模式①

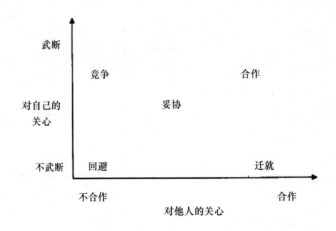

图4-3 托马斯（K. Thomas）二维空间冲突模式②

① [美] 罗宾斯：《组织行为学》，中国人民大学出版社1997年版，第388页。
② 苏勇、何智美：《现代组织行为学》，清华大学出版社2007年版，第255页。

　　从以上三位学者的冲突模式来看，他们均认为冲突的不同解决方法会导致不同的冲突结果，并且主要从正负两种效应来详细分析了冲突的结果。罗宾斯和庞迪的观点极为相似，只不过罗宾斯从组织绩效的角度将庞迪的冲突模型中第二阶段的对冲突的知觉和第三阶段对冲突的感受合并且称之为认知阶段。与庞迪相比，罗宾斯针对冲突结果分析得更加具体，分为提高或降低组织绩效。

　　组织文化冲突中关于冲突的内涵、特征和模型为我们深入理解和分析高校各组织群体或成员之间文化差异提供了非常重要的理论参考。

四　教师与行政管理人员的文化冲突

　　教师作为一种社会群体的存在，其生活与职业的发展必然要受到社会文化的制约，作为外在规约力量的社会文化模式塑造了教师人格和教师行为范型，但这种外在的文化影响力无法脱离教师个人的内心世界而单独对教师行为起作用。教师文化对促进教育教学改革、教师本身与高校发展起到至关重要的作用。同时，教师文化作为社会亚文化的重要组成部分，不仅受到社会主流文化的规范，而且也在其内部、与其他文化间主动地进行文化选择、互动、创造和整合。

　　对于教师文化的含义可以说有多种解释。有的认为，教师文化是"教师的价值观念及行为方式"[1] 或者 "教师文化系指教师们所特有的范式性的职业文化"[2]，有的则将其放置在整个国家和民族文化的视阈下来分析其内涵和形式。通过对各种论断的梳理，笔者认为，教师文化是教师主要在校园范围，学校组织内，教书育人的实践过程中逐步积累和提炼而形成并发展的价值、态度、信念和处事方式。教师文化是无形的、抽象的，具有内隐性和渗透性，是教师这一职业群体在精神气质方面的集体性特征。教师文化的内容反映在教师所想、所说和所做之中，并促进教师不断完善自身修养和知识素养、优化职业行为，推动他们逐渐向更高层次的精神领域、思想境界和职业人格而努力和进取。高校教师文化是指长期处于一定高校文化氛围内的教师在从事教学和科研等实践过程中积淀和发展

---

① 顾明远：《教育大辞典》，上海教育出版社1998年版，第705页。
② ［日］佐藤学：《课程与教师》，钟启泉译，教育科学出版社2003年版，第253页。

起来的群体价值观念体系，集中反映了他们的群体意识、信念、职业道德和学术风范。

　　近年来我国关于教师文化的研究成果颇多，主要内容包括教师文化内涵与特征、类型、功能与作用、教师文化建设等等。关于教师间的文化冲突主要体现在教师文化类型方面。笔者认为，当前高校教师间的文化融合是主流，同时高校也存在着不同类型的教师文化，他们在彼此碰撞的过程中难免会产生冲突。在高校教师文化冲突领域，最明显、最突出的当属教师与行政管理人员间的文化冲突问题。这一领域非常值得我们深入研究。

（一）教师与行政管理人员间文化冲突的原因分析

　　当今社会发展迅速，社会分工越来越精细，高校也主要由教师和行政管理人员共同治理，学校的定位、发展方向、资源利用与分配、科研项目申报等重要大事都要由双方来共同商讨而决定。他们在教育教学等实践过程中长期协作，合作过程中必然产生相互依赖关系，从而直接导致更加关注彼此的利益。随着社会化大生产的发展和分工不断精细，高校教师和行政管理人员彼此分工明确、依赖协作，共同决定着所在学校的发展方向。在学校的资源分配、选优择优、评审科研项目等具体工作过程中，他们相互依赖共同完成任务，推动了学校的健康发展，但是随着双方依赖程度的加深，必然会对利益分配、资源享用等问题越来越关注或者更加敏感，这便成为双方冲突产生的助推器。换言之，双方关系越为密切，就越会产生矛盾与冲突，有时甚至非常强烈。这是校园文化中的一种动态的正常现象。

　　首先，双方在某些方面具有不同的价值标准。学术自由是高校得以存在和发展的不竭源头。在教师看来，发展学术是高校的基本使命之一。教师的重要职责之一是追求真理，在开展学术活动时遵循基本的学术标准。这不仅是其工作的出发点，也是其审视各种教育科研活动的重要视角。他们认为，教师应该凭借自身学术研究水平和教育教学经验来确定课程设置、教学方法、研究方向和方法。校长只是使学术发展得以实施的秘书，是由教师群体选举出来反映教师利益和价值的代表，而不是管理者；由校长领导的行政人员只是教师的雇员，他们工作的职责是服务学术，保证教学和科研工作得以顺利开展。从这个角度说来，教师是学校的主人，行政人员则是学校的"仆人"。① 持有这种思想的高校教师,有些会表现得较为清高和孤傲,不关心学校具体事务,对于学校的发展也是不闻不问,参与度较低,而只是"孤军奋战"在教学与学术上。但从行政管理人员的角度来看,他们的这些表现是不配合其工作,甚至是推卸责任,久而久之,必然产生冲突。

　　然而在行政管理人员看来,高校是为社会服务的基地。高校不只是为学生和学者们所建,而是为社会所建。行政管理人员工作的基本价值是保证高校社会公共责任得以充分实现,这是他们工作的原动力。他们认为本身所积累的专业知识和素养以及组织管理能力能够很好地胜任当前学校的行政工作,有利于学校组织目标的实现和办学思想在现实中得以落实。然后,教师一心钻研教学与科研往往无兴趣或无暇承担和处理学校的日常事务。正像布鲁贝克所认为的,随着高等教育的不断社会化,人们就应该用政治的视角来审视它。正如非常重大的战役不应完全由将军一个人来决定全部一样,在社会中处于极其重要地位的高等教育同样也不能完全由教授掌握决定权。② 而有些行政人员受"官本位"思想的影响,往往只重视上级指示和要求,而缺乏服务意识,直接影响了他们与教师群体的关系。双方的学术与管理理念的分歧使得他们在思想和行为模式等方面存在着差异,必然发生冲突。

　　其次,双方在职业目标追求上存在着差异。教师在工作方面所擅长的是在其学科领域的教学与科研,其职业目标追求是不断发展自身学术,获得在职称方面的不断晋升。虽然他们工作的地点可以从一所高校换到另一所,但是他们基本的工作职责并没有因此而发生实质性的改变。与行政人员相比,教师更加看重探索和积累自身学科领域内的知识,这远远超出了教师对所在学校的忠诚。同时部分教师认为行政管理人员的日常工作是毫无知识和技术含量的从属工作。实际上,行政管理方面的科层制注重下级服从上级的基本规则。维系组织正常运作的行政文化蕴含着上级的命令和下级对上级的服从。组织中的行政人员擅长的是管理能力,而不是某一个特定研究领域和学科,在职位上不断晋升是

---

① 李从浩:《大学学术权力与行政权力的冲突之辨》,《中南民族大学学报》(人文社会科学版)2009年第3期,第178页。

② [美] 约翰·S. 布鲁贝克:《高等教育哲学》,王承绪等译,浙江教育出版社1998年版,第32页。

他们所追求的职业目标。他们的利益、权利和义务直接与其行政级别和相对应的岗位相关联，获得晋升的必要前提是完成公共责任取得绩效。为了维护自身利益，他们不断寻求社会和学校组织的认可。教师与行政人员间不同的职业目标相互交织、不断碰撞与冲突着。另外，在我国，高校的学术权力不断行政化在某种程度上削弱和挫伤了教师参与学术活动的积极性。一些教师开始热衷于学校的行政职位，更有甚者，他们放弃了学术研究领域，转而追求自身的行政业绩。不过，仍有一部分人兼顾学术职称，被人们称作"双肩挑"。他们运用手中的行政权力一定程度上占用了原属于教师们的一些资源和很多行政人员所热衷的领导职位。在当前学术权力与行政权力相较量的高校，教师们往往对于"双肩挑"现象充满着矛盾心理。因为，"双肩挑"人员能够部分代表教师的意愿和利益，这有利于学校的行政权力不被行政人员垄断。但是，教师们又认为，他们破坏和影响了传统的学术文化，并且非常反感他们占用自身群体的资源。

再次，利益分配方面存在着矛盾。任何组织赖以存在的各种资源往往是有限的，组织成员间的资源分配往往没有实现"按需分配"，在分配资源尤其是紧缺资源的过程中，必然会发生冲突，高校组织亦是如此。一方面体现在对学校行政资源和学术资源在使用方面的矛盾。由于种种原因，我国高校中行政人员运用行政权力侵占学术资源现象是一种较为普遍的现象。另一方面体现在两个群体在经济利益分配方面上的冲突。学校的分配制度往往由行政群体所支配的行政权利所决定，教师群体在这方面往往缺少话语权，同时从操作层面来看很难用统一的标准来直接的量化和比较两个群体的工作，因此在进行奖金、福利等经济利益分配方面双方存在着利益分歧。

最后，高校管理方面的不完善。在我国，高校是政府的附属机构之一，有些政府行政管理模式在高校仍然沿用至今。正如董云川老师所说的，当前中国高校的主要问题是舆论中注重谈论教育理念，而在现实中却仍沿袭着行政观念。[①]

从宏观角度来说，我国高校的管理模式深受苏联高校的影响，强调科层制和集权观念。这正与教师专业化中所倡导的文化多元化、人文关怀和

---

① 董云川：《论大学行政权力的泛化》，《高等教育研究》2000年第1期，第45页。

松散型管理模式相去甚远。多年来，我国所进行的高校管理体制革新，虽然在新世纪初已经形成了以省级为主、中央为辅的两级管理体制，但是高校仍存在着相当严重的集权管理模式。

从微观角度来说，我国普通高校在党委领导下一般实行的是校长负责制。校长几乎都是由上级主管部门任命的，高校内部权力分配也是按照科层制的校、院和系展开，注重硬性的可量化和细化的效率。在管理方法上没有充分考虑和遵循高等教育管理方面的客观规律。一方面，重视和强调教学与科研的重要性，但是在该方面进行考核和评价时有时不讲求科学和合理性。教学活动尤其是科研活动是非常艰辛、有时甚至是较为枯燥的探索过程，是具有创新性和探索性的长期智力投入，其中充满了艰辛。然而有些高校对其进行考核时的短期行为和详细的量化指标却使其具有着本不该存在的功利主义倾向，在这种利益驱使下，教师无法静下心来进行长期而深入的科学研究；另一方面，有些针对教师教学和科研的严格管理制度并没有充分调动他们参与的积极性。教师的教学科研水平和能力是所在学校得以发展的重要软实力之一。普遍而言，高校教师具有着较高的职业素养，自觉意识较强，具有着较强的自我管理能力，强压式的约束与管理以及经济利益驱动并不能构成推动他们长远发展的强大动力。他们更需要管理者鼓励其教学与科学研究工作，认同其在专业领域所进行的艰辛探索过程，给予精神上的鼓励和制度上的保障。教师代表大会的代表和工会在现实中并没有实际权力，学术权力往往受制于行政权力，行政权力代替和左右其在学术事务中的影响力和决策权。学校中的学位委员会、教师职称评审委员会和学术委员会等等学术机构有时并没有在实际运行中落实学术权力，而往往行使其行政职能。这必然影响着教师专业化发展目标的实现，也阻碍了教师在学校和学术发展中发挥其核心作用。另外，在学术事务中，有些学者意见和观点不一致。在使用学术权力时有失偏颇或者在行政事务中急于表现和强调自己的作用等等，也会干扰行政权力的发挥。两种权力的相互干预或者越位，也增强了教师与行政人员间的冲突的可能，对于高校形成高效、科学的管理模式造成不必要的负面作用。

(二) 教师与行政管理人员间文化冲突的功能分析

传统管理理论强调组织内部的和谐、团结、相互合作，认为冲突预示着组织"崩溃",也妨碍组织的正常运行和发展。① 为此,只有尽最大可能将组织内部的冲突降低或者加以限制直至最小化,以此来提高组织工作效率。在这种传统的管理理念背景下,组织机构便制定了严格的规章制度、规范,构建了完善的组织系统、序列和重要指挥机构等,以此来最大程度地避免组织成员间任何冲突的产生,甚至还试图采取回避、掩盖和强行压制等举措来"消灭"冲突。与传统观点形成鲜明对比,以美国学者怀特为代表的现代组织理论推崇者们认为:在组织不断运行和发挥作用的过程中,绝对完美的和谐组织在现实中是不存在的,同时是乏味和使人生厌的,冲突是组织生命中不可或缺的一部分。在现代组织理论中,人们已经认识到建设性冲突存在的必然性和必要性以及压制冲突的不合理性。组织中的建设性冲突某种程度上有利于组织效率的提高和组织内部活力的增强,零冲突或极少的冲突易于导致组织管理失效、决策失误、效率降低,严重的甚至会导致整个组织系统停止发展或发展倒退。诚然,过度的冲突同时也可对组织导致破坏性甚至是致命性结果。总之,冲突对于组织的发展既有积极的作用,又有消极的影响,没有明显的绝对的优劣之分。同理,教师与行政人员间的文化冲突也具有破坏性和建设性功能。

1. 破坏性功能的主要表现

第一,冲突会影响双方的身心健康。

以人的社会性视角来看,教师和行政管理人员在相互交往的过程中能够以他们所供职高校的办学定位、价值目标、组织内其他成员的个性、能力等方面获得一定程度的认同感和归属感,彼此在思想方面、信息方面进行交流与资源共享,形成一种相对稳定的心理平衡状态。双方的互动与交往是以人格认知、道德情感和活动方式等诸多要素为基础的动态发展的过程。如果教师与行政管理人员的沟通与交流顺畅、和谐,他们就会产生愉悦的工作热情和积极向上的工作态度,从而对于后续工作往往产生良好的影响。相反,双方在工作过程中不断爆发冲突,对立的情绪势必会影响双方稳定的认同感、工作心情和心理平衡,敌对的关系处理不及时也会在心理上形成压抑感、彼此的不信任、归属感淡化、压抑、忧郁、焦虑、恐惧,甚至敌意,减少理性思考,削弱控制能力,导致相互对抗的行为反应

---

① [美]罗伯特·G. 欧文斯:《教育组织行为学》,窦卫霖等译,华东师范大学出版社2001年版,第402页。

模式，行为失范和认知障碍，工作积极性下降，对生活、工作产生消极情绪，从而影响到他们个体身心的健康发展。

第二，损害高校的形象和影响力，降低高校的竞争力。

学校是一个有机整体，只有学校中每一个要素正常运作和正常发挥功能才可能保证学校的有序发展。作为学校这一大系统中非常重要的组成要素，教师与行政人员间的和谐、友好的合作有利于教育教学活动开展和学校的正常运行。相反，如果教师与行政管理人员合作不顺畅、彼此存在冲突时，双方的信息交流与传递必然受到阻碍、沟通减少，会直接影响学校教育教学活动的质量和组织发展的效率，不利于学校工作的顺利开展。同时，双方将时间和精力大都放在相互排斥、在对峙的过程中取胜，无心进行正常的工作，缺乏工作热情、人心不稳，必然会影响到学校这一组织目标的实现。这样必然会浪费工作成本，浪费时间、人力、物力和财力，不利于学校形成和谐、稳定、合作的组织环境和氛围，导致学校的凝聚力下降，大大降低学校运行的效率，损害学校的形象和实力，不利于获得社会的欢迎和认可，最终必然会降低学校的竞争力。

2. 建设性功能的主要表现

第一，适度的冲突有利于增强学校的活力和提高创新水平。

组织中出现冲突，有利于发现组织中的弊端，暴露存在的问题。有利于成员间及时发现问题，解决问题以及进行批评和自我批评，从而提高成员的素质。高校组织运行过程中充斥着保守观念，教师与行政管理人员间发生矛盾可以使双方能够深刻反思自身存在的问题，客观上会使他们放弃一些不合时宜的和不合理的思想观念，积极探索先进的教育和办公理念，双方通过争论、交流、协商不断地进行磨合，逐步形成能够易于双方接受、符合双方利益需求的为人处事的态度和方法。同时，冲突造成的彼此间适度的压力会迫使教师与行政管理人员主动发挥创新精神，积极响应学校的改革，这样有利于形成富含竞争意识的组织文化氛围，也可以促进组织的高效发展，极大地提高学校业绩水平和办学目标的顺利实现，减少保守观念带来的负面结果。相反，如果组织中成员间一点矛盾和冲突都没有是不客观，也是不现实的，这样势必会使整个组织系统毫无活力和生机。

第二，适度的冲突可以增强组织成员间的向心力，提高组织的凝聚力。

有较多矛盾和冲突的组织，为了减少内耗、保持其正常运行，就要尽力协调各方冲突，以保持内部的和谐。通常情况下，随着组织与外部间的冲突不断增加，组织内部群体间的矛盾和纠纷反而会随之减弱，为了应付外部的对立而趋向团结。与此相反，当群体间没有冲突威胁时，群体内就可能减少凝聚力与一致性。学校内部各组织部门之间缺乏冲突时，教职员工的团结性就有可能减少。教师与行政管理人员间的冲突也反映了双方本身的不足之处，促使他们及时发现工作和交往中需要改进的地方，使问题得到真正的解决，从而增加彼此间的相互理解和信任。高校组织如尽力做好协调工作和引进必要的竞争机制等对策将纷争和分歧适度控制，将会有针对性地避免和消融教师与行政管理人员间的对立与矛盾，从而增强高校组织的向心力和凝聚力。

第三，适度的冲突可以使学校及时发现存在的问题，并采取有效措施加以解决。

高校中存在的一些问题有时因认识存在误区或管理和体制等原因还没有完全暴露出来，这样势必会被忽视，长此以往便会延误最佳解决时机和期限。而高校组织内部教师与行政管理人员间一定程度的冲突能够反映出组织成员的困惑以及组织本身的不足，一些潜在的问题也会慢慢凸显出来。这便有利于高校管理者及时发现问题并主动协调各部门力量实施组织结构调整，以保证高校组织良性、高效运行和发展。双方间适度的冲突会积极促使学校作出相应的结构和功能调整，并在条件允许时将这些在促进双方关系融合发挥实际作用的措施，制定为规范以利于促使双方在动态中维持相对的平衡状态和促进高校今后的长远发展。这种适度冲突为高校制度和规范的不断推陈出新创造了条件，对高校组织发展形成了重要的积极影响。[①]

鉴于以上分析，笔者认为，如果冲突适量，反而有益于组织健康发展，关键是我们如何认识它、引导它和转化它。高校教师与行政人员之间冲突的发生是学校管理内部诸因素共同作用的必然结果，这并不意味着双方的冲突势必都具有破坏性。这就要求高校管理者们客观地正视冲突并积极分辨每种冲突的功能，采取相应方法促成冲突积极性的充分发挥，而抑制其消极因素。

---

① 钟玉云、赵凤娟：《认清高校内部冲突的功能属性　建设和谐校园》，《广东工业大学学报》（社会科学版）2009 年第 4 期，第 10 页。

（三）教师与行政管理人员间文化冲突的对策分析

首先，强化教师与行政人员双方的整体目标。

知识创新和人才培养是高校的重要社会职能之一，因而高等院校应坚持发展教学和科研这一整体目标，并将其渗透到校园人的思想观念中，从而外化为行动。教师与行政人员也概莫能外，他们将自身的利益和部门、学校的利益联系在一起，思想和行动统一到学校发展的整体目标上来，整合双方的实力，以大局为重形成合力，增强对彼此的认同感和对学校的归属感，逐步形成和谐的文化氛围，减少不必要的摩擦，激发建设性的冲突。在这个整体目标的统领下，教师应树立主人翁意识，履行本职工作，理解并主动与行政人员沟通，在学校管理和服务工作方面给予配合。同时，行政人员应增强为学校教学与科研服务的意识和观念，多听取教师的建议，努力提高自身的服务水平和管理能力。

其次，努力为教师与行政人员之间的沟通搭建平台。

沟通是群体取得成功绩效和解决人际交往冲突的重要因素之一，有利于消除误会和隔阂，增进彼此的认识与了解，从而会营造良好的工作氛围。具有良好绩效的组织是以良好和有效的沟通为特征的，才能保证组织中冲突的适度性和建设性。据调查，许多教师和行政人员赞同有效的沟通能够舒缓已有的矛盾，消除彼此的隔阂。但是，当前各高校几乎都存在着双方沟通不畅或者缺乏必要沟通平台的现象。因此，高校应通过座谈会、教职工各项活动等有效渠道为双方提供更多的交流机会，在轻松愉悦的沟通环境中彼此交换意见、表达个人看法、倾听心声，学会换位思考，这必然会减少不必要的误会和冲突。

最后，建立和完善合理的资源分配与奖惩体系。

高校应不断深化和完善管理体制改革，针对教师与行政人员进行合理分工，找到学术权力与行政权力的平衡点。现代大学在管理上应强调学术权力的基础地位，同时也需要行政权力来进行制衡。[1] 高校要想不断提高学术和科研水平，就应该努力保持学术的纯洁性，对于教师的学术权力予以保障，也要充分调动他们参与学校管理事务的热情。同时，

---

[1]　胡保利、赵惠莉：《冲突理论视野中高校学术权力与行政权力的关系》，《黑龙江高教研究》2008 年第 4 期，第 3 页。

高校也应鼓励行政人员不断进修、学习管理知识和提高管理能力。正像布鲁贝克所认为的，如同高深学问需要不断专业化一样，高校日常各项事务也应该专门化。行政人员正是参与和处理高校事务的重要群体，协调着学校内部以及学校与外部间的各种关系，他们的工作有利于为教师提供潜心进行教育教学和科学研究的环境，也有利于组织的有序运作。因此，只有在公平、科学的原则指导下建立奖惩制度和资源分配机制，使得学校资源在双方进行合理分配，保证他们应有的待遇，才能极大地调动教师积极投身于教学科研活动中去，同时也能激发行政人员的服务意识和工作积极性。

五　教师与学生的文化冲突

当前我国社会正处在向现代化发展的社会转型期，社会上充斥着各类文化，在这样的多元文化背景下，人们选择价值观和行为方式的自由度不断提高，同时也深深地感受到了异质文化的强烈冲击。随着高校与社会关系的不断复杂化，作为社会系统中的重要要素，高校也深受各种文化冲突的渗透和影响。大量教育事实表明，教师和学生在教育上的互动关系大多是和谐一致的，但随着社会转型的不断深化尤其是 20 世纪 90 年代开始，高校教师与学生间的文化冲突日趋严重，形成了高校中不和谐的旋律，开始引起了人们的关注。这类文化冲突主要有非对抗的建设性冲突和对抗性的恶性冲突两种性质。[①] 师生间的对抗性冲突，极易造成教师与学生之间思想上的隔阂及情感上的生疏与对抗，人际关系发生断裂，往往给学生的心理造成较大的伤害，还会影响和干扰教学活动的有序开展，进而引发一系列的教育和社会问题。与此同时，我们也应该关注到教师与学生之间建设性冲突的积极作用。它可以使双方在碰撞与摩擦中交换信息，增进彼此的了解，一定程度上会增强师生间的聚合力。另外，存在这类冲突也客观地反映了学校教育和管理方面存在的一些弊端，从而可以促使校方认真审视和思考学校的管理模式和教育方法等等，转变教育和管理观念，重新修定符合教育规律和时代特色的规章

---

① 叶为、韦耀阳：《重新审视师生冲突——一种文化学分析》，《湖北师范学院学报》（哲学社会科学版）2005 年第 4 期，第 101 页。

制度。

高校管理者应理性分析和审视高校教师与学生间的文化冲突，正确认识和分析两者冲突的种类、特点和冲突背后的原因来研究缓解师生间文化冲突的对策是本节的主要目的和旨归。

（一）师生文化冲突的类型

第一，师生所代表的文化价值取向不同而产生的文化冲突。

教育不仅是师生互动的过程，同时也是文化交流与碰撞的过程。作为高校主流文化的宣传者——高校教师，他们在遵循国家的教育方针、教育目的，传道、授业、解惑的过程中也是不断向学生渗透占社会主导地位的主流文化、官方文化。而当今的社会正处于转型时期，多种文化交织在一起，中西文化、传统文化与新兴文化发生着强烈的交锋和碰撞，文化也正面临着转型。学生们在这五彩缤纷、多元文化的社会中有更多的机会选择不同的文化价值取向，从而使得学生文化呈现出多元化的趋势。大学生心理尚处于由不成熟向成熟的社会化的过程之中。他们在学习和生活过程中不断吸收主流文化的某些成分，同时也很大程度上会受大众文化的影响，他们渴望自身的独立自我意识得到尊重、个性需要得到充分释放，这便在某种程度上形成了一些不同于教师的价值观念和行为习惯。教师文化代言的统一的主流文化和学生文化表现出来的多元文化价值取向必然在师生文化互动与碰撞的过程中发生冲突，甚至有些反文化的因素也会存在。在面对教师"鼓吹"官方文化和主流文化时，有些学生会表现出回避、冷漠、不屑甚至于反驳。

第二，师生间的目标文化冲突。

在日常教学实践中，学校往往更加重视教师在教学中的作用。虽然理论上认识到学生主体性作用，但是在现实中，学生学的过程往往没有引起足够的重视。在具体教学方法和手段的选取上，教师很少运用双向互动的方式来进行共同研究和探讨，往往是教师主导的满堂灌。在对学生课程的评价中，教师一般按照回答知识的准确程度为评价标准，往往忽视将学生学习态度和学习能力作为评分的重要依据之一。在对学生的思想政治教育方面，教师一般很少与学生平等地进行沟通，往往采取居高临下的姿态来简单地加以引导。在班级管理和组织教学的过程中，教师也习惯于简单命令布置任务、监督过程和奖惩结果，而无视学生的管理能力和参与意识等等。① 在高等教育不断制度化的今天，大多数教师在教育过程中仍然循规蹈矩，以权威者自居，按照他们所设想的模式来培养学生，试图按照自己的思维方式将学生作为"原料"加工成为统一的符合社会要求的"产品"，漠视了学生的感受、情感和价值观等。有些教师往往乐于运用诸如引导性的正向激励、惩罚性的负向激励这些具有高度操纵式的模式，忽略了学生的自尊心、成就感等基本需要。师生之间原本的"人——人"关系异化为"人——物"关系，教师将原本该人性化的复杂的教学过程简化为对学生的知识技能训练，而"训练是一种心灵隔离的活动，教学则是人与人精神相契合、文化得以传递的活动"。② 而作为大学生，他们渴望自己的个性被老师所尊重和认可，表达自己的心声，于是，新旧文化必然发生冲突。另外，表现在教育评价目标上。学生以成绩为标准，教师则以业绩为方向的学校教育目标也是引发师生冲突的根源之一。不少教师仍然停留在传统的思维模式来以"高分、顺从"为标准来界定优等生，用权威进行同化和规范与自己的价值观念、道德标准不符的情况。这种社会评价标准难免有失偏颇。多种社会思潮、价值观念不断影响大学生的对周围同学及个人的社会评价标准，他们更加接受多元的评价。这样有些教师和学生所认同的优等生的评价标准就会不同。很多高校考核教师工作质量与成效的方式是对其进行教学业绩考核，很多量化的指标，为了完成工作任务，或者在竞争中取胜，现实生活中，很多教师更加专注如何按照考核标准来完成任务，较少考虑学生的感受和需要。教师的压力和紧张情绪无处宣泄和表达，学生的不良情绪得不到安抚和梳理，相互抱怨，这样必然会产生一定的对立和矛盾。

第三，师生间的代际文化冲突。

代际文化冲突是指不同的"代"由于其价值观、行为方式等的不同而产生的冲突，其中最为核心的是因文化需求和追求方面的不同而产生的价值观方面的差异。代际文化冲突与不同代的人们所处的社会文化背景有着密切联系，因为不同的时代造就了不同年代人们的文化追求，当他们处

---

① 傅维利、刘民：《文化变迁与教育发展》，四川教育出版社1988年版，第218页。
② ［德］雅斯贝尔斯：《什么是教育》，邹进译，生活·读书·新知三联书店1991年版，第2页。

于同一个时代，社会主流文化无法将其很好的调整和整合时，便产生了代际文化冲突。[①]师生间的代际文化冲突是源于教师文化与学生文化是不同"质"的文化。师生间某些"相对的"价值观念、生活经验和行为方式等，易产生分歧和对立，使双方难以相互认同并形成共识。从师生关系角度来看，教师代表的是成人文化。教师一般遵循社会主流文化的价值标准所传授的文化是按既定教育目的筛选出的一种理想文化，主要反映和维护传统文化。而尚未成熟的大学生，因某些共有的价值观念和行为方式易于形成青年亚文化中的同辈群体文化。在选择、吸收各种文化时，他们往往具有与教师不同的方式和特点。大学生在价值取向上具有异质性、超前性、多元性，不喜欢循规蹈矩，乐于追求身心愉悦、新奇和刺激。尤其是互联网的出现为学生们带来的不同于传统文化的现代文化，往往与教师传授的规范文化容易发生冲突。作为学生他们有的不理解或难以从感情和行动上接受教师所传授的传统文化。

(二) 师生文化冲突的特点

高校师生间的文化冲突是指高校中部分教师与学生在思想、观念、态度和行为模式等方面存在的差异与对抗。高校师生间的文化冲突主要表现在：

第一，必然性。

现代冲突理论强调冲突是组织中客观存在且无法避免的。高校作为一种特殊的组织也会面临多种冲突问题。教师与学生之间在观念、行为方式等方面具有着较大差异，同时交往与互动具有频繁性，这就决定了双方在校园这一同一场域必然会产生不同文化间的交流和碰撞。在师生文化的碰撞和冲突过程中双方文化必然处于整合的互动状态，自然形成相互平衡的张力。在这一动态过程中，一方较之对方的力量较强时，便会打破平衡，从而产生新的矛盾与冲突，随后经过文化的相互整合又重新恢复到平衡。因此，师生文化间内在的矛盾是必然的，不可避免的。

第二，多样性。

在社会转型期的背景下，社会文化不断呈现出多元化和复杂化的倾

---

① 石中英：《代际冲突与现代教师角色的转变》，《现代教育论丛》1997 年第 1 期，第 15 页。

向，师生文化也深受其影响，表现出纷繁复杂的多种形态。双方的文化冲突主要表现在物质文化、制度文化和精神文化等方面。师生文化冲突在物质文化层面上，主要体现在服饰、谈吐和语言表达方式等方面上；在制度文化上主要体现在双方行为规范和标准、对教育质量水平评价、课程设置等方面；在精神文化层面上主要表现在双方的价值观念、理想信念、人生及审美态度等方面上。

第三，隐蔽性。

在高校，师生之间的文化冲突一般体现在思想、观念方面的隐性差异与不同。在教育教学活动中，教师处于主导和管理地位，这就必然导致这样的结果：教师文化在高校办学思想等价值领域起到主导作用，决定着高校的文化传统。[1] 相比较而言，在师生关系中教师处于优势地位，因而即使学生对教师有意见也会将其隐藏于心底而不表露出来，往往通过不合作等消极行为回应教师所安排的相关活动。同时，教师也会用疏远学生、上课情绪低落等冷处理方式来予以回应学生的表现。这样势必会影响师生感情和教学效果。

（三）师生文化冲突原因的多维度分析

第一，当前我国文化领域异彩纷呈、纷繁复杂——客观因素。

随着社会转型时期通信技术和多元文化的迅猛发展，书籍、报刊、电台、电影、电视、网络等媒介充斥着人们的生活，人们正处于媒介的生存时代。这便加快了我国文化与外国文化的交流，使人们接触到多种文化。但是，人们思想观念的转变往往落后于物质水平的发展。即使人们的生活和社会发生了翻天覆地的变化，但是人们的心理状态并没有相应地作出及时的调整，甚至经过多年文化心理惯性而变得僵化。这势必会使生活、社会现实与人们的心理产生不对称。[2] 这种失调或不对称反映到校园中则表现为师生之间思想观念方面的差异。受西方人本主义的思潮影响，大学生的价值观有向个人价值观转变的倾向。他们在学习、生活中不考虑他人利益，一切以自我为中心。大学生的这种价值观念很容易与代表主流文化的教师所传授的价值观念相冲突，而导致师生之间的冲突。

---

[1]　郑金洲：《教育文化学》，人民教育出版社2000年版，第264页。

[2]　韦政通：《中国文化与现代生活》，中国人民大学出版社2005年版，第53页。

第二，师生关系的新变化——基本原因。

高等教育收费制度，尤其是近年来学费的不断攀升，师生间的关系也随之发生了微妙的变化。大学生更加关注自身的求学成本与收益的关系。为了迎接未来社会的严峻挑战，他们希望大学求学时期做好踏入社会的各方面准备，积累丰厚的文化资本。随之，他们对教师和学校也抱有更高的期望和要求。在他们的心目中，教师已经转变为他们的服务者，应该摒弃传统教育观念平等地与之相处，尊重他们的行为方式、给他们充分的自由来以个人所选择的方式探索真理。但是，有些教师仍固守着陈旧育人思想，没有完全树立起现代意义上的教育理念，往往以知识权威者的身份发号施令，凌驾于学生之上，试图让学生都按照他们的标准来要求自己，并向其强制性灌输知识和价值观。而具有强烈独立意识和反叛意识的大学生们便开始以各种形式反抗教师的施压，进而渐渐演化为师生间的文化冲突。

第三，师生之间沟通与交流不顺畅——关键因素。

教师与学生彼此良性的交流与互动有利于形成和谐的师生关系。但是，高等教育大众化使得学校出现教学资源紧张的局面，师生比例明显失调。不少学校实行的是多个班级共同授课制，每位教师面对的是上百位学生，师生成了彼此间"熟悉的陌生人"，这在客观上便限制了教师与学生间接触的机会，学生缺乏主动与教师沟通与倾诉的机会，从而使双方丧失了很多知识信息和情感方面的交流，导致了师生间关心较少，遇到误会难以及时解决。虽然有些学校已经认识到该问题的存在，但并没有采取科学合理的师生沟通有效机制，只是停留在口头提倡，因而没有达到预期的效果。

与大学生相比，部分教师由于深受我国传统文化的影响很难接受现代价值观念，甚至有的教师虽已接触新价值，但却从心底里对其予以抵触和抗拒。在与学生的交流中部分教师一贯采取专制式的语言表达，体现其教育者的权威地位。以下是根据本人在某高校的访谈整理出来的案例：

课堂上，王老师在授课，张同学对该部分内容不感兴趣，拿出手机摆弄，并与周围的同学聊天。王老师发现后，非常严厉地批评了他，并当众喝令，让他坐到教室最后一排。张同学极其不满，迟迟不动，并狠狠地瞪了王老师一眼，表示抗议。王老师生气地将教科书重重地摔在讲台上愤然离开了教室。张同学为什么不满呢？从我对其的访谈中可以寻找到一些答案。

我：上课说话对吗？

张同学：当然不对了。

我：那为什么王老师批评你，你却不服气呢？

张同学：好几个同学都在说话，甚至说得比我声音还大，为什么王老师不批评他们，偏偏只针对我呢？我感觉不公平。

我：但是你确实上课说话了啊！王老师批评你也没错啊？

张同学：当着这么多同学的面那么严厉地批评我，还命令我坐到最后一排，我实在感觉没面子啊！

我：你们班主任了解情况后，对此事有什么看法？

张同学：班主任说，"学生应该尊重老师，老师批评你是为了让你好好听课，都是为了你好啊！"

我：你觉得应该尊重老师吗？

张同学：当然应该了，但是老师们也应该听听我们的心声，尊重我们啊！

张同学认为王老师当众严厉批评他，使他感到非常尴尬。如果王老师事后单独批评他，比如可以说，"你上课时不应该说话，自己听不好课，也会影响别人"。这样他会更容易接受的。

在课堂上面对老师的批评，很多学生不服气，认为其他人说话老师为什么不批评，而偏偏批评自己，心里还暗暗发着牢骚，"干嘛只找我的麻烦和不是啊?!"因而便表现出对老师的不满与反抗。

当学生违反学校纪律时，有些教师的第一反应往往是以批评、命令、讥讽等方式来加强管理。这虽然能在一定程度上维持课堂秩序，却具有着专制色彩，破坏了教师在学生中的威信，容易使学生产生"受控感"和抵触心理，从而引发师生之间的对抗。

第四，大学生成长的家庭文化——重要因素。

大学生自幼成长的家庭文化中的家庭关系和教养方式对学校中师生关系的影响是最不引人注意的而常被忽视，但这种影响较为持久，也是最易引起教师与学生之间的冲突的。学生与父母关系亲密而融洽利于形成良好的师生关系，反之则非常不利，有可能使学生在交往中往往采取逃避的态度，有意疏远教师，阻碍了双方良好关系的构建。不同的家庭教育文化使得学生的个性不同。在比较专制、过度控制的家庭教养氛围中成长的孩子往往较容易养成内向、沉默寡言的个性。在学校，这类学生比较配合教师的工作，认为理应支持教师的教学控制，然而这种个性可能会使其在与教师交往互动的过程中在心理上与教师保持一段距离；在放任孩子个性发展的家庭教育氛围中成长的学生一般都追求独立与个性张扬，这类学生一般会与执行学校规章制度的教师相对立，不愿主动适应学校的管理和教师的约束。[①]

（四）缓解师生文化冲突的主要对策

第一，教师应自觉了解学生文化，并给予充分的尊重和包容。

大学生文化的存在具有客观必然性，教师应在充分尊重和理解的前提下主动深入学生群体中进行了解，并善于发现和吸收其中存在的具有批判性和创造性的积极因素。同时，教师还要鼓励他们并且与他们一同将学生文化中的合理要素在学生中进行宣传和渗透，在坚持社会主义核心价值观主导性的同时，理解并尊重学生自主选择价值观，尤其是那些符合历史发展规律和时代潮流的合理、积极因素，包容并学习他们丰富多样的个性文化诉求。在这一文化整合过程中，教师文化与学生文化得到共同的提高和进步。

第二，教师应积极转变传统教育观念，树立平等的现代教育观念。

教师在传统的"传道、授业、解惑"社会职能中往往扮演着传递和维护传统文化的角色。不过，当前急剧变革的社会环境中人们的思想观念不断地被各种社会思潮冲击着，尤其是后喻文化一定程度上影响甚至是颠覆了教师与学生在教育中的角色定位。因而，教师的思想应顺应时代的潮流，与时俱进地以文化的批判者和诠释者的身份来与学生进行互动。教师也要相应调整传统教育观念，平等、民主地与学生相处，使双方由单纯的教学关系向同伴和朋友关系、组织者和参与者的关系转变。

第三，搭建师生顺畅的交流平台，营造宽松、和谐的沟通氛围。

高校的和谐发展离不开宽松、团结、活跃的教育生态环境，这就需要师生间平时经常进行平等、顺畅的沟通，营造良好的文化对话空间。随着媒介化生存时代的发展，网络已是师生共同使用最为普遍的传播媒介之

---

① 李玲、段晓明、陈荟：《教师文化类型及其教师发展的启示》，《重庆教育学院学报》2004 年第 4 期，第 65 页。

一。师生双方可以积极拓宽交流和沟通渠道，充分利用网络的平等性和隐蔽性实现双方开诚布公地交流彼此的意见和建议。如，开通网上聊天、微博、公共邮箱等方式，为师生们发表个人见解、表达真实感受提供便捷的对话平台和机制，交换彼此的困惑和利益诉求，这有利于形成友好的师生关系和和谐的文化氛围。

第四，教师应及时与学生家长沟通，了解其家庭文化。

家庭是学生接受教育的起点，是其成长的重要场所之一。在家庭中，学生们往往得到的不仅仅是生活和物质方面的满足，还从其家庭成员的言谈举止以及对人对事的态度和处理方式中认识社会和世界。家庭文化是其形成价值观和世界观的重要基础。① 教师应充分认识到家庭文化对学生影响的重要性，尤其是它的持续性和广博性。教师应通过家访等渠道与家长保持联系，了解学生的性格特点、家庭实际情况和教育观念，彼此交流教育思想和方法。如果家庭文化存在与主流文化不相符合的情况，教师应及时给予帮助和指导。家长与教师应形成合力，共同努力来促进主流文化对学生的影响，以利于学生对主流文化和教师文化的理解和认同。

从米德提出的三种文化类型来审视师生间的文化传递与交流，更接近于互喻文化模式，其中也不乏后喻文化模式。面对急剧变化的社会转型期，师生应该正视彼此间的这些文化差异，相互理解，相互交流与沟通才能够不断地促进文化的交融和融合，促进彼此的发展。

六　学生之间的文化冲突

（一）不同类型学生文化的冲突

对于学生文化的认识，学者们并没有统一的定义。有的从学生文化的具体内容入手，认为"学生文化是学生群体所特有的文化现象，是指这一特定群体所具有的知识能力、思想观念、行为习惯、价值取向、心理意识和他们真实生活世界的内容的总和"②。有的认为"学生文化是某个或

---

① ［加］迈克尔·布雷克：《越轨青年文化比较》，岳西宽等译，北京理工大学出版社1989年版，第10页。

② 史学正、陈柳：《学生文化初探》，《长春工业大学学报》（高教研究版）2005年第12期，第5—7页。

某些群体共有的价值观念和行为方式"①。有的主要将学生文化分为外显和内隐两类,提出外显的学生文化可以表现为学生的活动。隐性的学生文化一般包括学生的价值观、道德观、人生目的、理想等精神层面。②笔者比较赞成以下观点:学生文化就是指以校园为主要地域范围、以学校为组织背景的学生群体所形成的价值取向、道德观念以及学习、生活等方面的行为模式。学生文化不仅反映了年龄相近学生的共性,也表现出了不同年龄层次和同一年龄层次的不同学生间的差异与不同。具有生成性的学生文化主要受学生的个性、年龄层次、同辈群体、家庭氛围、学校教育和社会环境的影响较大。

20 世纪 50 年代,美国学者科尔曼(Coleman, J. S.)对国内几所学校学生的价值氛围展开了调研,结果发现了"青少年社会"。这种学生文化群体的价值观念与家长和校方所期待的相差甚远。他们不是勤于思考和学习,而是狂热地投身于竞技体育、文化活动,急于寻求同伴们对其外形和性格特点的认可和良好评价。学习成绩较好的学生往往会遭到同伴群体的强烈排斥,因此,他们往往刻意降低自己的学习成绩来取悦同伴。这种玩乐性质的学生文化使得大部分学生的成绩下降,败坏了学校的学习风气。③ 科尔曼的结论引起了许多学者的兴趣,刺激了关于学生文化的大量实证研究。在科尔曼的研究基础上,有些学者发现学生文化具有很多种类型,并不是像科尔曼所阐述的如此单一。在这方面,较为著名的要数美国学者克拉克(Clark, B. R.)对学生的同伴群体文化的研究和分类。他把美国中学生的同伴群体文化主要分为三类,即娱乐型文化,主要热衷于文艺体育活动的学生文化;学术型文化,主要侧重学习专业知识和参与学术性、专业性较强的课内外活动的学生文化;违规型文化,主要是指对学校制度和教育过程较为冷漠、批判甚至反抗为特征的学生文化。另外,他还将美国的大学生同伴群体文化加以分类,主要有以下四类,即娱乐型文化、学术型文化、反抗型文化和职业型文化,其中反抗型文化主要表现为对社会意识形态、学校的工作持反对、攻击的态度。职业型文化,主要表

---

① 郑金洲:《教育文化学》,人民出版社 2000 年版,第 318 页。

② 李红云:《学校文化发展中的学生文化》,《苏州教育学院学报》2006 年第 3 期,第 86—88 页。

③ 吴康宁:《教育社会学》,人民教育出版社 1998 年版,第 233 页。

现为热衷参与职业体验、提升职业素养和获取职业技能。①在英国，比较著名的有墨多克（Murdock，G.）、苏加曼（Sugarman，B.）、帕特里奇（Partridge，J.）及哈格里夫斯（Hargreaves，D. H.）等人的研究。苏加曼（Sugarman，B.）将中学生文化进行了分类，主要有两种，一类是强调对当下进行控制和把握并展望未来、易于并乐于服从权威的中产阶级文化；另一类是主要侧重满足当下需要和享乐、排斥权威的劳动阶层文化。墨多克（Murdock. G.）在研究中分析出学生文化具有多种类型，并且出身于不同社会阶层表现出的文化也有差异；帕特里奇（Partridge，J.）和哈格里夫斯（Hargreaves，D. H.）主要研究现代中学生的学生文化，指出：学生文化因学生学习成绩好坏、能力高低而表现出对学校态度亲疏程度不同的文化类型。学习成绩较好并且能力较强的学生大多表现出亲学校的文化，而学习成绩较差并且能力较低的学生一般多表现出反学校的文化。②

笔者认为根据不同标准，可将学生文化分为几种类型。根据学生对校园文化的亲疏态度，学生文化表现出差异，如有亲学校文化、反学校文化；根据学生平时日常生活和学习表现出来的性格特点、兴趣取向和对待学校规范的态度不同，可分为孤独型、开朗型、学习型、娱乐型、违规型和顺从型文化等等。另外，大学生间还存在着价值观念与行为方式等的差异。处于不同文化类型的学生在高校中相互接触与交流必然会产生文化冲突。

不同学生文化类型产生的原因是多方面的。概括起来，主要深受地域、民族和阶层文化的影响。

马克思主义认为人的性格除了先天决定之外，很重要的是受地理和社会环境等外在条件的影响。我国幅员辽阔，千百年来，生活在不同地域的人们在长期生活繁衍中形成了各自地域的性格特征和文化习俗。从地域空间角度来说，每个国家、每个地区等等所包含的文化种类较多，表现在人们的意识形态、思维方式、语言种类和表达、情感等方面的差异。同样，生活在不同地域的学生，长期受当地地域文化的影响，也慢慢被熏陶而传承着该地区的文化特征。由于我国疆域广阔，各个地区文化都有其各自的

---

① 吴康宁：《教育社会学》，人民教育出版社 1998 年版，第 234 页。
② 同上。

特点，尤其是东部和西部、南部和北部的文化存在着较大的差异，这也会直接体现在大学生文化的差异中。在高校，来自天南海北的学生不经意间传递着本地区的文化，既有代表西部踏实厚重的学生文化，又有代表东部沿海开拓创新、求变求活的学生文化；既有代表南方婉约细腻的学生文化，又有代表北方直率豪放的学生文化。来自祖国各地代表着本地地域文化习俗的大学生汇聚到高校，高校校园中的教室、食堂、寝室等场所汇集了各种方言、饮食习惯和各种语言和行为表达方式，当然也存在着不同文化的碰撞。经过多年的大学生活，这些带有明显地域特色的某些文化冲突会得到不断强化或者摒弃。

任何民族均有其独具特色的语言、服饰、饮食习惯、思维定势、民族情感和信仰等民族文化和民族制度，这使得他们与其他民族加以区别。民族文化在潜移默化中扎根于民族成员中，深深地影响着他们，使其逐渐形成稳定的民族情感和日常行为习惯。学生文化在某种程度上也具有民族文化的特色和风采。大学生大多数不在其长期生长的地域读大学，而是到另外的省份或地区就读。这样，由于从小受本民族文化的影响，来自不同民族的学生在人际交往和性格特征等方面存在着差异。他们在大学求学期间相互接触的过程中难免会发生摩擦和矛盾，本民族的文化有时会与其他民族文化相冲突。有时，他们也会不断汲取其他民族的文化，不断地内化为自己的价值理念和思维方式，不断地传承和创新着自己本民族的文化。①

大学生的家庭背景不同，其思想和行为上往往受到他的家庭所处的对应阶层文化的熏陶。每个阶层都有其自身的文化特点。阶层文化往往与家庭的社会地位、收入水平、祖辈从事的职业、教育水平等多方面因素有关。受不同阶层文化影响的大学生从其家族那里继承了本阶层的价值体系、处事风格和生活习惯。他们在大学期间的交往通常也会受阶层属性的影响，乐于与阶层文化相近的同学接触和深入交往，也容易形成相似的文化认同，结成相对固定的群体，在校园中发挥着传播其阶层文化的作用。②

---

① 于滨：《论大学生文化冲突》，《黄河科技大学学报》2016 年第 1 期，第 120—123 页。
② 任义君：《应对大学生文化冲突的建设性思考》，《黑龙江高教研究》2007 年第 10 期，第 31—32 页。

（二）学生的反学校文化

什么是反学校文化？学术界有多种解释，比如，有的认为：反学校文化特意吸收和推崇与主流文化相对的价值和规范，而与社会主流文化相悖。① "一种用于传统文化或主导文化并与之激烈冲突的亚文化，最初指在60年代前后西方（尤其是美国）青年在反抗运动中所出现的完全背离传统社会价值准则的生活方式、艺术和价值现象，如嬉皮士等，后被引申为用于描述所有与特定社会的主导性文化相对立的思想、行动的文化现象的分析概念。"② 反文化是在美国较为流行的一种文化思潮，它以反对传统价值标准、推崇自由、无节制和神秘的思想和行为为标志。这种文化运动不是以追求经济利益为目的的，而是为了在思想文化领域对抗旧有的传统观念和习俗。③ 对于反文化的相关理解和研究，作者非常赞同郑金洲教授的观点。他认为，主流文化属于文化系统内部在价值取向方面占主导和重要地位的文化。与主流文化所主导和推崇的规范和价值标准差异较大、而不是相对立的文化属于亚文化。而与主流文化所倡导和推崇的规范和价值取向相反、相悖的文化属于反文化。反文化，英文为 counterculture 或 contraculture、anticulture，又称反主流文化、对立文化。通过对反文化含义的理解来研究学校中的反学校文化，可以概括出：反学校文化是与学校所倡导的主流文化相反、相对立的一种文化，它推崇的价值取向和规范与学校所倡导的是相悖的。④ 20世纪60年代，英国就开始研究学生的反文化现象了。比较著名的要数哈格里夫斯和威尔斯了。哈格里夫斯觉得当时的学校教育某种程度上压制了学生的积极性，对学生的尊严构成了一种威胁，为此学生就要反抗，久而久之，学生的反文化就形成了。在威尔斯看来，学生反文化渊源在于劳工阶层文化，是这种文化在学校的延伸，两者有着密切的联系。在学校，学生之于教师是被动者，而教师是权威，对学校的制度、规范和价值导向较为反感的学生就采用各种形式来反抗学校、反抗教师对他们所谓的压制和束缚。

---

① 中国社会科学院文献情报中心等：《社会科学新词典》，重庆出版社1988年版，第176页。
② 章人英：《社会学词典》，上海辞书出版社1992年版，第157页。
③ 覃光广：《文化学词典》，中央民族学院出版社1988年版，第306页。
④ 郑金洲：《教育文化学》，人民教育出版社2000年版，第338—339页。

当前我国社会处于转型期，市场经济也不断发展，人们的价值观念呈现多元化，大学生反学校文化现象逐步凸现出来，从来源上看，主要表现在以下两方面：

一是部分大学生对学校主流文化的政治价值取向上的怀疑、不信任。① 绝大多数大学生坚信没有中国共产党就没有新中国这一论断，他们对中国共产党领导下的社会主义事业充满信心，坚持社会主义政治倾向、拥有爱国主义热情。但也有一部分学生认为目前中国最大的社会问题是贪污腐败、党风不正。有的大学生甚至对党风好转信心不足。有的学生坚守贡献社会、服务人民的人生信条，但有的大学生认为人生的意义在于丰富自己的生活，甚至有的学生在拜金主义、享乐主义和个人主义的影响下认为"人生在世，吃喝二字"。很多学生愿意积极投身于共产主义、社会主义事业，但也有一部分学生对此表现出冷漠的态度。高校所有大学生都要学习思想政治理论课，但有一部分学生对此不感兴趣。②

二是反对学校束缚，追求自我价值的文化取向。大学生文化不是简单地机械顺从校园文化，它以丰富、改造、超越校园主流文化为"己任"，强烈的追求独立性。③ 反对学校的束缚，强烈地表达自我存在，追求个性的张扬，伸张自我价值，诉说自我需求。主要表现在：其一，大学生群体一般都要求自由，当面对来自于学校行政管理日常生活和教师对教学过程的双重"约束"，往往有的会产生抗拒和排斥；其二，偶像崇拜、宿舍文化、课桌和墙壁文化、厕所文化、新新人类文化、火星文、手机文化和网络文化中的不礼貌、粗俗的文字和"话语"（反社会的"黑色话语"、令人肉麻的"黄色话语"、格调低沉的"灰色话语"）虽发泄了大学生内心的苦闷和空虚，但是对社会造成的不利影响不值得提倡；其三，追求时尚时出现的不协调现象，如衣着打扮不分男女，甚至性别混淆、不文明行为、过度追求扮靓、玩酷；其四，越轨文化，如作弊、盗窃、赌博、婚前同居等等。

大学生反学校文化的形成主要有以下几个方面的原因：

---

① 于滨：《基于当代批判教育理论的大学生反学校文化研究》，《社会科学战线》2013 年第11 期，第277 页。

② 同上。

③ 同上。

一是受社会流行文化的影响。[①]

在当今社会，流行文化充斥着高校校园。大学生常常使用诸多对政治语言和经典语句随意改编的流行词汇和网络用语，用大话文化来曲解和娱乐传统文化。[②] 这种任意篡改和曲解涉及方方面面，如，人物、情节、表达形式、时空等等，几乎使原版本面目全非，甚至低级乏味。《司马光砸缸》中的司马光砸破缸后，流出的是白雪公主、小矮人、刘胡兰、机器猫、一休、流氓兔、周杰伦；《荷塘月色》中的"我"竟然渴望在荷塘中看到美女洗澡；《背影》中的爸爸会唱"快使用双节棍，哼哼哈嘿！"卖火柴的小女孩打扮成摩登女郎，穿着露脐装来搞促销活动；白雪公主也穿着时尚的泳衣去打猎。一些热播的广告语经常出现在动画片或者漫画中。时尚词语和网络用语也频频被使用，如"帅呆了"、"酷毙了"、"切"、"偶"、"bingo"、"3Q"、"晕倒"等等。"白雪公主"、"小矮人"、"刘胡兰"、"机器猫"、"一休"、"流氓兔"、"周杰伦"等虽然分别来自中西不同地域，有的代表着精英文化或大众文化、有的代表着传统文化或现代文化，但是它们作为"大话文化"被分别脱离原来的时代背景、地域，在表达方式上注重展现流行文化的狂欢意识，将古语和现代语言，甚至俗语任意地拼凑在一起，在传统词语中夹杂着流行话语，将传统经典文化融入到当下通俗语言，这充分地展现了大话文化的特征。[③] 很多当代人之所以喜欢大话文化，很大程度上是因为它敢于向权威挑战、敢于颠覆偶像，也反映出了年轻人不轻易向权威和偶像低头的文化心理。他们认为世上一切皆可取乐，文艺的、甚至是政治的、意识形态的权威也是可以的。这有利于促进人们积极面对和思考社会现实和政治权威，敢于发出老百姓的声音，而不盲从主流文化，也有利于构建民主、和谐的社会权威文化体系。[④] 大学生是使用网络非常频繁的群体，面对充斥着色情和暴力的混杂的网络信息不能很好地加以分辨，容易武断地认为学校的主流文化与现实

---

① 于滨：《基于当代批判教育理论的大学生反学校文化研究》，《社会科学战线》2013 年第 11 期，第 277 页。

② 同上。

③ 同上。

④ 陶东风：《大话文学与消费文化语境中经典的命运》，《天津社会科学》2005 年第 3 期，第 91—92 页；转引自于滨《基于当代批判教育理论的大学生反学校文化研究》，《社会科学战线》2013 年第 11 期，第 277 页。

生活的差距，便会对学校传播的主流思想、信念产生不认同感。① 近年来大学生恋爱婚姻观越来越开放，在校大学生同居、未婚先孕的现象有所增多。与此同时，高校暴力事件也引起了社会的热议和关注，如马加爵、药家鑫案件也引起了教育界和社会的反思。

二是受西方社会思潮的影响。②

随着改革开放和市场经济的发展，西方的人本主义和实用主义思想对当代大学生产生很大的影响和冲击，大学生的社会价值取向逐渐呈现多元化，个人本位逐渐取代社会本位。③ 大学生反学校文化的各种表现都可以找到其思想根源。西方社会思潮中萨特的存在主义使得大学生的人生观、伦理观具有悲观色彩。有些大学生受弗洛伊德思想的影响表现出了非道德化，尼采的唯意志论滋生了大学生的精英主义思想，也促使他们具有反传统的倾向。④ 实用主义思潮使大学生的世界观、人生观倾向于唯个人、讲实惠。大学生文化深受社会文化的影响。当今社会处于媒介生存时代，文化传播媒介是宣传商业符号和流行元素的重要载体，而大学生恰恰是使用报纸、网络、电视等媒介重要群体之一。这使得学生文化很难逃脱商业化、流行化和娱乐化的趋势。

三是受同伴群体的影响。

大学生一般都有与自己的兴趣爱好等相近的较为稳定的交往对象，形成了同伴群体。在群体中他们互通信息、交往密切，逐渐形成了所属群体的特有文化。⑤ 社会、学校、家庭等对群体具有一致性评价。学生生活在自己喜欢的群体中可以畅所欲言，张扬个性，得到同伴的平等对待，逐步建立自信。成员为了更好地融入同伴群体、成为所谓的"圈内人"，便会倾向于接受群体的价值观及言行等。群体成员间也存在着相互比较的压力，这种压力会影响学生对学校及其个人的评价和行为方式的选择。大学生心理毕竟有待发展和成熟，明辨是非的能力需要进一步提高，责任感、审美观、价值观等尚有待加强。如果有的大学生选择了反学校文化的同伴

---

① 于滨：《基于当代批判教育理论的大学生反学校文化研究》，《社会科学战线》2013 年第 11 期，第 277 页。

② 同上。

③ 同上。

④ 同上。

⑤ 同上。

群体，就会不自觉地在言语和行为方式上表现出反学校文化的倾向。① 大学生之间有时因班干部的选拔、奖学金的评定等利益冲突而彼此产生矛盾。在竞争中丧失优势的同学则会从集体退缩到个人的小圈子中，转而漠不关心集体事务。还有一部分学生在竞争的压力下，会选择自己的宣泄方式，例如：在课桌、墙壁、厕所随意涂鸦，从而形成所谓的"课桌文化"、"墙壁文化"和"厕所文化"，成为消极的反学校文化者。

四是受传统教育观念的影响。②

学校的培养计划、课程安排以及教学内容若能紧跟国内外形势和社会需要、教学过程和教学方法的科学化和人性化就能够激发学生的学习主动性和求知欲。如若不然，结果就会与教育目的背道而驰，学生们就会产生对立和反抗的情绪和行为。如果学校所传授的教材内容枯燥、乏味和落后，无法满足学生的求知欲，会使其很容易产生对抗行为。高校中不乏优秀的教师，但也有一部分教师不负责任、不注重知识的不断储备和及时的更新，授课照本宣科，不关心学生上课过程中对知识的理解程度和心理、情感的变化，授课方式比较注重个人权威和专断，拒绝接受教育的价值规范，仅靠点名来维持学生的出勤率。这种教学方式很容易引起学生的反感，学生们的思想较易分散，学习失去动力，不得已地采取混日子的学习态度，有的学生甚至故意在课堂上与老师"唱反调"。他们用漠视或违规行为对此类教学方式表示"抗议"，如不理睬教师的提问、故意迟到、旷课，甚至有的学生抽烟、穿奇装异服等等。③

（三）尊重和引导大学生文化

首先，教育工作者应尊重并接纳大学生中存在的不同文化。

解决学生文化冲突，首先就需要教育工作者能够带着欣赏的眼光重新审视和承认不同学生文化的存在，懂得尊重和欣赏学生群体的差异，多角度、综合地对其进行评价。大多数学生都会揣摩和校方、老师交往的方式，学会以他们所期望的语言和行为来回应。④ 因此，对于教育工

———————

① 于滨：《基于当代批判教育理论的大学生反学校文化研究》，《社会科学战线》2013 年第11 期，第277 页。

② 同上。

③ 同上。

④ 同上书，第278 页。

作者来说，首要的是"俯下身来"平等地与学生对话，倾听他们的心声、鼓励他们求学的激情，了解学生，多角度地考虑思想和行为背后的文化差异，了解他们如何看待自身的文化价值和习惯。教师应将学生看成一个独立的主体，尊重他们特有的观念、言行举止、生活方式、当下的兴趣、需要和发展水平，最重要的是要尊重大学生文化的独特性。这有利于开发和培养学生的多元智能，注重对学生的个性化教育，让学生得到均衡发展。①

其次，影响和调整学生文化，但不能奢望其全面而系统地改变。

尝试全面地改变学生文化往往是一种徒劳，但这并不表明学生文化是不可以进行干预的。如若有些学生文化存在的价值与学校所设想的背道而驰，教师首先要做的不是极力反对或排斥，而是多从学生的角度来考虑问题，深入剖析其深层成因和发展过程。要想学生文化尽量与学校主流文化相近就应该在大学生入学初期引导他们的价值观念和行为方式，提早预防他们被高年级学生的不良思想倾向所同化。② 针对大学生文化中的网络文化、寝室文化、厕所和课桌文化中所出现的"黑色话语"、"黄色话语"和"灰色话语"，校园制度文化建设要加大力度，加强大学生自我认识、自我教育和管理、自我完善和超越，逐步实现向成人和职业人的转化。同时，应采取各种易于被学生接受的有效方式使他们能够自觉遵守道德规范、学校制度，提高自我管理和自我约束的综合能力。③ 对于学生思想观念上的问题，不应采取强制措施，而应在充分尊重他们的基础上循循善诱、加以引导和疏导。④ "因材施教"是我国古已有之的教学原则，应该说，这里所说的"材"应是包括对学生各方面素质、情况的了解在内的，学生的文化特征也理所当然地涵盖在内。但是，长期以来，我们在教学中很少思考和研究学生文化及其所处的时代和文化背景。了解、适应、引导学生文化和干预不良学生文化是我们在

---

① 于滨：《基于当代批判教育理论的大学生反学校文化研究》，《社会科学战线》2013 年第 11 期，第 278 页。

② 郑金洲：《教育社会学》，人民教育出版社 2000 年版，第 347 页。

③ 于滨：《基于当代批判教育理论的大学生反学校文化研究》，《社会科学战线》2013 年第 11 期，第 278 页。

④ 傅显捷：《大学生校园文化冲突解析》，《重庆社会科学》2005 年第 2 期，第 115 页；转引自于滨：《基于当代批判教育理论的大学生反学校文化研究》，《社会科学战线》2013 年第 11 期，第 278 页。

教育教学中应予以关注的问题。①

再次，教育工作者应适应时代发展的进程，不断研究大学生的反学校文化，引导其在实践中逐步转向。

大学生比较乐于观察和思考社会现象，社会生活中的反文化现象对他们会造成一定的影响，反映到校园中就逐步形成学生的反文化。教育工作者应帮助和引导学生认识到这些反文化现象背后的实质以及它们所带来的各种现实危害，从而激发学生能够自觉地抵制不良倾向和负面影响。同时，高校应不断丰富大学生的校园文化活动，鼓励大学生发展个性、提高和完善个人修养，规范和引导校园文化活动，弘扬社会主流文化。② 尽量避免庸俗、反社会主流思想的文娱活动登上大雅之堂。大学生反学校文化的形成也有其自身的原因，比如自身发展过程中的生理问题、对学校教育的逆反心理等等。对于不同的原因，我们应探寻其不同的规律，采取不同的有效措施来有针对性地加以干预和影响，比如生理卫生教育、心理辅导、道德教育等等，而不该简单地采取命令等高压、强制措施或者只单纯地进行思想政治教育。③

大学生思维活跃，心理发育迟于其生理发育，在学习和生活中难免会遇到一些困惑。我们应主动关心学生，通过面对面沟通、网络等现代化工具与其交流，深入了解和理解他们的所思、所想，这样才能够达到有的放矢、事半功倍的教育效果。④ 特别是在课堂中的教学互动中，教师应摆正自己在该过程中的位置，改变传统教育观念中的权威角色，而应主动意识到在教与学的过程中，教师和学生间是平等的。双方间之所以存在"教"与"学"的关系，主要是因为师生间存在的差异和社会的发展需要弥合这种差异性，又因社会发展的局限只能通过强制规定的社会教育制度来予以弥合。随着人们的"自为"意识的不断整体提升，教师与学生间的关

① 郑金洲：《教育社会学》，人民教育出版社 2000 年版，第 347 页。

② 于滨：《基于当代批判教育理论的大学生反学校文化研究》，《社会科学战线》2013 年第 11 期，第 278 页。

③ 徐波锋：《学生反文化现象的教育学思考》，《宁夏大学学报》（人文社会科学版）2007 年第 1 期，第 184 页。

④ 于滨：《基于当代批判教育理论的大学生反学校文化研究》，《社会科学战线》2013 年第 11 期，第 278 页。

系必将是一种互相需要、互相学习的平等关系。① 教师的本职工作不单纯是传授知识。学生接纳了教师本人才有利于接收他所传授的知识和技能。教师应不断探索教育中的艺术，多采用对话与彼此沟通的形式来加深师生间的交往，构建师生间民主、平等、相互尊重和信任的融洽关系，让学生能够深刻体会到师生间的友情、理解和包容，能够感受到教师对他的感化、鼓励和鞭策，从而让学生在人际关系体验和交往中形成独立的人格、学会社会交往。②

教师应该意识到师生之间没有地位高低之分，只有价值的平等，应承认学生文化的价值，破除教师文化霸权，倡导文化的多元化。教师只是"平等中的首席"（first among equals），是教学过程的主导，而不是专制者。这是对教师作用的重新构建。③ 教师应尊重他们特有的观念、言行举止、生活方式、当下的兴趣、需要和发展水平，开发和培养学生的多元智能，注重对学生的个性化教育，不断探索教育中的艺术，多采用对话与彼此沟通的形式来加深师生间的交往，构建师生间民主、平等、相互尊重和信任的融洽关系，让学生能够深刻体会到师生间的友情、理解和包容，能够感受到教师对他的感化、鼓励和鞭策，从而使学生能够自由地表达个人的心声和诉求，在与教师的相互信任中感受到人格的自主性、获得成就感和全面发展。④ 作为独立主体的学生在民主平等的氛围中才能够积极主动地参与各项教育教学活动，自由地表达他们的天性、心声和诉求，在与教师的相互信任中感受到人格的自主性、获得成就感和全面发展自己。教师不必担心在这样的平等关系中教师的地位会削弱或丧失。另外，尤为重要的是高校要根据时代和学生发展，实现教育模式的转变，主要包括重新定位教育理念、拓展和更新教育内容、创新教育方式和手段等。教育模式的转变能够激发学生的学习动力和兴趣，并能够使校园文化不仅包含传统文化的精髓，同时也吸纳学生文化中许多前沿、时尚、创新的元素，成为一

---

① 吴康宁：《教育社会学》，人民教育出版社 2001 年版，第 228 页；转引自于滨：《基于当代批判教育理论的大学生反学校文化研究》，《社会科学战线》2013 年第 11 期，第 278 页。
② 金生鈜：《相互理解与师生关系的新建构》，《高等师范教育研究》1994 年第 4 期，第 78 页；转引自于滨《基于当代批判教育理论的大学生反学校文化研究》，《社会科学战线》2013 年第 11 期，第 278 页。
③ 陆有铨：《躁动的百年——20 世纪的教育历程》，山东教育出版社 1997 年版，第 173 页。
④ 于滨：《基于当代批判教育理论的大学生反学校文化研究》，《社会科学战线》2013 年第 11 期，第 278 页。

种内容丰富的多元化文化。

高校应努力研究大学生的反学校文化的各种类型，采取有效措施发挥校园文化的文化引领作用，引导学生逐步认识它们的本质以及造成的危害，使大学生反学校文化的各种现象能够在现实中实现转向。①

① 于滨：《基于当代批判教育理论的大学生反学校文化研究》，《社会科学战线》2013 年第 11 期，第 277 页。

第五章　结语

　　高校校园文化冲突是高校校园文化发展过程中必然出现并需引起重视的文化现象。研究高校校园文化冲突，有利于我们梳理高校文化发展脉络、深刻地剖析高校文化本质和使命、认识和处理校园文化同西方文化、我国其他社会文化的关系，有助于更好地理清校园内部不同文化群体间的关系，促进我国高校校园文化的提升。文化冲突的视角有利于我们审视和反思高校改革和文化建设领域中面临的客观而现实的问题。例如，面对各种文化的频繁交融与碰撞，如何实现校园文化的和谐发展；如何从校园文化冲突的视角来分析高校改革发展过程中所遇到的种种阻力；面对中西方等多元文化，高校校园文化的选择问题；面对高校校园文化与社会文化中不同亚文化间的差异应如何应对；面对学校内部各个文化群体之间的文化差异，如何平衡行政权力与学术权力，怎样促进师生的文化自觉，呵护大学生的文化诉求等问题。

　　随着当代世界经济、政治和文化的发展变化，各国高等教育正经历着迅猛发展和普遍面临的发展问题。高等教育研究工作也面临着巨大挑战，我国也概莫能外。高等教育研究要突破原有研究框架的束缚，不能仅限于教育学，应积极借鉴其他学科的研究成果和方法来拓宽研究视野、创新教育理论、提高高等教育研究水平。美国知名教授伯顿·克拉克（Burton R. Clark）认为，可以借助相关学科中的知识来研究和探讨高等教育的复杂过程。多种学科的不同分析方法不仅可以给研究者提供知识，还可以提供其研究视角。一种研究方法是无法揭示一切的，深刻的论述应该借助多学科的观点和方法，我们正是在专家所发展的研究方法和思想的力量中找到利刃。① 以他为首的八位国际知名学者的研究成果——《高等教育新

---

① ［美］伯顿·克拉克：《高等教育新论——多学科的研究》，王承绪等译，浙江教育出版社2001年版，第2页。

论——多学科的研究》提出了一个多学科、跨国家研究高等教育的构想。与此类似，在我国，潘懋元教授首次从多学科的视角全方位地研究高等教育学学科，他的《多学科观点的高等教育研究》①一书，为我国高等教育研究指明了前进的方向。

高等教育中文化冲突现象首先引起了西方理论界的关注。国内学者随之也有所关注。借鉴多种学科（如文化人类学、教育社会学、管理学等）中有关教育中的文化冲突的论述来研究我国高校校园文化冲突问题具有重要意义。社会学中关于文化冲突过程的表述为：文化差异、文化危机、文化反省与文化批判以及文化创新与整合。本书在此理论基础上分析我国高校校园文化与商业文化、政治文化和大众文化的冲突，并提出了缓解校园文化与社会文化冲突的建议。当代批判教育理论、历史批判学派关于教育中的文化冲突观和组织文化理论为我们分析和研究如何缓解高校组织内部成员间的文化冲突问题提供了重要的理论参考。

本书以文化人类学、教育社会学、管理学等学科中关于文化冲突的理论为基础，主要探讨了我国高校校园文化与外界文化之间以及高校校园文化内部不同群体之间文化冲突的表现、产生冲突的背景原因和解决冲突的对策。

从高校校园文化与外界文化冲突的角度来说，主要阐述了高校校园文化与西方文化和其他社会文化（商业文化、政治文化和大众文化）间的冲突。

在改革开放的不断推进、国门逐步向世界开放的背景下，如何处理中西方文化的关系？这一问题反映到高校校园中，就是在中西文化冲突中高校校园文化应作何种选择？就这一问题，笔者主要论述了中西文化冲突、中西校园文化的主要差异、西方文化对我国高校校园文化的冲击以及中西文化冲突中我国校园文化如何选择。

中西校园文化的差异主要表现为：西方高校校园文化更注重科学精神的培养、通才教育，更加崇尚个性张扬的"个人主义"，培养学生的独立意识，鼓励学生的创新精神，更加重视实践能力培养。更加推崇大学自治和学术自由。中西方高校校园文化的差异还体现在建筑文化方面。相对于我国高校建筑文化而言，西方校园建筑更具开放性、平等性，更具有

①　潘懋元：《多学科观点的高等教育研究》，上海教育出版社 2001 年版。

"泛教室"性、更强调以学生为本。

随着改革开放的不断推进和全球化日益迅猛发展。西方国家凭借其经济优势越来越重视以文化为核心的"软权力"对全球进行无形的影响和渗透。高等教育领域的文化交流日益频繁。文化交流推动高校校园文化的多元化发展的同时，西方的价值观念、审美意识、思维方式、生活方式等冲击着我国高校校园文化，特别是针对马克思主义意识形态文化。改革开放 30 年来，置身于社会文化和民族文化大背景下的校园文化，在与民族文化、特别是与外来文化的冲撞中应作出时代的选择。在保持对外文化联系的同时，如何有效地抵制外来文化殖民主义，更好地维护校园本土文化刻不容缓。高校应注重多元文化的吐纳与整合；抵御敌对势力的"西化"、"分化"图谋，维护高校校园文化安全；民族文化的传承与创新；坚持"以人为本"，将"知识为本"转化为"素质为本"；营造新时期的校园建筑文化。

就高校校园文化与其他社会文化间的冲突，笔者主要阐述了其与商业文化、政治文化和大众文化间冲突产生的背景、表现和缓解冲突的具体建议。

社会文化是各种不同亚文化的集合体，诸如，商业文化、政治文化与大众文化等等，校园文化就是其非常重要的组成部分。一般而言，作为亚文化的校园文化有其独特的个性，以其特有的丰富形态补充着社会文化，这种个性使校园文化与社会文化中其他亚文化间的联系和相互作用并不是单一的，除了相容之外，也存在矛盾与冲突。

首先，如何处理高校校园文化与商业文化的冲突是在市场经济不断发展的背景下如何处理物质文明与精神文明的关系问题在高校中的反映。商业文化与高校校园文化在当前市场经济浪潮中相互碰撞与冲突，主要表现在商业文化对校园文化的冲击。商业文化中竞争意识渗透到高校，激发了校园人进取、奋斗、向上和敢于竞争的激情和拼搏精神，形成鼓励创新人才成长的良好氛围。然后，知识分子悉心守护的文化净土——高校，如今在商业文化的作用下，也开始浸染喧嚣和斑杂的商业气息。商家对于校园人的消费预期与校园人对于商业经济的日渐重视一拍即合，高校校园文化的商业化程度发展到今天也就实属必然。因此正确看待校园文化的商业化倾向，平衡好商业文化与校园文化之间的关系，提高高校校园文化的品位尤为重要。积极引导校园商业文化发展，使其统一于校园文化；自觉形成浓郁的学术氛围，淡化商业文化气息；自觉处理好承担社会责任与保持独立性的关系。

其次，政治文化对校园文化的制约作用使得近代以来不同历史时期的校园文化表现出差异性。新时期的高校校园文化建设应注重加强先进文化的引导作用。

政治文化和校园文化均属于上层建筑范畴，其中政治文化处于核心地位，对其他上层建筑内容起主导作用。在与政治文化的互动过程中，政治文化对校园文化具有制约作用，校园文化也表现出它的超前性、批判性、忧患性、政治凝聚性和辐射性，影响着政治文化。纵观中国高等教育发展史，我们可以发现任何高校的发展，均离不开其产生与发展的社会政治生态环境，不同历史时期的高校校园文化，也都明显打着时代及政治文化的烙印。近代以来政治文化发挥着"无形的手"的力量，深刻地影响着高校校园文化发展。

其一，清朝末年至辛亥革命以前这段时期是中国大学发展的肇始阶段。

这一时期受政治文化的影响，大学校园文化具有那个政治时代特有的一些特征："中体西用"，虽然具有了新学的性质，但从学风、教育内容和管理方式上看，封建主义文化占居主导地位，仍保留着封建性；大学中占统治地位的仍是传统学术，新型学术发展缓慢，缺乏学术自由氛围；大学思想有了一定萌芽，但学者群体和对大学使命的整体思考还未形成。

其二，辛亥革命至新中国成立以前的民国时期是中国大学发展的演进阶段。

民国时期是中华民族的多事之秋，先后经历了民国之初的南京临时政府时期、北洋军阀政府时期和国民政府时期。民国各阶段的政府当局，尽管对外软弱无能、对内动荡混战，但为了巩固其统治，他们都重视教育，颁布实施各项法规政策，为高等教育的发展提供了法律依据、政策保障，且对高等教育发展作出了一定的努力。① 因此，在不同历史时期，由于不同政治集团追寻目标的不同，直接影响着大学校园文化的意蕴与倾向。从当时催生出的富有时代气息的新校训也可窥见一斑。

————————————

① 于滨：《民国时期大学使命论争的当代启示》，《东北师大学报》（哲学社会科学版）2013 年第 6 期，第 228 页。

南京临时政府时期，全国临时教育会议上通过的民国教育宗旨："注重道德教育，以实利教育、军国民教育辅之，更以美感教育完成其道德。"① 该宗旨取代了清末"忠君、尊孔、尚公、尚武、尚实"的封建主义教育宗旨，体现了资产阶级关于人的德、智、体、美和谐发展的教育思想。这一教育宗旨，对大学校园文化尤其是大学理念的更新起了积极的促进作用。这一时期大学的校训也明显带有共和政体意蕴的追求民主、独立、自由的价值取向。

北洋军阀政府时期，北洋军阀时期中央和地方政权处于内外交困之中，各派军阀无暇关注教育，客观上促进了社会思潮蓬勃发展。但是，新文化的孕育、生长并非一帆风顺。"五四"前夜，在封建势力政治上复辟活动的卷土重来的同时，文化上也掀起了一股尊孔的复古逆流。封建与反封建、复辟与反复辟、强权与反强权的斗争，从而表现得空前激烈和尖锐。② 五四运动时期，大学肩负着传播马克思主义的重要使命。先进的知识分子们力图从思想文化的高度去寻求救亡图存的道路。受这种启蒙思潮的激励与影响，一些大学提出了追求自由、民主、科学、真理的口号。③

国民政府时期，为了加强专制独裁统治，针对当时大学校训虚设和校训不明等问题，蒋介石及国民政府十分重视制定统一的大学校训内容，进一步实行对文化教育的专制统治。政治化的不良倾向、统一化的校训扼杀了大学的特色和校训的个性化。值得庆幸的是，不少大学并未完全遵循民国教育部的有关规定，在教育的实际运作中，仍然力求彰显本校的办学特色。

值得一提的是，在祖国危急存亡的抗日战争时期，在抗日救国、救亡图存的政治氛围中，面对日本侵略者的野蛮侵略行径，各地大学纷纷围绕抗日爱国、团结进取的主题来制定校训。大多数高校以抗日救国、爱国忠诚为主线，以团结协作、俭朴勤奋为纽带，形成了富有时代气息和政治倾向的校园文化。

解放战争时期，高校校园文化以爱国民主精神为主旋律，凝聚了广大师生的民主信念，激发了广大师生的爱国民主激情。

① 舒新城：《中国近代教育史资料》，人民教育出版社1981年版，第223页。
② 于滨：《民国时期大学使命论争的当代启示》，《东北师大学报》（哲学社会科学版）2013年第6期，第228页。
③ 同上。

　　在旧中国，另有一种与国民党统治区不同的、由中国共产党在革命根据地和解放区举办的新型高等教育。1927 年大革命失败后，中国历史进入十年内战时期，这时中国大地上出现两个对立的政权，两种不同的教育。中国共产党人在土地革命、革命战争、抗日战争和解放战争时期先后建立的根据地——苏区、边区和解放区，并在实践的基础上逐渐总结出了新民主主义的办学经验，制定了学校制度，形成了具有自身特色的教育教学理论。①

　　民国时期政权更迭频繁，政治文化和政治氛围变更较快、较复杂，这使得政治文化对高校校园文化的影响空前活跃。再加上，这一时期也是中国现代文化流派形成的重要时期，各种文化流派活跃于当时文化界。很多文化学人从文化层面审视一些包括高等教育等方面的问题。在当时高校充满了文化冲突。如：复古与反复古的文化冲突；"全盘西化"与"会通中西文化"的冲突；社会本位与个人本位的冲突；学术独立与国家主义的冲突。②

　　其三，新中国成立后至今是中国大学的发展阶段。

　　新中国成立后采取了"一边倒"的外交政策，倒向以苏联为首的社会主义阵营一边。这直接影响到教育领域，全面否定了原有高等教育的办学经验，掀起了一股全面搬用苏联高等学校教学模式、教学组织形式、教材等等的热潮。

　　新中国成立后，大学教育进一步强化了其社会价值，也进一步反映了大学功利的倾向，先是强调大学为国家政治服务，后来又强调其为国家经济建设服务，而很少研究个性和主体性问题，也很少从人的发展角度考虑大学价值和大学精神。重视国家的经济社会需求，而忽视人格发展。直至当前，人们仍然在不断探索高等教育中社会需求与个性发展的平衡点。

　　由于受到高度集权管理的影响，高校行政管理取代学术管理的倾向较为明显，相对缺乏学术民主气氛。自新中国成立至今，高校依然肩负着马克思主义中国化理论成果在中国的宣传与推广的重任，承担着推动和促进社会主义先进文化发展的重要职责。无论在哪所高校，全国大学生都要学

---

　　①　郝维谦、龙正中：《高等教育史》，海南出版社 2000 年版，第 26 页。
　　②　于滨：《民国时期大学使命论争的当代启示》，《东北师大学报》（哲学社会科学版）2013 年第 6 期，第 228—229 页。

习思想政治必修课，领会和理解社会主义价值观以及社会主义意识形态的教育与熏陶。

高等学校肩负着创建和传播社会主义先进文化的历史使命，其校园文化是先进文化的重要内容。面对世界范围内各种思想文化思潮的相互激荡和国内社会转型给教育带来的种种影响和冲击，新时期必须要加强先进文化引导高校校园文化建设。具体而言，应强调主旋律意识，充分发挥社会主义主流舆论在大学校园的引导力和掌控力；弘扬民族精神，增强社会共同理想的感召力和凝聚力。

再次，高校校园文化与大众文化在当前市场经济浪潮中相互碰撞与冲突，主要表现在大众文化对校园文化的冲击。

以平民性、娱乐趣味性、通俗性和随意性为内容取向和价值取向，易于在大众中传播的大众文化开始萌芽并日趋繁荣，而以学术性、精英性、权威性与社会性为价值取向的精英文化正在走向衰落。来势汹涌的大众文化不断对高校校园文化进行着冲击和渗透。这使得往昔具有"象牙塔"之称的高校充斥着各种思潮、流行时尚，价值观念日趋多样化，这使得高校校园文化反映出了大众文化的特质。大众文化虽充实了校园文化内容和形式、加速了学生的个性化和社会化进程、缓解了师生的心理压力和加速了校园文化的社会辐射功能，但是大众文化自身的弱点会使高校的校园文化过于追求文化活动的感官刺激和娱乐功能，具有明显的商业氛围，审美具有世俗化倾向和学术氛围日渐浮躁。

面对大众文化对高校校园文化的影响和冲击，高校应侧重由精英文化来逐步提升大众文化，加强两种文化的良性互动；应继承和发扬中国传统文化，重视科学精神的培养；利用文化重组的契机，使高校成为21世纪新文化的创建者；不断提高大学生对大众文化的审美能力。

以上主要阐述了高校校园文化与外界文化间的冲突，随后笔者就高校校园文化内部不同群体之间的文化冲突展开论述，这主要表现为教师与行政管理人员间的文化冲突、师生文化冲突和学生文化冲突。

关于教师间的文化冲突主要体现在不同类型的教师文化间的相互冲突。笔者认为，当前高校教师间的文化融合是主流，同时高校也存在着不同类型的教师文化，他们在彼此碰撞的过程中难免会产生冲突。在高校教师文化冲突领域，最明显、最突出的当属教师与行政管理人员间的文化冲突问题。这一领域非常值得我们深入研究。

　　在高校的改革过程中，教师与行政管理人员间文化冲突主要源于双方具有不同的价值判断、不同的职业目标追求，利益分配方面存在着矛盾，高校管理体制和机制的不完善，导致高校管理行政化与教师专业化的冲突日渐明显。当然，双方的文化冲突既有积极性的一面；又有消极性的一面。双方文化冲突的建设性功能主要有适度的冲突可以提高组织的活力和创新水平；适度的冲突对群体有聚合功能，可以促进组织内部员工的团结；适度的冲突可以暴露存在的问题，使之成为变革的契机。同时双方的文化冲突的破坏性功能主要表现为：冲突会影响身心健康、损害高校的形象和影响力，降低高校的竞争力。如果冲突适量，反而有益于组织健康发展，关键是我们如何认识它、引导它和转化它。我们要判断各种冲突功能的属性，正确地对待冲突，采取有效的措施使冲突的建设性功能发挥作用，而抑制其破坏性功能。强化学校目标、搭建平台以加强教师与行政管理人员间的有效沟通；完善管理制度以建立合理的资源分配体系和奖惩机制，以此来缓解两者间的文化冲突。

　　大量教育事实表明，教师和学生在教育上的互动关系大多是和谐一致的，但自20世纪90年代以来，高校教师与学生间的文化冲突逐渐暴露而变得越发明显。要想理性地看待高校师生间的文化冲突，必须正确认识高校师生文化冲突的类型，笔者主要概括为以下几个方面：代表主流文化的教师文化与浸染多元化价值取向的学生文化之间的冲突；师生间的目标文化冲突；师生间的代际文化冲突。冲突的特点主要表现为必然性、多样性和隐蔽性。师生文化冲突产生的客观因素是社会转型期的复杂多变；师生关系的新变化是其产生的基本原因；师生间缺乏有效的沟通是其产生的关键因素；大学生的家庭文化是其产生的重要因素。要缓解师生文化冲突，教师首先应尊重、理解并包容大学生文化的存在，转变角色，树立平等的教育观念，应与学生及其家长常沟通和交流，逐步了解其家庭文化。

　　对于学生文化冲突的研究，本书主要通过两个方面加以阐述：一是不同类型的学生文化相互碰撞产生的文化冲突；二是学生的反学校文化。

　　根据不同标准，可将学生文化分为几种类型。可以根据学生对校园文化的态度，将其同辈文化分为亲学校文化和反学校文化；也可根据学生的学习、生活特点，分为学习型文化、违规型文化、孤独型及娱乐型文化等等。另外，大学生间还存在着价值观念与行为方式等的差异。处于不同文化类型的学生在高校中相互接触与交流必然会产生文化冲突。不同学生文化类型产生的原因是多方面的。概括起来主要深受地域文化、民族文化、阶层文化的影响。大学生反学校文化现象逐步凸现出来，从来源上看，主要表现在以下两类：部分大学生对学校主流文化的政治价值取向上的怀疑、不信任；反对学校束缚，追求自我价值的文化取向。大学生反学校文化的形成主要有社会流行文化的影响、社会价值取向偏差的影响、同伴群体的影响和教学内容"不合时宜"和教学方式专断、单一极易引起学生的反学校文化。尊重和引导学生文化是缓解学生文化冲突的重要措施，具体而言，教育工作者应承认、并接纳大学生中存在不同的文化；在认识到学生文化是可以改变的同时，不应盲目地予以实施；认真研究学生反文化现象，加强引导，实现其现实转向。[①]

随着社会的发展，高校已逐渐从社会的边缘走向中心，成为社会发展的重要组织机构。在市场经济体制下，社会、政府、民众以及高校自身对高校的发展关注度越来越高。当前高校正面临着市场化、功利化、教育大众化等多重压力，高校校园文化受到了严重的侵蚀，在繁华的背后却存在着诸多困境和问题，出现了高校主体性的丧失、传统精神、文化批判精神与理想的式微、文化整合创新和自我反思、自我开拓进取能力的缺失，对校园人的道德水平和文化素养提高的忽视等诸多弊病。只有对当前高校和校园文化进行理性审视与思考，才能构建起高雅、和谐和优秀的现代高校校园文化。

虽然本书着重强调和探讨了高校校园文化冲突，但是笔者并不消极地认为校园中只有文化的冲突，而无融合。探讨文化冲突，并不意味着否定高校校园文化融合的一面。校园文化融合是主流，但融合中也表现出特殊的矛盾和冲突。文化冲突与融合是文化间相互作用过程的一体两面，共存于高校校园文化中。正是因为高校存在文化的和谐、统一的一面才为高校发展提供了相对稳定的文化氛围；高校内外的文化冲突形成的一种离心力，虽然某种程度上影响了高校的团结、凝聚、统一，但是正因为内外各种文化交互碰撞与交融才使得高校校园文化具有较强的生命力，并促使与校园文化有关的问题凸现出来，进而引起人们的关注并力求解决，以促进高校的和谐发展。

---

① 于滨：《基于当代批判教育理论的大学生反学校文化研究》，《社会科学战线》2013 年第 11 期，第 277—278 页。

　　作为最具文化特色的社会组织机构，高校应该主要体现相异文化的和谐共生，形成整体存在、浑然一体的高校校园文化。校园文化体现着高校的特色和历史文化积淀，值得每一所高校来珍视。时代呼唤着现代高校培育校园文化，并以此引导高校健康发展，走向未来。

参考文献

一 英文文献

（一）专著和文集

1. Culler, A. D. *The Imperial Intellect*: *A Study of Newman's Educational Ideal* [M]. New Haven: Yale University Press, 1955.

2. Hargreaves, A. *Changing Teachers*, *Changing Times*: *Teachers' Work and Culture in the Post Modern Age* [M]. London: Cassel Educational Limited, 1994.

3. Myrdal, G. *AsianDrama*: *An Inquiry into the Poverty of Nations* [M]. New-York: Pantheon, 1968.

4. Perkin, H. *The Historical Perspective* [A]. Clark, B. R., ed. Perspective on Higher Education [C]. Berkeley: University of California Press, 1984.

5. Rothblatt, S. *The Revolution of the Dons*: *Cambridge and Society in Victorian England* [M]. Cambridge: Cambridge University Press, 1981.

6. Schwartz, A. *University*: *The Students*, *Faculty*, *and Campus Life at One University* [M]. New York: Viking Press, 1969.

7. Wagenen, B. C. V. *Extra - curricular Activities in the Colleges of the United Lutheran Church in America*: *A Survey and Program* [M]. New York City: Teachers College, Columbia University, 1929.

8. Wilson, L. *Emerging Patterns in American Higher Education* [M]. Washington, D. C.: American Council on Education, 1965.

（二）期刊文章

9. Almond, G. A. *Comparative Political System* [J]. The Journal of Politics,

1956, 18（3）：118 – 122.

10. Haig, A. G. L. *The Church*, *The Universities and Learning in Later Victorian England* ［J］. The Historical Journal, 1986, 29（1）：187 – 201.

11. Robert, B. *Academic Freedom*, *Autonomy and Accountability in British Universities* ［J］. Studies in Higher Education, 1990, 15（2）：169 – 180.

12. Thomas, N. *Values Edueation Through Thinking*, *Feeling and Doing* ［J］ Social Educator, 2005, 23（2）：1 – 11.

二　中文文献

（一）专著和文集

1. ［德］赫尔穆特·施密特：《全球化与道德重建》，柴方国译，社会科学文献出版社 2001 年版。

2. ［德］马克斯·韦伯：《新教伦理与资本主义精神》，彭强、黄晓京译，陕西师范大学出版社 2002 年版。

3. ［加］迈克尔·布雷克：《越轨青年文化比较》，岳西宽等译，北京理工大学出版社 1989 年版。

4. ［加］许美德：《中国大学 1895—1995——一个文化冲突的世纪》，许洁英译，教育科学出版社 2000 年版。

5. ［加］约翰·范德格拉夫、伯顿·克拉克、多萝西娅·弗思等：《学术权力——七国高等教育管理体制比较》，郑继伟等译，浙江教育出版社 1989 年版。

6. ［美］阿尔蒙德：《比较政治学》，曹沛霖等译，上海译文出版社 1987 年版。

7. ［美］宾克莱：《理想的冲突》，马元德等译，商务印书馆 1983 年版。

8. ［美］伯顿·克拉克：《高等教育新论——多学科的研究》，王承绪等译，浙江教育出版社 2001 年版。

9. ［美］博厄斯：《人类学与现代生活》，杨成志译，商务印书馆 1943 年版。

10. ［美］丹尼尔·贝尔：《资本主义文化矛盾》，赵一凡等译. 三联书店 1989 年版。

11. ［美］费正清：《剑桥中华民国史》，章建刚等译，上海人民出版社

1992 年版。

12. ［美］亨利·罗索夫斯基：《美国校园文化——学生·教授·管理》，谢宗仙等译，山东人民出版社 1996 年版。

13. ［美］克拉克·科尔：《大学的功用》，陈学飞等译，江西教育出版社 1993 年版。

14. ［美］理查德·诺顿·史密斯：《哈佛世纪》，程方平等译，贵州教育出版社 2004 年版。

15. ［美］鲁思·本尼迪克特：《菊与刀》，吕万和等译，商务印书馆 1990 年版。

16. ［美］罗宾斯（Stephen P. Robbins）：《组织行为学》，李原译，中国人民大学出版社 1997 年版。

17. ［美］罗伯特·G. 欧文斯：《教育组织行为学》，窦卫霖等译，华东师范大学出版社 2001 年版。

18. ［美］玛格丽特·米德：《代沟》，曾胡译，光明日报出版社 1988 年版。

19. ［美］玛格丽特·米德：《文化与承诺——一项有关代沟问题的研究》，周晓虹、周怡译，河北人民出版社 1987 年版。

20. ［美］西摩·马丁·李普赛特：《一致与冲突》，张华青等译，上海人民出版社 1995 年版。

21. ［美］西摩·马丁·李普赛特：《政治人——政治的社会基础》，张绍宗译，上海人民出版社 1997 年版。

22. ［美］约翰·S. 布鲁贝克：《高等教育哲学》，王承绪译，浙江教育出版社 2001 年版。

23. ［美］约瑟夫·奈：《美国定能独霸世界吗？》，何小东、盖玉云译，军事译文出版社 1992 年版。

24. ［南斯拉夫］纳伊曼：《世界高等教育的探讨》，令华、严南德译，教育科学出版社 1982 年版。

25. ［日］佐藤学：《课程与教师》，钟启泉译，教育科学出版社 2003 年版。

26. ［英］班克斯：《教育社会学》，林清江译，台湾：伟文图书出版社 1984 年版。

27. ［英］约翰·亨利·纽曼：《大学的理念》，高师宁等译，贵州教育出版社 2003 年版。

28. ［英］约翰·亨利·纽曼：《大学的理想》，徐辉等译，浙江教育出版社 2001 年版。

29. 李华锋、李媛媛：《英国工党执政史论纲》，中国社会科学出版社 2014 年版。

30. 白同平：《高校校园文化论》，中国林业出版社 2000 年版。

31. 北京大学哲学系：《欧洲哲学史资料简编》，北京大学出版社 1972 年版。

32. 宾克莱：《理想的冲突》，马元德等译，商务印书馆 1983 年版。

33. 陈独秀：《东西民族根本思想之差异》，苏丁：《中西文化文学比较研究论集》，重庆出版社 1988 年版。

34. 陈独秀：《中西民族根本思想之差异》，《回眸（新青年）·哲学思潮卷》，河南文艺出版社 1997 年版。

35. 陈桂生：《"教育学视界"辨析》，华东师范大学出版社 1997 年版。

36. 陈奎熹：《教育社会学研究》，台湾：师大书苑 1991 年版。

37. 陈昕：《救赎与消费》，江苏人民出版社 2003 年版。

38. 陈学询：《中国近代教育史教学参考资料》（上册），人民教育出版社 1986 年版。

39. 仇春霖：《大学美育》，高等教育出版社 1997 年版。

40. 戴慧思：《中国都市消费革命》，社会科学文献出版社 2006 年版。

41. ［美］丹尼尔·贝尔：《资本主义文化矛盾》，生活·读书·新知三联书店 1989 年版。

42. 但昭彬：《话语与权力——中国近现代教育宗旨的话语分析》，山东教育出版社 2008 年版。

43. 刁培萼：《教育文化学》，江苏教育出版社 2000 年版。

44. 丁石孙、王世儒等：《蔡元培全集》（第三卷），浙江教育出版社 1997 年版。

45. 董宝良：《中国近现代高等教育史》，华中科技大学出版社 2007 年版。

46. 都培炎：《"思接千载"和"与时俱进"——中共对中国传统文化认识的历史考察》，华东师范大学出版社 2007 年版。

47. 段建国、孟根龙：《构建大学和谐校园：理论与实践》，社会科学文献出版社 2006 年版。

48. 房列曙、木华主：《中国文化史纲》，科学出版社 2001 年版。

49. 傅立民、贺名仑主编：《中国商业文化大辞典》（上、下册），中国发展出版社 1994 年版。

50. 傅维利、刘民：《文化变迁与教育发展》，四川教育出版社 1988 年版。

51. 葛金国：《校园文化——理论意蕴与实务运作》，安徽大学出版社 2006 年版。

52. 龚书铎：《中国近代文化探索》（增订本），北京师范大学出版社 1997 年版。

53. 顾明远：《教育大辞典》，上海教育出版社 1998 年版。

54. 顾琴轩：《组织行为学》，上海人民出版社 2007 年版。

55. 关成华：《北京大学校园文化》，北京大学出版社 2004 年版。

56. 郭广银、杨明：《新时期高校校园文化建设的理论与实践》，南京大学出版社 2007 年版。

57. 郝维谦、龙正中：《高等教育史》，海南出版社 2000 年版。

58. 黄延复：《二三十年代清华校园文化》，广西师范大学出版社 2000 年版。

59. 计国勇：《开创校园文化的新纪元》，浙江大学出版社 2007 年版。

60. 《江泽民文选》（第 2 卷），人民出版社 2006 年版。

61. 教育部思想政治工作司：《高校校园文化建设的理论与实践》，中国人民大学出版社 2009 年版。

62. 教育部中外大学校长论坛领导小组：《中外大学校长论坛文集》，高等教育出版社 2002 年版。

63. 李庆霞：《社会转型中的文化冲突》，黑龙江人民出版社 2004 年版。

64. 李瑞华、李正斌、曾庆均、孙在国：《中国商业文化》，知识出版社 1995 年版。

65. 《列宁选集》（第 2 卷），人民出版社 1972 年版。

66. 林清江：《教育社会学新论——我国社会与教育关系之研究》，台湾：五南图书出版社 1998 年版。

67. 林语堂：《吾国与吾民》，华龄出版社 1995 年版。

68. 刘德宇：《高校校园文化发展论》，中国海洋大学出版社 2004 年版。

69. 刘金才：《家庭本位与群体本位》，北京大学日本文化研究所：《中日比较文化论集》，吉林教育出版社 1990 年版。

70. 刘云杉：《学校生活社会学》，南京师大出版社 1999 年版。

71. 柳卸林：《世界名人论中国文化》，湖北人民出版社 1991 年版。

72. 陆有铨：《躁动的百年——20 世纪的教育历程》，山东教育出版社 1997 年版。

73.《毛泽东选集》（第 2 卷），人民出版社 1972 年版。

74. 民国教育部：《第一次中国教育年鉴》，开明书店 1934 年版。

75. 南开大学校长办公室：《张伯苓纪念文集》，南开大学出版社 1986 年版。

76. 潘懋元：《多学科观点的高等教育研究》，上海教育出版社 2001 年版。

77. 潘懋元：《新编高等教育学》，北京师范大学出版社 2002 年版。

78. 笪长军、才忠喜、陈忠平：《大学校园文化建设理论研究》，哈尔滨地图出版社 2009 年版。

79. 施晓光：《美国大学思想论纲》，北京师范大学出版社 2001 年版。

80. 寿韬：《大学校园文化的设计与实践》，中国林业出版社 2004 年版。

81. 舒新城：《中国近代教育史资料》，人民教育出版社 1981 年版。

82. 苏勇、何智美：《现代组织行为学》，清华大学出版社 2007 年版。

83. 孙隆基：《中国文化的深层结构》（上册），华岳文艺出版社 1988 年版。

84. 孙庆珠：《高校校园文化概论》，山东大学出版社 2008 年版。

85. 覃光广：《文化学词典》，中央民族学院出版社 1988 年版。

86. 汤用彤：《汤用彤全集》（第五卷），河北人民出版社 2000 年版。

87. 陶国富等：《大学校园文化》，学林出版社 1997 年版。

88. 王桧林：《中国现代史》（上册），北京师范大学出版社 1985 年版。

89. 王冀生：《大学之道》，高等教育出版社 2005 年版。

90. 韦政通：《中国文化与现代生活》，中国人民大学出版社 2005 年版。

91. 吴康宁：《教育社会学》，人民教育出版社 1998 年版。

92. 吴康宁：《课堂教学社会学》，南京师范大学出版社 1999 年版。

93. 吴中平、徐建华、徐跃飞等：《冲突与融合：学校文化建设新视角》，上海三联书店 2006 年版。

94. 肖谦：《多视野下的大学文化》，西南交通大学出版社 2009 年版。

95. 徐行言：《中西文化比较》，北京大学出版社 2004 年版。

96. ［德］雅斯贝尔斯：《什么是教育》，邹进译，生活·读书·新知三联书店 1991 年版。

97. 阎光才：《识读大学——组织文化的视角》，教育科学出版社 2002 年版。

98. 颜吾佴：《大学校园文化》，北方交通大学出版社 2002 年版。

99. 杨怀中、龚贻洲：《象牙塔之谜：校园文化学概论》，人民交通出版社 1993 年版。

100. 衣俊卿：《文化哲学十五讲》，北京大学出版社 2004 年版。

101. 曾乐山：《中西文化和哲学争论史》，华东师范大学出版社 1987 年版。

102. 张岱年：《张岱年文集》（第 1 卷），新世界出版社 2004 年版。

103. 张德祥、周润智：《高等教育社会学》，高等教育出版社 2002 年版。

104. 张惠芬、金忠明：《中国教育简史》，华东师范大学出版社 2001 年版。

105. 张慧明：《中外高等教育史研究》，湖南大学出版社 1998 年版。

106. 张建平：《中西文化比较概论》，陕西科学技术出版社 2009 年版。

107. 张山：《文化学辞典》，中央民族学院出版社 1988 年版。

108. 章人英：《社会学词典》，上海辞书出版社 1992 年版。

109. 赵吉惠：《中国传统文化导论》，江苏教育出版社 2007 年版。

110. 郑登云：《中国高等教育史》（上册），华东师范大学出版社 1994 年版。

111. 郑金洲：《教育文化学》，人民教育出版社 2000 年版。

112. 中村元：《东方民族的思维方法》，浙江人民出版社 1999 年版。

113. 《中国近代史纲要》，高等教育出版社 2008 年版。

114. 中国社会科学院文献情报中心等：《社会科学新词典》，重庆出版社 1988 年版。

115. 周川、黄旭：《百年之功》，福建教育出版社 1994 年版。

116. 周辅成：《从文艺复兴到十九世纪资产阶级哲学家政治思想家有关人道主义、人性论言论选辑》，商务印书馆 1966 年版。

117. 周辅成：《西方伦理学名著选辑》，商务印书馆 1987 年版。

118. 周玲：《大学组织冲突研究——角色、权力与文化的视角》，中国社会科学出版社 2007 年版。

119. 周运来：《高校校园文化传承与发展》，岳麓书社 2009 年版。

120. 朱汉民：《中国传统文化导论》，湖南大学出版社 2003 年版。

121. 朱有瓛：《中国近代学制史料》（第一辑上册），华东师范大学出版社 1983 年版。

122. 祝怀新：《科学教育导论》，中国环境科学出版社 2005 年版。

　　（二）学术期刊

123. 蔡昌淼：《和谐社会背景下高校校园文化建设的思考》，《思想政治教育研究》2006 年第 6 期。

124. 陈军宏：《中西大学校园文化差异及其整合》，《职业时空》2009 年第 9 期。

125. 陈立：《西方大学自治理念的变迁——从中世纪行会自治到"有条件的自治"》，《高等理科教育》2006 年第 3 期。

126. 陈小军：《多元文化背景下大学校园文化建设途径的思考》，《河北广播电视大学学报》2009 年第 1 期。

127. 迟成勇、杨湘红：《大众文化与大学生思想政治教育》，《北京青年政治学院学报》2008 年第 2 期。

128. ［德］洪堡：《论柏林高等学术机构的内部组织和外部组织》，《高等教育论坛》1987 年第 1 期。

129. 董芍素、张国强：《现代化与大学校园文化建设》，《浙江大学学报》1995 年第 6 期。

130. 董小麟：《论全方位建设高校校园文化》，《高教探索》2003 年第 3 期。

131. 董云川：《论大学行政权力的泛化》，《高等教育研究》2000 年第 2 期。

132. 段鑫星、付豪、宋冰：《大学里的"课桌文化"》，《青年研究》2003 年第 8 期。

133. 冯双：《文化素质教育与大学校园文化建设》，《高教探索》1997 年第 4 期。

134. 符庆明、刘立忱：《关于一流大学校园文化建设的思考》，《辽宁教育研究》2003 年第 8 期。

135. 傅定涛：《文化生态视野中大学师生关系新构》，《湖南科技大学学报》（社会科学版）2008 年第 1 期。

136. 傅定涛:《文化维度的大学师生关系论》,《现代大学教育》2009 年第 1 期。

137. 傅显捷:《大学生校园文化冲突解析》,《重庆社会科学》2005 年第 2 期。

138. 傅显捷:《解读校园文化发展的关键——大学生文化与校园文化的互动》,《河南社会科学》2005 年第 5 期。

139. 甘自恒:《论名牌大学的特征》,《广西大学学报》(哲学社会科学版)1999 年第 10 期。

140. 高丙中:《精英文化、大众文化、民间文化:中国文化的群体差异及其变迁》,《社会科学战线》1996 年第 2 期。

141. 龚长宇:《酷文化·青年价值观·社会转型》,《青年研究》2002 年第 2 期。

142. 龚玉:《西方大学科学教育与人文教育关系的演变》,《理工高教研究》2009 年第 5 期。

143. 古翠凤:《文化四维度理论视角下的教师文化研究》,《教育探索》2005 年第 8 期。

144. 韩志强、杨淑娣、马洪亮:《国内外大学校园文化品位建设的比较研究》,《法制与社会》2009 年第 3 期。

145. 贺宏志:《大学校园文化的结构和功能》,《高等教育研究》1993 年第 3 期。

146. 胡保利、赵惠莉:《冲突理论视野中高校学术权力与行政权力的关系》,《黑龙江高教研究》2008 年第 4 期。

147. 胡弼成、陈桂芳:《高等教育价值取向:矛盾冲突及现实抉择》,《清华大学教育研究》2005 年第 5 期。

148. 姜春馥、柳晓光、李文春、柳英娜:《浅论校园文化建设》,《辽宁教育研究》1997 年第 1 期。

149. 金生鈜:《相互理解与师生关系的新建构》,《高等师范教育研究》1994 年第 4 期。

150. 柯茜茜:《两种教育价值取向的冲突和融合》,《当代教育论坛》(综合版)2010 年第 3 期。

151. 李长真、俞思念:《中国共产党与大学文化》,《理论导刊》2006 年第 10 期。

152. 李从浩：《大学学术权力与行政权力的冲突之辨》，《中南民族大学学报》（人文社会科学版）2009 年第 3 期。

153. 李贵：《论社会文化和政治对高校校园文化发展的影响》，《理论导刊》2009 年第 8 期。

154. 李昊、冯伟等：《新理念、新大学、新空间——对新时代我国大学校园规划的思考》，《安徽建筑》2004 年第 2 期。

155. 李红云：《学校文化发展中的学生文化》，《苏州教育学院学报》2006 年第 3 期。

156. 李金齐：《文化理想、文化批判、文化创造与文化自觉》，《思想战线》2009 年第 1 期。

157. 李玲、段晓明、陈荟：《教师文化类型及其教师发展的启示》，《重庆教育学院学报》2004 年第 4 期。

158. 李振远：《析校园文化的本质特征》，《北京青年政治学院学报》1999 年第 3 期。

159. 林存华、金科：《价值差异、教师权威与师生冲突——兼与沈莹同志商榷》，《上海教育科研》2006 年第 12 期。

160. 凌宏彬、沈昕：《论高校校园文化的功能》，《高校理论战线》2003 年第 5 期。

161. 刘德群：《合并类高校的文化冲突与文化构建》，《黑龙江高教研究》2010 年第 4 期。

162. 刘刚：《论大学校园商业文化》，《教育评论》2008 年第 3 期。

163. 刘建华、斯琴格日乐：《高校合并中的文化冲突、整合与创新》，《北京邮电大学学报》（社会科学版）2005 年第 1 期。

164. 刘振怡：《浅论高校校园文化的定在性和开放性》，《黑龙江高教研究》2007 年第 2 期。

165. 刘宗南、吴静：《知识教育价值选择的冲突与大学教育的创新》，《高等教育研究学报》2004 年第 3 期。

166. 柳扬、王伟：《中西文化冲撞中的校园文化选择》，《沈阳师范学院学报》（社会科学版）2001 年第 1 期。

167. 楼仁功、陈庆：《校园文化的传承与创新——对新校区校园文化建设的思考》，《教育发展研究》2005 年第 1 期。

168. 卢乃桂：《少年的发展——兼论校外教育的培育角色与功能》，《青年研究》2002 年第 7 期。

169. 鲁洁：《应对全球化：提升文化自觉》，《北京大学教育评论》2003
   年第 1 期。

170. 欧阳洁：《在文化对抗中实现提升——解析高校师生文化冲突》，《湘
   潭师范学院学报》（社会科学版）2009 年第 4 期。

171. 潘道兰：《建设校园文化 增强高校文化软实力》，《中国高等教育》
   2009 年第 5 期。

172. 庞桂美：《大众文化的泛滥及其对校园文化的影响》，《青岛科技大学
   学报》（社会科学版）2004 年第 4 期。

173. 彭轩雁、肖中云：《高校合并后的文化冲突及其重建》，《湖南社会科
   学》2008 年第 3 期。

174. 钱小霞：《浅议师生间的文化冲突》，《扬州大学学报》（高教研究
   版）2007 年第 2 期。

175. 任义君：《应对大学生文化冲突的建设性思考》，《黑龙江高教研究》
   2007 年第 10 期。

176. 申作青：《西方文化对我国大学文化建设走向的影响》，《浙江工商大
   学学报》2008 年第 2 期。

177. 石中英：《代际冲突与现代教师角色的转变》，《现代教育论丛》
   1997 年第 1 期。

178. 史华楠：《论大学校园文化的教育功能》，《江苏高教》1998 年第
   2 期。

179. 史学正、陈柳：《学生文化初探》，《长春工业大学学报》（高教研究
   版）2005 年第 4 期。

180. 寿韬：《高校校园文化的层次结构及特征初探》，《华东师范大学学
   报》（哲学社会科学版）2003 年第 5 期。

181. 宋晟、张庆余：《中西方大学校园建筑文化比较》，《南方建筑》
   2004 年第 6 期。

182. 宋晟：《中外大学校园建筑文化比较》，《华中建筑》2008 年第 4 期。

183. 宋兴川、金华盛：《多元选择——青少年偶像崇拜研究》，《青年研
   究》2002 年第 11 期。

184. 苏国红：《当代中国大学校园文化新变化——精英阶段与大众化阶段
   中国大学校园文化特点的比较研究》，《青年研究》2002 年第 1 期。

185. 孙晓凌、汪北华：《从思维方式差异看中西文化差异》，《河海大学学报》（哲学社会科学版）2003 年第 6 期。

186. 陶东风：《大话文学与消费文化语境中经典的命运》，《天津社会科学》2005 年第 3 期。

187. 陶应勇、姜慧敏、张海霞：《中外高校校园建筑文化的传承与发展》，《南京理工大学学报》（社会科学版）2004 年第 6 期。

188. 万增奎：《大学生"课桌文化"与道德失范的调控》，《黑龙江高教研究》2004 年第 1 期。

189. 汪昌平、江立成：《中西校园文化比较研究》，《山东理工大学学报》（社会科学版）2005 年第 5 期。

190. 王建军：《校园文化功能新论》，《石油大学学报》（社会科学版）2002 年第 4 期。

191. 王立科：《城市精神、大众文化与青年社会化》，《当代青年研究》2003 年第 4 期。

192. 王林：《浅谈校园文化建设的作用与内涵》，《中国电力教育》2009 年第 2 期。

193. 王凌彬：《论高校校园文化的审美特征与功能》，《高等农业教育》2002 年第 6 期。

194. 王学文：《论多校园的大学的校园文化建设》，《清华大学教育研究》2004 年第 3 期。

195. 王义遒：《大学的文化品位与大学生的文化素质》，《高等教育研究》2000 年第 1 期。

196. 王卓君：《文化自觉与高水平大学建设》，《中国高等教育》2010 年第 1 期。

197. 吴浩明：《香港与大陆教师文化差异研究》，《华东师范大学学报》（教育科学版）2002 年第 1 期。

198. 吴永军：《课堂教学中文化结构的社会学分析》，《上海教育科研》1998 年第 4 期。

199. 伍德勤、高宝力：《高职院校学生社团活动现状及优化策略》，《高等教育研究》2007 年第 1 期。

200. 徐波锋：《学生反文化现象的教育学思考》，《宁夏大学学报》（人文社会科学版）2007 年第 1 期。

201. 许士密：《大众文化和主流文化、精英文化良性互动机制的构建》，《求实》2002 年第 6 期。

202. 杨东平：《浅议中国近现代大学的教育目标》，《高等教育研究》2000 年第 6 期。

203. 杨娜：《校园文化：高校思想政治教育创新的新手段》，《思想政治教育研究》2009 年第 1 期。

204. 杨学斌：《文化冲突与校园文化建设》，《教育探索》2006 年第 5 期。

205. 叶澜：《试论当代中国学校文化建设》，《教育发展研究》2006 年第 8 期。

206. 叶为、韦耀阳：《重新审视师生冲突——一种文化学分析》，《湖北师范学院学报》（哲学社会科学版）2005 年第 4 期。

207. 尤冬克：《以传统文化视角：现代大学文化的守望与重构》，《黑龙江高教研究》2008 年第 9 期。

208. 于杰、高日晖：《当代大众文化对大学文化的影响及对策研究》，《文化学刊》2010 年第 5 期。

209. 于立军等：《论大学校园文化在社区文化建设中的重要作用》，《辽宁教育行政学院学报》2008 年第 12 期。

210. 俞加生、沈汝发：《是谁构建了新世纪的童话——从"流星花园"的流行谈起》，《青年研究》2002 年第 6 期。

211. 袁贵仁：《加强大学文化研究推进大学文化建设》，《中国大学教学》2002 年第 10 期。

212. 张爱芳：《大学自治与学术自由之关系阐释》，《湖南师范大学教育科学学报》2006 年第 4 期。

213. 张宝昆：《人的因素对大学发展的影响》，《外国教育动态》1988 年第 1 期。

214. 张步先、倪士光：《高校老乡会特点分析及政策引导》，《合肥工业大学学报》（社会科学版）2006 年第 2 期。

215. 张建刚、卧谈：《校园"寝室文化"深处的景观》，《中国青年研究》1994 年第 4 期。

216. 张洁、白彦刚、朱磊：《高校合并后的文化冲突与整合研究》，《国家教育行政学院学报》2010 年第 3 期。

217. 张宁娟：《中西教师文化的历史演变》，《教师教育研究》2006 年第 2

期。

218. 张晓瑜：《课程改革与教师文化重建》，《教育理论与实践》2005 年第 1 期。

219. 张雁华：《论文化反哺视野中的新型师生关系》，《高等师范教育研究》2002 年第 6 期。

220. 郑敏：《高校师生关系的文化社会学思考》，《交通高教研究》2004 年第 6 期。

221. 钟玉云、赵凤娟：《认清高校内部冲突的功能属性 建设和谐校园》，《广东工业大学学报》（社会科学版）2009 年第 2 期。

222. 周川：《高校与政府关系的几点思考》，《高等教育研究》1995 年第 1 期。

223. 周挥辉：《增强提升校园文化建设的自觉意识》，《中国高等教育》2006 年第 19 期。

224. 朱为鸿：《民族文化传统：中国大学文化创新的基点》，《现代教育论丛》2009 年第 7 期。

225. 邹广文：《当代中国大众文化及其生成背景》，《清华大学学报》（哲学社会科学版）2001 年第 2 期。

（三）学位论文

226. 车丽娜：《教师文化的嬗变与重建》，博士学位论文，山东师范大学，2007 年。

227. 陈晓萍：《高校师生文化冲突与和谐师生关系构建研究》，硕士学位论文，长安大学，2010 年。

228. 李芳芳：《提升学生文化的育德效能初探——从文化变迁的视角》，硕士学位论文，华南师范大学，2007 年。

229. 李庆霞：《社会转型中的文化冲突》，博士学位论文，黑龙江大学，2004 年。

230. 林存华：《师生文化冲突研究》，博士学位论文，华东师范大学，2006 年。

231. 刘德宇：《高校校园文化发展论》，博士学位论文，华中科技大学，2002 年。

232. 刘万里：《大学校园空间的文化性研究》，博士学位论文，哈尔滨工业大学，2009年。

233. 宁冬梅：《内蒙古 A 大学学生文化个案研究》，硕士学位论文，西南大学，2006年。

234. 秦秋霞：《学生生活发展视域下的学生文化研究》，硕士学位论文，河南大学，2006年。

235. 邱邑亮：《论大学校园文化及其对大学生素质的影响》，博士学位论文，厦门大学，1998年。

236. 张爱芳：《美国大学校园文化研究》，博士学位论文，浙江大学，2007年。

237. 张卫红：《文化视野下高校师生关系冲突和整合研究》，硕士学位论文，山东师范大学，2007年。

三　电子资源

1. 《北师大教授"警告"学生：40岁没4000万别见我》（http：//news. qq. com/a/20110406/000146. htm，2011 – 04 – 06）。

2. 《大学教师全心投入教学是种毁灭》（http：//www. qiuxue. com/article/news_ 9727. html，2011 – 05 – 22）。

3. 教育部：《国家中长期教育改革和发展规划纲要（2010—2020年）》（http：//www. moe. gov. cn/publicfiles/business/htmlfiles/moe/A01 _ zc-wj/201008/xxgk_ 93785. html，2010 – 07 – 29）。

4. 张清常：《忆联大的音乐活动——兼忆西南联大校歌的创作》（ht-tp：//www. nankai. edu. cn，2007 – 11 – 05）。

5. 杨东平：《北大人事改革：重建现代大学制度和大学精神》（http：//news. sina. com. cn/c/2003 – 07 – 22/17401392909. shtml，2003 – 07 – 22）。

后　记

　　本书是我在博士论文基础上修改而成的，在成书之际，最想表达的唯有"感谢"二字。

　　感谢导师魏贤超教授！求学路上，魏老师严于律己、宽以待人的人格魅力、深厚的学术涵养、诲人不倦的学术精神和严谨的治学态度深深影响着我，使我受益终身。魏老师不仅教给了我治学的方法，还身体力行地教给了我为人处世的道理。慢慢地我体会到了"慢"带给我学习和生活的乐趣，学会了严谨地对待学问，平和地对人对事。整篇博士论文，从题目的选择、观点的提炼、材料的搜集到语句的斟酌都离不开导师的严格要求与悉心指导。恩师对我的指导和影响之大，怎样言说都表达不尽我对魏老师的感激之情。

　　浙江大学教育学院具有着浓厚的学术氛围，诸多专家学者博大精深的学术造诣与诲人不倦的为师态度，使我终身受益匪浅。感谢单中惠教授、吴华教授、杨明教授、吴雪萍教授、阎亚军副教授，他们在我论文的开题、预答辩以及修改过程中提出的真知灼见为我厘清了思路、明确了方向。感谢各位答辩委员会的专家林正范教授、徐小洲教授、方展画教授、吴华教授、杨明教授在百忙之中来参加我的毕业论文答辩，能够得到他们的点评、指导和鼓励，是我求学生涯中莫大的荣幸。感谢赵卫平副教授和甘露老师的细心关照与耐心帮助。

　　感谢诸位学长同门对我的关心与支持，感谢高飞、段新明、顾晔、陈卓、韩瑞莲、张爱芳、赵凌、陈雪芬、王霞、陈平，感谢李栋、杨海燕、倪小敏、邱昆树和胡伟、徐俊等同学，同学友情让我的学习生活增添了许多精彩和美好的回忆……

　　感谢我所在的工作单位——浙江水利水电学院，她为教师发展提供了良好的学术环境和科研条件。感谢各位领导和老师！我的成长与发展离不开同事们的支持与帮助！

学业、事业与家庭同时兼顾确实非常艰辛，但幸运的是我的一家老小对我非常理解、包容与支持。感谢我的平凡而伟大的父母双亲！30 多年来，他们对女儿的成长倾注了无数的心血，他们以最无私的爱、最宽广的胸怀默默地支持我、鼓励我，给了我最多的理解和关怀，他们对我小家的照料为我解除了后顾之忧。感谢我的先生，一直鼓励我不断进取，他的支持与理解，给了我莫大的前进动力。感谢我的姐姐一家一直以来对我的关照和呵护！感谢我可爱、伶俐的女儿，给我带来了无比的快乐，冲淡了我读书的辛苦。家人的情意将继续激励着我不断努力、寻求更大的进步……

感谢本论文的评阅专家，他们中肯的建议和深刻的见解给我的论文增色不少。

对于文中所参考的大量文献的作者也表示最真诚的敬意！他们的辛勤工作和研究成果给了我极大的帮助和启发。

感谢中国社会科学出版社的田文编审以及参与本书校对的各位老师，他们为本书的出版付出了辛勤的劳动！

总之，在该书完成之际，再次向所有给予我关心、支持、启发和帮助的人予以衷心的感谢！

于 滨 于杭州